Elaboración de un pensamiento claro

Elaboración de un pensamiento claro

Elaboración de un pensamiento claro

yo jn

India
2023

CONTENIDO

INTRODUCCIÓN

En octubre de 2004, un magnate de los medios europeos me invitó a Munich para lo que describió como un intercambio informal de intelectuales. Si bien yo no me había considerado un intelectual (había estudiado negocios en lugar de literatura), mis dos novelas literarias debieron haberme calificado para tal invitación.

Nassim Nicholas Taleb estaba sentado a la mesa. En ese momento, era un oscuro comerciante de Wall Street apasionado por la filosofía a quien conocí como un experto en la filosofía de la Ilustración inglesa y escocesa, especialmente la de David Hume. Evidentemente me habían confundido con otra persona. Sorprendida por mi error, pero aún tratando de mantener la compostura, mostré una sonrisa vacilante por la habitación con la esperanza de que el silencio sirviera como prueba de mis habilidades filosóficas. En ese momento, Taleb acercó una silla disponible y dio unas palmaditas en su asiento; invitándome a sentarme. Así lo hice. Después de hablar brevemente sobre Hume, nuestra conversación rápidamente pasó a Wall Street. Nos maravillamos ante los errores sistemáticos en la toma de decisiones de los directores ejecutivos y líderes empresariales, ¡incluidos nosotros mismos! Discutimos por qué los eventos inesperados parecen más probables en retrospectiva, mientras discutimos por qué los inversores se niegan a vender acciones una vez que su valor cae por debajo del costo de adquisición.

Después del evento, Taleb me envió páginas de su manuscrito; una joya increíble que revisé y comenté en parte; esto pasó a formar parte de El cisne negro, su best-seller internacional que lo catapultó al estatus de estrella intelectual. Mientras tanto, se me abrió el apetito; Comencé a devorar libros escritos por científicos cognitivos y sociales sobre temas como heurísticas y sesgos, además de aumentar las conversaciones por correo electrónico con investigadores y visitar sus laboratorios; en 2009 me di cuenta de que, además de ser novelista, me había convertido en un estudiante de ciencias cognitivas sociales. psicología también.

Los expertos definen los errores cognitivos como desviaciones sistemáticas de la lógica: pensamiento y comportamiento óptimos y racionales que se desvían de un estado ideal. Por "sistemático" me refiero a que estas desviaciones del pensamiento óptimo no son sólo juicios erróneos o errores de juicio ocasionales, sino más bien pasos en falso repetidos, obstáculos a la lógica con los que nos topamos una y otra vez a lo largo de generaciones y siglos. ¡Sobreestimar nuestro conocimiento es más frecuente que subestimarlo! Por ejemplo. Subestimar es lo que sucede más a menudo. Además, el miedo a perder algo nos motiva mucho más que la perspectiva de obtener ganancias similares; cuando en presencia de otras personas a menudo ajustamos nuestro comportamiento para que coincida con el de ellos; las anécdotas tienden a oscurecer la distribución estadística (tasa base) detrás de un evento, haciendo que los errores se acumulen como ropa sucia en un rincón mientras dejan otros rincones relativamente limpios (es decir, en lo que se conoce como el "rincón del exceso de confianza").

Comencé a hacer una lista de errores cognitivos para evitar jugar con la riqueza que había acumulado a lo largo de mi carrera literaria y para salvaguardarme de riesgos innecesarios con esa riqueza, sin intención de publicar la lista en futuras publicaciones. Originalmente tenía la intención de que esta lista la usara yo únicamente. Algunos de los errores de pensamiento existen desde hace siglos, mientras que es posible que otros se hayan reconocido recientemente. Algunos también vienen con dos o tres nombres adjuntos; Elegí los más utilizados. Pronto descubrí que crear una lista de este tipo no sólo podría ayudarme en mis decisiones de inversión, sino también en mis asuntos comerciales y personales. Una vez completada, crear esta lista me ayudó a sentirme más tranquilo y con la mente más clara. Comencé a reconocer mis errores antes, lo que me permitió corregir el rumbo antes de que se causara algún daño duradero. Además, por primera vez en mi vida pude identificar cuándo otros también pueden estar siendo víctimas de estos errores sistemáticos. Con mi lista, ahora podía resistir su atracción e incluso ganar ventaja en mis tratos. Ahora tenía categorías, términos y explicaciones con las que protegerme de la amenaza de la irracionalidad, como Benjamin Franklin volando su cometa durante las tormentas; los truenos y los relámpagos no se han vuelto menos frecuentes, poderosos o ruidosos; sin embargo, se están volviendo menos preocupantes; algo que resonó profundamente dentro de mí cuando ahora me enfrenté a mi propia irracionalidad.

Mis amigos rápidamente tomaron nota de mi compendio, mostraron interés y provocaron una columna semanal en un periódico en Alemania, Holanda y Suiza, así como numerosas presentaciones (principalmente a médicos, inversores, miembros de juntas directivas, directores ejecutivos y funcionarios gubernamentales) hasta que apareció este libro.

Tenga en cuenta estos tres puntos mientras explora estas páginas: primero, esta lista está incompleta; es posible que se descubran nuevos errores. En segundo lugar, la mayoría de los errores parecen relacionados y no deberían sorprender; después de todo, todas las regiones del cerebro están conectadas mediante proyecciones neuronales que viajan por todo nuestro cuerpo.
En tercer lugar, mi experiencia radica principalmente como novelista y empresario más que como científico social; como tal, no poseo mi propio laboratorio para realizar experimentos sobre errores cognitivos ni emplear investigadores para monitorear los errores de comportamiento. Por eso, al escribir este libro me consideré más bien un traductor cuyo papel es interpretar y sintetizar lo que he leído y aprendido para que otros puedan comprenderlo más fácilmente. Por eso tengo una inmensa gratitud hacia aquellos investigadores que, durante décadas, han revelado errores conductuales y cognitivos; Su investigación es el endeudamiento que produce los dividendos que hacen posible este libro, por lo que merecen mi gratitud y se los agradezco enormemente.

Este libro no es un libro de instrucciones; Aquí no habrá siete pasos para una vida libre de errores. Los errores cognitivos se han vuelto demasiado arraigados como para que podamos deshacernos de ellos por completo, y ni siquiera debería ser éste nuestro objetivo; algunos errores cognitivos pueden incluso ser esenciales para llevar una vida feliz y, por tanto, deberían permanecer allí; Aunque este libro puede no contener la clave de la felicidad, al menos actúa como protección contra la excesiva infelicidad autoinducida.

Mi objetivo es simple: si pudiéramos aprender a reconocer y evitar grandes errores de pensamiento en nuestra vida personal, profesional y política, tal vez la prosperidad aumentaría dramáticamente. Todo lo que se requiere es menos irracionalidad: aquí no se necesita nada de esta astucia extra o estos nuevos artilugios.

Rick puede encontrar estrellas de rock dondequiera que mire: las pantallas de televisión, las páginas de revistas, los programas de conciertos y los sitios de fans en línea están inundados de imágenes y canciones de ellas; Su presencia no se puede evitar en el centro comercial o en el gimnasio: ¡hay cientos de ellos! Rick cree que debe haber algo mal con él ya que estas estrellas aparecen con tanta frecuencia y confiabilidad en su vida. Rick se inspiró en las historias de muchos héroes de la guitarra para formar su propia banda y comenzar a tocar música en vivo, pero es probable que no triunfe como ellos; Al igual que muchos antes que él, lo más probable es que se una a miles de músicos fracasados que residen en un cementerio de músicos fracasados que alberga 10.000 veces más músicos que el escenario, pero a ningún periodista le importa cubrir fracasos que no sean las superestrellas caídas, lo que hace que este cementerio sea invisible para los forasteros. .

En el trabajo y en la vida cotidiana, el éxito suele parecer más visible que el fracaso, lo que nos hace sobreestimar la probabilidad de tener éxito. Al igual que Rick, los forasteros a menudo caen en esta ilusión y juzgan mal su probabilidad. Rick es sólo otra víctima del "sesgo de supervivencia".

Detrás de cada autor exitoso puede haber otros 100 escritores cuyos libros nunca se venderán; otros 100 no han encontrado editores; y otros 100 cuyos manuscritos inacabados permanecen sin leer en los cajones. Detrás de cada uno de estos libros hay 100 personas que sueñan con publicar algún día un libro, pero sólo se oye hablar de escritores exitosos (muchos de los cuales se autoeditan) que no aprecian sus increíbles probabilidades de éxito literario. Los fotógrafos, empresarios, artistas, atletas, arquitectos, ganadores del Premio Nobel, presentadores de televisión y reinas de belleza también deben salir del sesgo de supervivencia para combatir sus efectos. ¡Nadie mas lo hara por ti! Para superar usted mismo el sesgo de superviviente.

El sesgo de supervivencia también surge en las decisiones financieras: piensa que tu amigo abre una start-up. Como uno de sus inversores potenciales, ve aquí una oportunidad increíble: podría convertirse en el próximo Google o Amazon. Sin embargo, compruebe la realidad: en la mayoría de los casos, estas empresas fracasan por completo o cierran a los pocos meses o años de comenzar; Los segundos resultados probables incluyen la quiebra o simplemente la supervivencia, siendo cualquiera de las dos opciones igualmente probable. Resultado: lo más probable es que cualquier empresa que se forme quiebre en un plazo de tres años; de los que sobreviven tanto tiempo, la mayoría nunca llega a tener más de diez empleados. Entonces, ¿nunca deberías arriesgar el dinero que tanto te costó ganar en ninguna empresa? No necesariamente; sólo recuerde que el sesgo de supervivencia distorsiona la probabilidad de éxito como el cristal tallado.

Tomemos, por ejemplo, el índice Dow Jones Industrial Average: comprende sólo empresas exitosas; fracasan y las pequeñas empresas no entran en el mercado de valores a pesar de representar la mayoría de las empresas comerciales. Por lo tanto, un índice bursátil no representa con precisión una economía y, de manera similar, la prensa no informa por igual sobre todos los músicos; De manera similar, la abundancia de libros y entrenadores que tratan sobre el éxito debería hacerle desconfiar, ya que estas personas fracasadas no escriben libros ni dan conferencias sobre sus fracasos.

El sesgo de supervivencia puede ser particularmente peligroso cuando uno pasa a formar parte de un equipo ganador. Incluso cuando el éxito surge del azar, las similitudes con otros ganadores pueden tentarnos a identificarlas como factores clave de éxito; sin embargo, una visita a los cementerios de personas y empresas fallidas revelará muchos rasgos similares entre sus inquilinos que contribuyeron al suyo.

Si suficientes científicos investigan un fenómeno, algunos estudios producirán hallazgos estadísticamente significativos por pura coincidencia, por ejemplo, la correlación entre el consumo de vino tinto y la alta esperanza de vida. Estos estudios "falsos" rápidamente ganan popularidad y atención, a diferencia de los estudios con hallazgos menos interesantes pero correctos que permanecen ocultos en las últimas páginas del mundo académico.

El sesgo de supervivencia se refiere a que las personas sobreestiman sus posibilidades de éxito. Una forma de combatirlo es visitar periódicamente las tumbas de proyectos, inversiones y carreras que alguna vez fueron prometedores; Aunque esto puede resultar incómodo a veces, debería ayudarle a aclarar su mente y proporcionarle un cierre muy necesario.
Véase también Sesgo egoísta (cap. 45); La suerte del principiante (cap. 49); Descuido de la tasa base (cap. 28); Inducción (cap. 31); Descuido de la probabilidad (cap. 26); Ilusión de habilidad (cap. 94) y errores de intención de tratar (cap. 98).

¿HAVARD TE HACE MÁS INTELIGENTE?

Nassim Taleb decidió hacer algo con sus obstinados kilos de más y se dedicó a diversas actividades deportivas, pero pronto se desilusionó de todas ellas, desde correr y jugar tenis hasta culturistas y culturistas. La natación le atraía más debido a sus cuerpos bien formados y aerodinámicos, por lo que se inscribió en su piscina local y comenzó a entrenar dos veces por semana en esa piscina.

Poco después se dio cuenta de su caída en la ilusión: los nadadores profesionales no consiguen cuerpos perfectos entrenando sin cesar; más bien, su físico determina si se convertirán en grandes nadadores, y no al revés. Los modelos femeninos que anuncian cosméticos también crean la impresión de que su uso embellece a una persona; pero esta creencia surge de que los consumidores piensan erróneamente que los productos hacen que las mujeres parezcan modelos; más bien es simplemente su atractivo natural lo que atrae a los compradores; al igual que el cuerpo de los nadadores profesionales se elige por ello y no al revés.

Cuando confundimos los factores de selección con los resultados, nos volvemos vulnerables a lo que Taleb llama "la ilusión del cuerpo del nadador". Sin él, la mitad de las campañas publicitarias fracasarían sin que funcionara en absoluto; sin embargo, este sesgo es mucho más profundo que la simple obsesión por tener pómulos y pecho definidos. Harvard es ampliamente considerada una de las principales universidades, y allí estudian muchas personas exitosas. ¿Indica esto que Harvard es un establecimiento educativo sobresaliente? No. Quizás Harvard simplemente atraiga a estudiantes brillantes. Experimenté este fenómeno de primera mano en la Universidad de St Gallen en Suiza, una de las diez mejores escuelas de negocios de Europa; sin embargo, las lecciones (¡hace 25 años!) me parecieron decepcionantes y muchos graduados tuvieron éxito a pesar de esto; posiblemente debido al clima o a la comida de la cafetería, aunque más probablemente debido a rigurosos procesos de selección.

Las escuelas de MBA atraen a los candidatos con estadísticas impresionantes sobre el potencial de ingresos futuros.
Muchos futuros estudiantes caen en este enfoque para demostrar que las tasas de matrícula se amortizan con el tiempo, pero muchos son víctimas de él. No estoy sugiriendo que las escuelas manipulen las estadísticas; Aun así, sus declaraciones no deben tomarse al pie de la letra porque los individuos que cursan un MBA difieren significativamente de aquellos que no lo hacen, con diferencias en los ingresos que surgen de muchas fuentes además del propio MBA: otro ejemplo de la "ilusión del cuerpo del nadador". Entonces, si tiene en su agenda más estudios, hágalo por razones distintas a simplemente ganar más dinero más adelante.

Cuando pregunto a las personas felices cuál es la clave para su satisfacción, con frecuencia escucho respuestas como "Necesitas ver las cosas medio llenas en lugar de medio vacías", lo que sugiere que no reconocen que nacieron felices y, en cambio, ven oportunidades en todo. alrededor de ellos. Los estudios realizados en Harvard por Dan Gilbert revelan que la alegría es en gran medida un rasgo duradero de la personalidad que permanece sin cambios a lo largo de la vida. Los científicos sociales Lykken y Tellegen han dejado claro este punto; Tratar de ser más feliz es tan inútil como intentar crecer. En consecuencia, la ilusión corporal del nadador es también una autoilusión; cuando los optimistas escriben libros de autoayuda propagando aún más este engaño. En este punto, es fundamental que evitemos prestar demasiada atención a los consejos de los autores de autoayuda. Desafortunadamente, sus sugerencias no tienden a ayudar a miles de millones de personas; sin embargo, como la mayoría de las personas infelices no publican libros sobre sus fracasos, esta realidad permanece oculta a la vista.

Conclusión: es mejor tener cuidado cuando se le anima a luchar por ciertas cosas, ya sean abdominales de acero, una apariencia inmaculada, mayores ingresos, una larga vida o felicidad, ya que esto podría conducir a la ilusión del cuerpo de un nadador. Antes de hacer un acto de fe y lanzarse de cabeza, mírese primero en el espejo: ¡sea honesto con lo que ve allí!

Véase también Efecto Halo (Cap. 38); Sesgo de resultado (capítulo 20); Sesgo de autoselección (capítulo 47) y ceguera alternativa (capítulo 71) para obtener más información.

POR QUÉ VE FORMAS EN LAS NUBES

Ilusión de agrupamiento
En 1957, el cantante de ópera sueco Friedrich Jorgensen compró un reproductor de cintas para grabar su voz. Mientras escuchaba, aparecieron ruidos extraños y susurros que parecían sobrenaturales. Unos años más tarde grabó el canto de los pájaros; Durante una sesión de grabación, se podía escuchar la voz de su difunta madre susurrando de fondo: "Fried, mi pequeño Fried... ¿Puedes oírme... Mamá está llamando?". Luego de este encuentro, Jorgensen se dedicó a comunicarse con los difuntos a través de grabaciones.

Diane Duyser de Florida experimentó algo similar cuando, mientras mordía una tostada y la devolvía a su plato, notó una imagen de Mary dentro de ella. En ese instante dejó de comer y guardó el mensaje divino para guardarlo a salvo (menos un bocado). Más tarde, en noviembre de 2004, Diane subastó este bocadillo todavía bastante bien conservado a través de eBay y fue recompensada con 28.000 dólares.

En 1978, una mujer de Nuevo México experimentó algo similar; Las manchas ennegrecidas de su tortilla se parecían al rostro de Jesús. Los medios de comunicación se hicieron eco de esta historia y atrajeron a miles de personas a Nuevo México para ver a Jesús en forma de burrito. Dos años antes, 1976, la nave espacial Viking fotografió una formación rocosa que parecía similar. Llegó a los titulares de todo el mundo; conocido como 'Cara de Marte'.

¿Has visto antes caras en las nubes, siluetas de animales en las rocas o mensajes ocultos en señales difusas? Probablemente. Esto es perfectamente normal: nuestro cerebro busca patrones y reglas, y cuando no existen, ¡simplemente los crea él mismo! Las señales difusas, como el ruido de fondo de una cinta, nos facilitan detectar "mensajes ocultos". Veinticinco años después de descubrir la "Cara de Marte", Mars Global Surveyor proporcionó imágenes claras que mostraban formaciones rocosas con rostros humanos disolviéndose en simples pedregales de roca.

Estos ejemplos caprichosos pueden hacer que la ilusión de agrupamiento parezca inofensiva; pero está lejos de ser inofensivo.

Consideremos los mercados financieros, que producen enormes volúmenes de información cada segundo.
Sin que él lo supiera, mi amigo se deleitó en explicar cómo había descubierto una anomalía entre todos los datos: multiplicar el cambio porcentual del Dow Jones por el cambio porcentual en el precio del petróleo daría como resultado el movimiento del precio del oro dentro de dos días, es decir, si los precios de las acciones y el petróleo sube o baja simultáneamente, el oro hará lo mismo y subirá al día siguiente. Su teoría funcionó bien

durante varias semanas hasta que comenzó a invertir con sumas cada vez mayores y finalmente perdió todos sus ahorros, ¡sintiendo un patrón artificial donde no existía ninguno!

El profesor de psicología Thomas Gilovich entrevistó a cientos de personas para obtener una respuesta sobre si esta secuencia fue aleatoria o planificada, y la mayoría rechazó una explicación arbitraria porque creía que alguna ley gobernaba su orden. Según el modelo de física de los dados de Gilovich, en realidad es muy posible que cuatro tiradas consecutivas revelen un número; sin embargo, a muchos les cuesta aceptar que tales eventos ocurren únicamente por casualidad.

Durante la Segunda Guerra Mundial, los bombarderos alemanes atacaron Londres utilizando cohetes V1, un tipo de dron con navegación automática, como forma de munición. Cada ataque implicó trazar cuidadosamente los lugares de impacto en mapas para aterrorizar a los londinenses; muchos pensaron que habían identificado patrones y desarrollado teorías sobre qué partes de Londres eran las más seguras; sin embargo, los análisis estadísticos de la posguerra demostraron que la distribución era completamente aleatoria debido a la inexactitud del cohete V1 ya que su sistema de navegación era muy inexacto.

Conclusión: cuando se trata de reconocimiento de patrones, tendemos a reaccionar de forma exagerada. Recupera tu escepticismo; Si cree que ha descubierto un patrón, primero asuma que podría haber sucedido por casualidad y considere el análisis estadístico antes de tomar una decisión. Del mismo modo, si las partes crujientes de su panqueque se parecen al rostro de Jesús de alguna manera, pregúntese por qué Él no se ha mostrado aquí en Times Square o CNN.
Véase también Ilusión de control (cap. 17); Coincidencia (cap. 24); Falsa causalidad (cap. 37).

Prueba social Imagínate esto: vas camino a un concierto cuando en una intersección ves a un grupo de personas mirando hacia arriba. Sin pensarlo dos veces, tú también miras hacia arriba, sin siquiera darte cuenta de por qué, siguiendo inconscientemente su ejemplo. ¿Por qué? Prueba social. Durante la actuación de un solista excepcional en una sala de conciertos, alguien comienza a aplaudir, lo que incita a otros en la sala a unirse también a aplaudir; tú también te unes sin otro motivo que la prueba social. Después de que termina la actuación, te diriges a recoger tu guardarropa, donde la gente hace cola delante de ti y dejan monedas a pesar de que el servicio está incluido en el precio de la entrada, pero aun así... después de lo cual, cuando vas al guardarropa para recuperarlo tú mismo, observas a la gente salir. en su lugar, monedas en platos a pesar de estar incluidas oficialmente en el precio de la entrada, ya que en la práctica muchos otros asistentes al concierto alientan las propinas que también dejan una propina como prueba social.

La prueba social o el "instinto gregario" dicta que los individuos se sienten validados cuando sus comportamientos se ajustan a los de otros individuos. En pocas palabras, cuantas más personas apoyan o adoptan una idea o comportamiento, percibimos que es más cierto; de manera similar, cuando más individuos lo muestran que los que no. Aunque obviamente ridícula, esta lógica se mantiene.

La prueba social es la fuerza impulsora detrás de las burbujas financieras y el pánico en el mercado de valores. Se manifiesta en la moda, las técnicas de gestión, las aficiones, la religión y las dietas; a veces conducen a consecuencias tan dramáticas como cuando las sectas cometen suicidios en masa.

Solomon Asch llevó a cabo un experimento intrigante durante la década de 1950 que demostró cómo la presión social puede cambiar la realidad. A los sujetos se les mostró una línea dibujada en papel y tres líneas idénticas, corta, mediana y larga, que corresponden a ella en diferentes partes de sus cuerpos, todas marcadas con "1, 2", por su tamaño corto; más larga que la línea original en longitud e igual que la original, respectivamente. Debe elegir cuál de las tres líneas corresponde a la original, lo que no sorprende teniendo en cuenta lo sencilla que es la tarea. Una vez que entran cinco personas, todos los actores que no le son familiares dan respuestas incorrectas al responder con "el número 1", aunque está claro que en su lugar debería indicarse el número tres. Cuando vuelve a tener que responder, a menudo responde incorrectamente para coincidir con lo que respondieron otras personas; en aproximadamente un tercio de los casos también da respuestas incorrectas.
¿Por qué actuamos de esta manera? En el pasado, seguir a otros se consideraba a menudo la mejor estrategia para sobrevivir. ¡Imagínese viajar por el Serengeti junto con algunos cazadores-recolectores hace 50.000 años cuando de repente todos se dispersaron y huyeron

sin previo aviso? ¿Cómo responderías entonces? ¿Se habría quedado allí, confundido y preguntándose si lo que vio era realmente un león o simplemente algo inofensivo que podría servir como excelente comida rica en proteínas? ¡No! En lugar de eso, probablemente habrías salido en busca de tus amigos. Más adelante, cuando estuvo a salvo del ataque, es posible que se haya tomado un tiempo para considerar quién había sido realmente su "león". Cualquiera que actuara de manera diferente a sus pares (que estoy seguro los hubo) probablemente fue eliminado de nuestro acervo genético; somos descendientes de quienes copiaron lo que hicieron sus pares. Los humanos estamos programados con este patrón de prueba social; por lo tanto, lo utilizamos incluso cuando no supone ninguna ventaja para la supervivencia; que es la mayor parte del tiempo. Sin embargo, hay casos en los que la prueba social puede ser ventajosa: por ejemplo, cuando cenas en una ciudad extranjera sin conocer ningún buen restaurante cercano y tienes hambre; seleccionar uno donde los locales frecuentan puede tener más sentido y copiar su comportamiento en lugar del tuyo.

Los programas de comedia y entrevistas utilizan la prueba social al insertar risas enlatadas en lugares estratégicos para animar a los espectadores a reírse. Quizás uno de los ejemplos más notables e inquietantes sea el discurso de Joseph Goebbels ante una enorme audiencia en 1943 (véalo usted mismo en YouTube). Cuando la guerra empeoró para Alemania, Goebbels preguntó a los asistentes: "¿Quieren una guerra total?" Si es necesario, ¿apoya usted la guerra radical en lugar de cualquier cosa que podamos imaginar hoy?" Su demanda provocó un estruendoso aplauso; si a los asistentes se les hubiera preguntado individualmente probablemente no habrían aceptado esta loca propuesta.

La publicidad aprovecha al máximo nuestra inclinación por la prueba social; Este enfoque funciona bien cuando nos enfrentamos a la incertidumbre (como elegir entre varias marcas de automóviles, productos de limpieza y productos de belleza sin ventajas o desventajas claras) y cuando aparecen personas que parecen "como nosotros".

Sea escéptico siempre que una empresa afirme que su producto es superior porque es popular; ¡este argumento tiene poco sentido si vender más unidades no indica superioridad! Y recuerde las sabias palabras de W. Somerset Maugham: "Incluso si 50 millones de personas dicen algo tonto, sigue siendo una tontería".
Ver también: Pensamiento de grupo (cap. 25); Holgazanería social (cap. 33); Sesgo dentro del grupo fuera del grupo (cap. 79) y Efecto de falso consenso (cap. 77) para mayor referencia.

POR QUÉ DEBES OLVIDAR EL PASADO

Falacia del costo hundido
Después de una hora y media de ver una película horrible, le pregunté en voz baja a mi esposa: "Vamos, vámonos a casa". A lo que ella respondió: 'De ninguna manera; No desperdiciaremos 30 dólares.' En ese momento protesté: "Eso no es motivo para quedarnos, es simplemente una deformación profesional que está en juego aquí, lo que no debería influir en nuestra decisión de quedarnos o irnos". Naturalmente, finalmente cedí y me hundí nuevamente en mi asiento.

Al día siguiente me encontré sentado en una reunión de marketing donde se estaba discutiendo una campaña publicitaria que había estado funcionando durante cuatro meses pero que no logró alcanzar ni un solo objetivo. Mientras yo defendía su eliminación, nuestro director de publicidad objetó: 'Pero ya hemos invertido mucho dinero en ello; detenerse ahora significaría que todo nuestro dinero había sido en vano', otra víctima de la falacia del costo hundido.

Uno de mis amigos sufrió durante años una relación difícil. Su novia le engañaba repetidamente, pidiendo perdón arrepentida cada vez. No obstante, mi amigo siguió invirtiendo energía en su romance porque le parecía mal tirar lo que ya se había invertido; un ejemplo de la "falacia del costo hundido".

La falacia del costo hundido es particularmente peligrosa cuando hemos invertido una gran cantidad de tiempo, dinero, energía o emoción en algo. Nuestra inversión puede convertirse en la base para continuar a pesar de las razones obvias para detenerla; cuanto más tiempo y recursos se inviertan, mayores serán nuestros costos hundidos; de ahí nuestra necesidad de seguir adelante incluso si algo parece imposible o desesperado. Cuanto más invertimos en algo, más fuerte es nuestra necesidad de seguir adelante;

Los inversores suelen ser víctimas de la falacia del coste hundido. Las decisiones comerciales pueden estar determinadas únicamente por los precios de adquisición; invocar este argumento como justificación simplemente no es racional; lo que importa más que el precio debería ser el rendimiento futuro (y otras alternativas disponibles para invertir) de cada acción o cartera de inversiones; irónicamente, cuanto más dinero se pierde, más tiempo tenderán los inversores a mantenerlo.
La coherencia es nuestra razón de ser; Cuando algo rompe con este patrón de pensamiento y acción, encontramos aborrecibles las contradicciones y optamos por cancelarlo a mitad de camino en lugar de admitir que cambiamos de opinión en algún momento de la vida del proyecto. Retrasar la realización dolorosa continuando con proyectos sin sentido mantiene las apariencias por más tiempo.

El Concorde fue un ejemplo icónico de gasto deficitario del gobierno. Tanto Gran Bretaña como Francia sabían muy bien que el negocio de los aviones supersónicos no funcionaría, y aun así invirtieron enormes sumas para salvar las apariencias. Abandonarlo habría significado reconocer la derrota; de ahí su nombre, "efecto Concorde". Conduce a errores de juicio costosos e incluso desastrosos; Los estadounidenses ampliaron su participación en la guerra de Vietnam debido a este fenómeno: pensaron: 'Hemos sacrificado mucho; rendirse ahora estaría mal.'

¿Estás pensando: "¿Hemos llegado hasta aquí?" "Ya he leído gran parte de este libro..." Si alguna de estas afirmaciones se aplica a usted, indica que la falacia del costo hundido está funcionando en su mente.

Por supuesto, invertir para finalizar algo puede tener sus propias ventajas; solo tenga cuidado de hacerlo únicamente para justificar inversiones no recuperables. La toma de decisiones racional exige que usted se olvide de los costos pasados; En última instancia, sólo los costos y beneficios futuros importan al tomar decisiones racionales.

Ver también: Falacia-empeorará-antes-de-mejorar (cap. 12); Incapacidad para cerrar puertas (cap. 68); Efecto de Dotación (cap. 23); Justificación del esfuerzo (cap. 60); Aversión a la pérdida (cap. 32) y sesgo de resultados (cap. 20) como otros sesgos cognitivos que conducen a decisiones inapropiadas.

RECIPROCIDAD

Recientemente, es posible que te hayas encontrado con seguidores de la secta Hare Krishna flotando con sus brillantes túnicas de color azafrán mientras corrías por aeropuertos o estaciones de tren en tu viaje para llegar a tu destino. Quizás un miembro te dio una pequeña flor y sonrió cálidamente mientras se la daba. Como la mayoría de las personas, es probable que hayas cogido la flor sólo para evitar ser grosero. Negarse podría haber provocado una explicación como: 'Tómalo; Éste es nuestro regalo para ti.' Al intentar deshacerse de la flor en un bote de basura cercano, ya había varios arreglos allí; Cuando buscó su eliminación en otra parte, descubrió que ya había varias pilas. A medida que tu mala conciencia comenzaba a molestarte con más fuerza, otro discípulo de Krishna se acercaba pidiendo donaciones; muchos aeropuertos finalmente prohibieron esta secta debido a este exitoso lanzamiento;

Robert Cialdini puede explicar el éxito de estas campañas con su investigación sobre la reciprocidad. Descubrió que a las personas les resulta muy difícil estar en deuda con otro individuo.

Muchas organizaciones no gubernamentales y filantrópicas emplean estrategias similares: primero dar, luego recibir. Recientemente, recibí un sobre que contenía postales con paisajes idílicos de una organización conservacionista; la carta adjunta me aseguraba que debían conservarse como obsequios, independientemente de mi decisión de donar dinero. Si bien entendía sus tácticas bastante bien, ¡requirió una considerable fuerza de voluntad y disciplina de mi parte para eliminarlas sin aprovecharme de ellas!

Desgraciadamente, esta forma de chantaje amable, a veces también denominada corrupción, es común. Un proveedor de tornillos podría invitar a clientes potenciales a unirse a él en un emocionante juego deportivo; Cuando llega el momento de realizar el pedido un mes después, su deseo de no endeudarse es tan fuerte que el comprador acepta y realiza un pedido a través de este nuevo conocido.

La reciprocidad es un principio antiguo que se encuentra entre todas las especies con suministros de alimentos fluctuantes. Imagina que eres un cazador-recolector que, un día, logra matar un ciervo y debe dividirlo entre los miembros de su grupo; hacer esto garantiza que se beneficiará del botín de los demás si su botín fue menos impresionante; sirven como refrigeradores.
La reciprocidad es una estrategia de supervivencia invaluable y una forma de gestión de riesgos, sin la cual los humanos -así como muchas especies de vida animal- pronto morirían. La reciprocidad está en el centro de la cooperación entre personas no relacionadas entre sí y

es esencial para el crecimiento económico y la creación de riqueza: ¡sin ella no habría economía global en absoluto! Ése es el beneficio de la reciprocidad.

Sin embargo, la reciprocidad también trae consigo su lado oscuro: las represalias. La venganza genera contravenganza hasta que sobreviene una guerra a gran escala. Jesús predicó que deberíamos romper este ciclo poniendo la otra mejilla, aunque esto resulta difícil ya que la reciprocidad atrae incluso cuando hay mucho menos en juego.

Hace años, fuimos invitados por una pareja a la que sólo conocíamos casualmente; eran bastante agradables pero estaban lejos de ser entretenidos. Desafortunadamente, resultó exactamente como lo habían imaginado: su cena fue más que aburrida; sin embargo, nos sentimos obligados a invitarlos nuevamente varios meses después por reciprocidad; sólo unas semanas después llegó otra invitación de ellos... A menudo me pregunto ¿cuántas otras cenas han sobrevivido para mantener la reciprocidad?

Al igual que cuando me acerco al supermercado, mi mejor consejo sería rechazar su oferta de vino, queso o aceitunas a menos que quiera que su refrigerador esté lleno de cosas que ni siquiera le gustan.

Véase también Encuadre (cap. 42); Tendencia de superrespuesta de incentivos (cap. 18); Prejuicio de agrado (capítulo 22) y Motivación colectiva (capítulo 56) para obtener más información.

OJO AL "CASO ESPECIAL"

CUANDO LA CONFIRMACIÓN BIES ¡CUIDADO! (Parte 1).

Gil está a dieta para perder peso. Cada mañana se sube a la balanza, verifica el progreso con respecto al plan seleccionado y celebra cada pérdida o ganancia como evidencia de que está funcionando o lo descarta como fluctuaciones normales. Sin embargo, durante meses, su peso se mantiene estable mientras Gil vive bajo la ilusión de que la dieta funciona a pesar de que en realidad no hace nada, un ejemplo del sesgo de confirmación en juego en su forma inofensiva.

El sesgo de confirmación está en el centro de la mayoría de los conceptos erróneos. Se refiere a nuestra tendencia a interpretar nueva información para que encaje dentro de las teorías, creencias y convicciones existentes, filtrando efectivamente cualquier evidencia que contradiga los puntos de vista existentes (conocida como evidencia disconforme) que pueda cuestionarlas (sobre lo que Aldous Huxley escribió como "Los hechos no no dejará de existir si se ignora"), pero esta peligrosa tendencia persiste entre los humanos: el superinversor Warren Buffett lo expresa mejor: "Los humanos destacan en la interpretación de toda la información nueva, de modo que sus conclusiones anteriores permanecen intactas".

El sesgo de confirmación está vivo y coleando en los negocios hoy en día. Por ejemplo, consideremos esto: un equipo ejecutivo decide una nueva estrategia, celebrando cualquier señal de que podría funcionar bien, mientras que cualquier indicación que indique lo contrario permanece invisible o es rápidamente descartada como excepción o caso especial, hasta que la evidencia que lo contradice se vuelve completamente invisible para ellos.

¿Qué puedes hacer? Tenga cuidado cuando aparezca la palabra "excepción"; a menudo esto indica que hay evidencia que lo contradice. Siga el ejemplo de Charles Darwin: desde temprana edad se propuso contrarrestar sistemáticamente el sesgo de confirmación tomando muy en serio cualquier observación que entrara en conflicto con su teoría, registrándolas inmediatamente tan pronto como aparecían, sabiendo muy bien con qué facilidad nuestros cerebros "olvidan" "después de un tiempo, desmentía la evidencia - tomaba nota de cada contradicción tan pronto como la veía aparecer y buscaba activamente las contradicciones basándose en su evaluación de su exactitud - tanto más cuanto más activamente miraba hacia afuera.

Este experimento pone de relieve lo difícil que puede ser cuestionar nuestras propias teorías. Un profesor presentó a sus alumnos la secuencia numérica 2-4-6.

Su profesor desafió a los estudiantes a determinar la regla subyacente escrita en una hoja de papel proporcionando números en secuencia que se ajustaban a la regla o no, con respuestas como "se ajusta a la regla" o "no se ajusta a la regla" de su parte. . Mientras que los estudiantes podían adivinar numerosos números al azar del 8 al 14, por ejemplo (la mayoría sugirió 8 y recibió la respuesta: "Se ajusta a la regla". Para estar seguros, probaron con 10, 12 y 14 y cada vez el profesor les dijo que sí encajaban).). Muchos concluyeron: 'La regla es sumar dos a cada número'; sólo para que el profesor no esté de acuerdo con ellos diciendo que en realidad esta no es la regla;

Un estudiante inteligente intentó un enfoque poco convencional. Probó el número -2, a lo que su profesor respondió diciendo que no cumplía con la regla, antes de sugerir que siete se ajustaba mejor que su predecesor -2. Cuando esto resultó infructuoso, el estudiante experimentó más probando -24, 9, 43.... Cuando no pudo encontrar más contraejemplos, afirmó: "La regla es: cada número sucesivo debe exceder a su predecesor". ¡Al darle vuelta a su hoja de papel se reveló esta regla exacta!

¿Qué distinguía al estudiante ingenioso de sus compañeros? Si bien la mayoría de los estudiantes sólo buscaban confirmar sus teorías, él buscaba activamente evidencia que las refutara. Se podría pensar: "Bueno para él, pero no gran cosa para los demás". Sin embargo, caer presa del sesgo de confirmación no es una ofensa intelectual menor; como se revela en capítulos posteriores, puede afectar drásticamente nuestra vida diaria.

Véanse también: mes disponibilite Bias (cap. 11); El efecto positivo de las características (cap. 95); Coincidencia (cap. 24); Efecto Forer (cap. 64) e Ilusión de atención (cap. 88).

ASESINA A TUS QUERIDOS

Sesgo de confirmación, parte 2

En nuestro capítulo anterior, exploramos una de las falacias principales: el sesgo de confirmación. Los seres humanos deben formarse creencias sobre la vida, la economía, las inversiones, las carreras y mucho más -desde nuestra visión del mundo hasta la política, la economía y el arte- que luego deben estar respaldadas con evidencia que respalde estas suposiciones. Ya sea que uno vaya por la vida creyendo que las personas son intrínsecamente buenas o malas, encontrará evidencia que respalde cualquiera de estas opiniones. Tanto los filántropos como los misántropos filtran la evidencia que lo contradice y al mismo tiempo favorecen a aquellos que defienden sus respectivas visiones del mundo, dando prioridad a aquellos que refuerzan sus puntos de vista con bienhechores o dictadores que los promueven.

Los astrólogos y los economistas operan con estrategias similares: hacen predicciones tan vagas que cualquier evento podría corroborarlas: "en las próximas semanas experimentarán tristeza" o "la presión a mediano plazo sobre el dólar aumentará" son lo suficientemente vagas como para que cualquier evento pueda sustentar cumplir estas predicciones; medidas de depreciación contra el oro, el yen, el peso, el trigo, los precios de las propiedades residenciales en Manhattan, Manhattan, los precios de los hot dogs de Manhattan

La religión y las creencias filosóficas sirven como terreno fértil para que florezca el sesgo de confirmación. Aquí, en su suave esponjosidad, prospera salvaje y libre; por ejemplo, los adoradores siempre encuentran evidencia de la existencia de Dios, aunque rara vez se muestra abiertamente, excepto a los analfabetos que viven en remotas aldeas de montaña; Nunca se mostró ante audiencias masivas como Frankfurt o Nueva York. Los creyentes rechazan de plano los contraargumentos en contra de su existencia, lo que demuestra cuán fuerte es realmente esta fuerza.

Los periodistas de negocios pueden ser particularmente susceptibles al sesgo de confirmación. Al crear teorías, los periodistas de negocios frecuentemente presentan explicaciones sencillas con pocas "evidencias" que las respalden y luego pasan rápidamente a escribir su historia; por ejemplo: Google tiene tanto éxito porque su cultura promueve la creatividad. Una vez escrita esta idea, los periodistas suelen corroborar esta afirmación con ejemplos de otras empresas prósperas que cultivan la creatividad y rara vez buscan pruebas que la refuten, como empresas en dificultades que hacen hincapié en la creatividad o empresas florecientes que carecen de creatividad alguna: ambos grupos harían grandes esfuerzos. ¡cuentos!

Los periodistas tienden a pasar por alto a varios miembros de un clan; cualquier intento por su parte de resaltar solo uno podría descarrilar toda la trama de su artículo.

Los libros de autoayuda y de enriquecimiento rápido son otro ejemplo de narración unilateral. Sus astutos autores acumulan pruebas que respaldan incluso teorías aparentemente ridículas, como que "la meditación es la clave de la felicidad". Cualquier lector que busque evidencia que lo contradiga no encontrará tal evidencia aquí: en ninguna parte hay ejemplos de personas que lleven una vida plena sin meditación o que a pesar de practicarla todavía sientan tristeza.

Los sitios de Internet proporcionan un terreno especialmente fértil para el sesgo de confirmación. Cuando navegamos por sitios de noticias y blogs para mantenernos informados, a menudo terminamos seleccionando páginas que refuerzan nuestros valores existentes, ya sean liberales, conservadores o algo intermedio. Además, muchos sitios web ahora adaptan el contenido específicamente a intereses individuales o al historial de navegación, lo que hace que opiniones nuevas o diferentes no sean bienvenidas y nos llevan por caminos que reafirman las convicciones existentes al rodearnos de comunidades con ideas afines que refuerzan esas mismas convicciones, reforzando aún más los sesgos de confirmación. y reforzar nuestras convicciones, reforzarlas aún más, reforzarlas y fortalecer aún más las convicciones, lo que refuerza el sesgo de confirmación.

Arthur Quiller-Couch tenía un mantra perdurable: "Mata a tus seres queridos". Este consejo para los escritores que luchan por eliminar frases preciadas pero redundantes resonó ampliamente más allá de los críticos literarios y los piratas informáticos; su consejo resuena en todos los que sufrimos del sesgo de confirmación. Para combatirlo, intente escribir todas sus creencias (visión del mundo, inversiones, matrimonio, atención médica, dieta o estrategias profesionales) y comience a buscar evidencia que las contradiga. ¡Cortar creencias que parecen viejas amigas es un trabajo difícil pero vitalmente necesario!

Ver también: Ilusión de introspección (cap. 67); Efecto de prominencia (cap. 83); Disonancia cognitiva (cap. 50); Forer Effect (cap. 64) y News Illusion (cap. 99) para obtener más detalles.

TOMA NOTA DE LAS PALABRAS DE LAS AUTORIDADES

En Génesis 1, Dios nos dice lo que sucede si desobedecemos a una de sus figuras de autoridad: la expulsión del paraíso. Desafortunadamente, a figuras menos divinas (expertos políticos, científicos, médicos, directores ejecutivos, economistas, jefes de gobierno, comentaristas deportivos y gurús del mercado de valores) les gustaría que creyéramos esto también.

El psicólogo Stanley Milgram llevó a cabo un experimento que ilustró vívidamente el sesgo de autoridad. Se ordenó a sus sujetos que administraran descargas eléctricas crecientes a un individuo sentado detrás de un panel de vidrio. Comenzando con 15 voltios, se les indicó que aumentaran gradualmente a 30 V, 45 V y finalmente la dosis máxima de 450 V - aunque en realidad no fluyó corriente eléctrica - Milgram utilizó a un actor como víctima; Desafortunadamente, quienes administraron las descargas no lo sabían. Los resultados fueron impactantes: mientras la persona en la otra habitación lloraba de dolor y el sujeto que administraba la descarga quería parar, su profesor los animaba a continuar porque "este experimento depende de ello". Electrocución más continuada; más de la mitad alcanzó el voltaje máximo por pura obediencia.

Durante la última década, las aerolíneas también se han dado cuenta de los peligros asociados con el sesgo de autoridad. En épocas anteriores, los capitanes gobernaban de forma suprema; sus órdenes nunca podrían ser cuestionadas y cualquier copiloto que sospechara un descuido nunca se habría atrevido a hablar al respecto.
Desde que se descubrió este comportamiento, casi todas las aerolíneas han implementado la Gestión de Recursos de Tripulación (CRM). CRM capacita a los pilotos y sus tripulaciones para discutir cualquier reserva de manera abierta y rápida; en otras palabras: sesgo de autoridad desprogramador. CRM ha contribuido más a la seguridad de los vuelos en las últimas décadas que al avance técnico.

Muchas empresas carecen de previsión. Las empresas con directores ejecutivos dominantes corren un riesgo especial, donde los empleados pueden guardarse sus opiniones menos favorables, probablemente en detrimento de la empresa en su conjunto.

Las autoridades buscan reconocimiento y siempre están encontrando nuevas formas de consolidar su estatus. Los médicos e investigadores suelen llevar batas blancas. Los directores de bancos visten traje y corbata; los directores de bancos usan corbatas mientras que los reyes con corona usan insignias de rango del ejército; ¡Los miembros del ejército a menudo también lucen insignias de rango! Hoy en día se utilizan más símbolos y accesorios como marcadores de experiencia, como apariciones en programas de entrevistas o portadas de revistas, recorridos de libros o entradas de Wikipedia; La autoridad evoluciona de manera muy similar a la moda y la sociedad toma nota en consecuencia.

Conclusión: antes de tomar cualquier decisión importante, piense siempre detenidamente qué autoridades podrían estar ejerciendo una influencia impactante sobre su proceso de razonamiento y haga todo lo posible para desafiar a quienes están en el poder si es necesario.

Ver también: Tendencia a la tontería (cap. 57); Conocimiento del chófer (cap. 16); Ilusión de pronóstico (cap. 40); Ilusión de habilidad (cap.94)

Robert Cialdini cuenta en su libro Influence la historia de dos hermanos llamados Sid y Harry que dirigían una tienda de ropa durante la década de 1930 en Estados Unidos; Sid era responsable de las ventas mientras Harry dirigía los servicios de sastrería. Sid se volvía sordo cada vez que los clientes que se paraban frente a su espejo estaban abrumadoramente satisfechos con sus trajes, lo que le llevaba a preguntarle a Harry: "Harry, ¿cuánto cuesta este traje?" Luego, Harry levantaba la vista de su mesa de corte y respondía rápidamente gritando que este hermoso traje de algodón costaba $42. Sid actuaría confundido y fingiría no haber entendido. Harry exclamaba: '¡Cuarenta y dos dólares!' Luego, Sid se dio la vuelta y respondió: "Dice $22". En ese momento, su cliente habría puesto rápidamente dinero sobre la mesa antes de irse rápidamente con su traje antes de que el pobre Sid se diera cuenta de su error.

¿Conoces este experimento de tu época escolar? : Llene dos cubos, uno con agua tibia y el otro con agua helada, y luego sumerja la mano derecha durante un minuto en cada uno. Vuelve a cambiar las manos y colócalas nuevamente en agua tibia al mismo tiempo. ¿Qué has notado? ¡La mano derecha lo encuentra caliente mientras que la mano izquierda encuentra que se enfría muy bien!

Estas historias ilustran el efecto de contraste: cuando se nos presenta algo feo, barato o pequeño tendemos a juzgarlo como más bello o caro; por el contrario, nos resulta difícil realizar un juicio absoluto.

El efecto de contraste es una ilusión omnipresente: al comprar asientos de cuero para su automóvil nuevo, en comparación con su precio de 60.000 dólares, 3.000 dólares parecen intrascendentes en comparación con su costo total. Todas las industrias que ofrecen opciones de actualización aprovechan esta percepción engañosa para atraer a los consumidores y venderles actualizaciones.

El efecto de contraste también puede desempeñar un papel vital en otros lugares: los experimentos muestran que las personas caminan diez minutos más si eso les ahorra $10 en comida, pero nunca considerarían regresar caminando para ahorrar $10 en un traje caro; un movimiento irracional ya que 10 minutos equivalen a 10 dólares independientemente. Por lo tanto, siempre se debe emprender el camino de regreso o simplemente no hacerlo.

Sin el efecto de contraste, las empresas de descuento dejarían de existir por completo. Existe una posición insostenible cuando los precios de los productos bajan de 100 dólares a 70 dólares en un instante; El precio inicial no debería jugar ningún papel aquí. Un inversor me dijo una vez que una acción tenía un gran valor porque había caído un 50 por ciento por debajo del precio máximo; Respondí del mismo modo sacudiendo la cabeza: los precios de las acciones nunca tienen puntos altos o bajos; lo único que importa es si suben o bajan de ahí en adelante.

Si encontramos contrastes, nuestro cerebro responde como los pájaros a un disparo: revoloteamos y nos movemos rápidamente. Desafortunadamente, sin embargo, nuestra tendencia es no reconocer los cambios graduales a medida que ocurren: un ilusionista podría hacer que su reloj desaparezca sin que usted se dé cuenta, porque cuando lo presiona contra una parte de su cuerpo, presionando contra otra parte, no se da cuenta cuando su toque más ligero. en tu muñeca quita tu reloj Rolex; de manera similar, no observamos cómo nuestro dinero desaparece a través de la inflación, que lentamente le va quitando valor, mientras que si se imponen como impuestos (que en esencia lo son), reaccionaríamos mucho más fuertemente contra dichos impuestos (que en realidad equivalen básicamente a).

El contraste es una fuerza peligrosa: una mujer hermosa se casa con un hombre más normal; pero, como sus padres eran personas de mala reputación, él le parece una figura extraordinaria.

Una última reflexión: con todos los anuncios que presentan supermodelos, ahora vemos a la gente guapa como sólo moderadamente deseable. Cuando busques el amor, nunca salgas con amigas supermodelos, ya que la gente te percibirá menos atractiva de lo que realmente eres si vas sola o traes dos amigas feas.

Ver también: Sesgo de disponibilidad (cap. 11); Efecto de Dotación (cap. 23); Efecto Halo (cap. 38); Sesgo de comparación social (cap. 72); Regresión a la media (cap. 19); Error de escasez (cap. 27); Encuadre (cap. 42)

Decir algo como: "Fumar no es tan dañino si mi abuelo logró sobrevivir fumando tres paquetes al día y vivió más de 100 años" o: "Manhattan es realmente seguro; mi amigo vive en el Village sin cerrar la puerta". Incluso durante las vacaciones: ¡nunca han asaltado su apartamento!" pueden usarse para intentar probar un punto, pero en realidad no prueban nada en absoluto; al hacerlo, sucumbimos al sesgo de disponibilidad.

¿Hay más palabras en inglés que comienzan con K, o más con ella como tercera letra? Respuesta: Más del doble de palabras en inglés que incluyen la K en tercera posición que las que comienzan con ella; aunque muchos creen que estos últimos son más numerosos. La gente cree erróneamente lo contrario debido a que es más probable que recuerden más rápidamente las palabras que comienzan con K; por lo tanto estos son más fáciles para nuestros recuerdos.

El sesgo de disponibilidad establece: nuestras mentes tienden a crear una imagen de la realidad basada en ejemplos que encontramos más fácilmente en nuestra memoria, aunque estos eventos en realidad no ocurren con más frecuencia porque pueden imaginarse fácilmente.

Debido al sesgo de disponibilidad, a menudo navegamos por la vida con un mapa de riesgos inexacto en mente. Debido a este sesgo, tendemos a sobreestimar nuestros riesgos de sufrir accidentes aéreos, accidentes automovilísticos o asesinato, mientras que subestimamos los que se deben a causas menos espectaculares, como la diabetes o el cáncer de estómago. Los ataques con bombas son menos frecuentes de lo que creemos, mientras que las tasas de depresión pueden ser mucho más altas; este sesgo nos lleva a dar demasiada importancia a los resultados espectaculares mientras degradamos los silenciosos o invisibles más fácilmente de lo que deberíamos; Nuestros cerebros prefieren resultados llamativos más fácilmente que los mundanos; ¡esto nos lleva a pensar de manera dramática más que cuantitativa!

Los médicos frecuentemente sucumben al sesgo de disponibilidad: utilizan sus tratamientos habituales en todos los casos posibles, aunque existan otros más adecuados pero permanezcan ocultos en sus bancos de memoria. Los consultores también suelen ser víctimas de este fenómeno: en lugar de descartar un caso completamente desconocido diciendo: "Realmente no lo sé", hacen todo lo posible por no actuar según su intuición, sino actuar.
En lugar de descubrir exactamente lo que deberían decirle, las personas a menudo recurren a uno de sus enfoques probados, sin importar si es ideal o no.

La repetición puede crear una huella a largo plazo en nuestra mente; algo repetido con bastante frecuencia pasa a formar parte de la conciencia colectiva, incluso si su contenido es falso; ¡Simplemente pregúntele a los líderes nazis con qué frecuencia repitieron "La cuestión judía", antes de que la gente comenzara a creer que era un tema importante! ¡Todo lo que se necesita para comenzar a creer en estos conceptos es decir las palabras OVNI, energía vital o karma suficientes veces antes de que la gente tome nota y les crea!

El sesgo de disponibilidad se ha convertido en una característica bien establecida en los directorios corporativos de todo el mundo. Los miembros de la junta tienden a centrar sus discusiones en lo que la gerencia ha presentado -generalmente cifras trimestrales- en lugar de abordar asuntos más importantes, como movimientos de competencia, cuestiones de motivación de los empleados o cambios en el comportamiento de los clientes que podrían afectarlos directamente. No suelen discutir cosas fuera de la agenda. La gente tiende a favorecer la información de fácil acceso (ya sean datos económicos o recetas) a la hora de tomar decisiones; tomar sus decisiones sobre esta base en lugar de datos más pertinentes pero de más difícil acceso podría resultar desastroso para sus decisiones. Ejemplo: sabemos desde hace 10 años que la llamada fórmula Black-Scholes para fijar el precio de los productos financieros derivados no funciona, pero debido a la falta de soluciones viables, seguimos utilizando una herramienta inadecuada. Sería como estar en una ciudad desconocida sin un mapa, pero luego encontrar uno para llegar a casa desde algún lugar y usarlo en su lugar -prefiriendo información incorrecta a ninguna información en absoluto-, lo que llevaría a los bancos a incurrir en pérdidas de miles de millones debido al sesgo de disponibilidad.

Frank Sinatra cantó: "Oh, mi corazón late salvajemente/Todo por tu culpa/Cuando no estoy cerca de la persona que amo/Todavía la amo". Este es un ejemplo de sesgo de disponibilidad; para combatirlo eficazmente necesitamos la aportes de otros con experiencias y conocimientos diferentes a los nuestros para superar sus efectos.
Véase también Aversión a la ambigüedad (cap. 80); Ilusión de atención (cap. 88); Sesgo de asociación (cap. 48); Efecto positivo de características (cap. 95); Sesgo de confirmación (cap. 7-8); Efecto de contraste (cap. 10); Descuido de la probabilidad (cap. 26) para obtener más información sobre este tema.

POR QUÉ "SIN DOLOR NO HAY GANANCIA" DEBEN SUENAR LAS ALARMAS

Una vez, mientras estaba de vacaciones en Córcega, me enfermé. Los síntomas eran desconocidos y el dolor aumentaba día a día. Entonces busqué asistencia médica en una clínica cercana. Un joven médico comenzó a inspeccionarme cuidadosamente, pinchándome el estómago, sujetándome fuertemente los hombros y las rodillas y palpando cada vértebra en busca de signos de problemas. Su examen me pareció extraño pero perseveré hasta que de su cuaderno salió un antibiótico escrito: 'Tome una tableta tres veces al día hasta que sus síntomas desaparezcan. ¡Tome sus antibióticos hasta que los síntomas mejoren antes de considerar la medicación como tratamiento! Cuando terminé, regresé a mi habitación de hotel con la receta.

El dolor empeoró durante los siguientes tres días, tal como lo predijo mi médico. Aunque él debía saber lo que me pasaba, cuando el dolor no disminuyó después de tres días lo llamé nuevamente para preguntarle qué hacer al respecto y me aconsejó que aumentara la dosis a cinco veces al día porque "puede doler durante mucho tiempo". un rato más". Después de que pasaron otros dos días agonizantes, decidí llamar a una ambulancia aérea internacional, donde el médico suizo me diagnosticó apendicitis inmediatamente antes de operarme, y después me preguntó: "¿Por qué esperaste tanto?".

"Todo salió exactamente según lo que predijo el médico, así que confié en su consejo".

"¡Oh no! Caíste en la falacia que dice que las cosas sólo empeorarán antes de mejorar". Probablemente su médico corso no estaba al tanto de esto; Probablemente sólo sea otra trampa para turistas durante la temporada alta.

Tomemos otro ejemplo: un director ejecutivo se siente frustrado, con las ventas por el suelo, los vendedores desmotivados y las campañas de marketing fracasando por completo. Desesperado, contrata a un consultor por 5.000 dólares al día cuya evaluación incluye hallazgos que incluyen que su departamento de ventas carece de visión y que su marca no está claramente posicionada. Puedo solucionar ambos problemas, pero puede llevar más tiempo antes de que se produzcan mejoras; lo más probable es que las ventas disminuyan. más antes de que las cosas mejoren' El CEO contrata a este consultor; un año después, las ventas vuelven a caer antes de que se produzcan avances, como subraya este consultor; En repetidas ocasiones durante estas consultas enfatizan cuán estrechamente está relacionado el

progreso con el progreso de la empresa, medido en comparación con sus hallazgos en los análisis puestos a disposición por sus hallazgos ese día por este hombre cuyo análisis.
A medida que las ventas continúan su espiral descendente en el tercer año, el director ejecutivo decide despedir al consultor.

La falacia de que "empeorará-antes-de-mejorar" es simplemente una excusa, un ejemplo de sesgo de confirmación. Si el problema continúa empeorando como se predijo, el sesgo de confirmación se confirma, mientras que si se produce una mejora inesperada, el cliente queda satisfecho y el experto puede atribuirse el mérito de sus habilidades; de cualquier manera él gana.

Imagínese como presidente de un país, sin los conocimientos necesarios para gestionarlo de forma eficaz. ¿Cuál sería tu primer paso? ¿Quizás pronosticar "años difíciles", pedir a los ciudadanos que se ajusten el cinturón y prometer mejoras después de esta delicada etapa de "limpieza", "purificación" y "reestructuración", dejando abierta la cuestión de cuánto tiempo y gravedad podría durar este período?

El cristianismo es el testimonio último de la eficacia de esta estrategia: sus creyentes creen que antes de experimentar el cielo en la Tierra, el mundo primero debe ser destruido a través de desastres como inundaciones, incendios y muertes -todos estos forman parte del plan más grande de Dios- cualquier empeoramiento de las condiciones como una indicación de que su profecía se cumplió; cualquier mejora es vista como una bendición de Dios.

Conclusión: Cuando alguien dice: "Empeorará antes de mejorar", esto debería hacer sonar la alarma. Sin embargo, tenga cuidado: existen situaciones en las que las cosas primero se deterioran antes de mejorar con el tiempo; por ejemplo, un cambio de carrera suele incluir la pérdida de salario, mientras que la reestructuración de una empresa también puede llevar tiempo. Pero en todos estos casos podemos ver con relativa rapidez si las medidas adoptadas están funcionando; Los hitos proporcionan indicadores claros. En cambio, concéntrese en ellos en lugar de buscar alivio a través de soluciones mágicas.

Véase también Sesgo de acción (cap. 43); Falacia del costo hundido (cap. 5); Regresión a la media (cap. 19) para mayor explicación.

La vida puede ser confusa. Considere un marciano invisible que lo sigue con un cuaderno igualmente invisible para documentar todo lo que hace, piensa y sueña. Tu vida se leería así: 'Tomé café con dos azúcares'; "Pisé una chincheta y maldije como un marinero", "soñé que besaba a mi vecina", "reservé unas vacaciones en las Maldivas pero ahora casi me quedo sin dinero" o "encontré un pelo asomando debajo de mi oreja y me lo arranqué inmediatamente". Todas estas serían entradas en su diario que narran lo que sucede cada día; las entradas seguirían llegando. La gente disfruta entretejiendo las piezas de sus vidas en una historia coherente, formando historias a partir de detalles dispersos que llamamos significado e identidad, respectivamente. Frisch, un estimado novelista suizo, señaló una vez: "Nos probamos historias como ropa.

Como seres humanos, utilizamos la narrativa para dar sentido a la historia global, condensando eventos dispares en una trama coherente. A través de esta lente llegamos a comprender ciertas cuestiones; como por qué el Tratado de Versalles contribuyó a la Segunda Guerra Mundial o por qué la política monetaria laxa de Alan Greenspan provocó el colapso de Lehman Brothers. Los entendimientos pueden variar; Aquí nos referimos a las comprensiones como comprensión, pero estas cosas no pueden comprenderse en su estado original: creamos significado a partir de ellas más tarde. Las historias son entidades altamente subjetivas. A menudo distorsionan la realidad y filtran todo lo que no encaja, pero sin ellos somos impotentes. Por qué esto aún no está claro. Lo que sabemos con certeza es que los humanos primero utilizaron historias como formas de explicar el mundo antes de volverse científicos; haciendo así que la mitología sea más antigua que la filosofía y dando lugar a sesgos en la historia.

El sesgo en las historias está muy extendido en los informes de los medios. Por poner un ejemplo: cuando un coche pasa por un puente y de repente se derrumba, ¿qué leemos al día siguiente? Una historia sobre su desafortunado conductor; de dónde venían y hacia dónde se dirigían; leemos su biografía (nacido en algún lugar, criado en otro lugar, ganándose la vida en otro lugar); Si sobrevive y puede dar entrevistas, obtendremos detalles sobre exactamente lo que sintió cuando el puente se derrumbó, pero ninguno de estos cuentos explica su causa, simplemente sáltelos todos.
También se debe tener en cuenta el propio puente: dónde estaba su punto débil, si lo causó la fatiga y si se produjeron daños; Se utilizó un diseño apropiado y había puentes similares a este. Si bien todas estas preguntas son válidas, sus respuestas no constituyen historias interesantes; Nos gustan las historias sobre los detalles abstractos. Por lo tanto, se priorizan las historias paralelas entretenidas sobre los hechos relevantes (lo que, por el lado positivo, significaría que solo leeríamos libros de no ficción).

Aquí hay dos cuentos del novelista inglés E. M. Forster para que los considere; ¿Cuál recordarías mejor? A) "El Rey Murió y la Reina Murió de Dolor". B) 'El Rey Murió y la Reina Murió de Dolor'. La mayoría probablemente recordará la historia B más fácilmente, ya que sus dos muertes no sólo ocurren sucesivamente sino que están vinculadas emocionalmente; A es más factual, mientras que B tiene un significado más profundo: la teoría de la información sugiere que deberíamos recordar A más fácilmente debido a que es más corto, ¡pero nuestros cerebros no funcionan de esa manera!

Los anunciantes también han aprendido a explotar este hecho, creando narrativas convincentes en torno a los productos en lugar de solo sus beneficios. Google ilustró esta técnica a la perfección en su comercial del Super Bowl de 2010 llamado 'Google Parisian Love' en YouTube. Échale un vistazo aquí.

Reducir la realidad a historias significativas distorsiona la realidad y afecta nuestras decisiones; Para corregir esta distorsión hay un remedio. Separe estas narrativas. Pregúntese: ¿qué están tratando de ocultar? Visite una biblioteca y pase medio día leyendo periódicos viejos; verás que los eventos que ahora aparecen conectados no lo estaban en ese momento; Además, intente ver la historia de su vida fuera de contexto: explore diarios y notas antiguas para descubrir que la vida no ha seguido un camino recto que conduzca directamente al presente; en cambio, ha sido una serie de experiencias y acontecimientos no planificados e impredecibles, algo que exploraremos más a fondo en el capítulo 5.

Tan pronto como escuches un cuento, considera de quién viene y sus intenciones; lo que no se ha dicho; qué detalles podrían haberse omitido que podrían ser incluso más pertinentes que lo que se presenta, por ejemplo, cuando se habla de crisis financieras o guerras. Un problema con las historias: nos dan una falsa sensación de seguridad.
La comprensión nos lleva inevitablemente a correr mayores riesgos y a avanzar con cautela en aguas inexploradas.

Ver Falsa causalidad (cap. 37); 'Porque' Justificación (cap. 52); Personificación (cap. 87); Sesgo retrospectivo (cap. 14); Error de atribución fundamental (cap. 36); Falacia de la conjunción (cap. 41); Falsificación de la Historia (cap. 78); Cherry Picking (cap. 96) y News Illusion (cap. 99) como temas adicionales a considerar.

Sesgo en retrospectiva Recientemente, me encontré con los diarios de mi tío abuelo. En 1932 se mudó de un pueblo suizo a París en busca de oportunidades cinematográficas e hizo esta entrada apenas dos meses después de la invasión de Francia: "Todo el mundo cree que las fuerzas alemanas se marcharán en diciembre, y que Inglaterra caerá poco después; entonces nuestras vidas en París podrán finalmente reanudarse bajo Alemania.' Lamentablemente esta ocupación duró cuatro años.

Los libros de historia actuales presentan la ocupación alemana de Francia como parte de una estrategia militar organizada; por lo tanto, en retrospectiva, parece probable. Desafortunadamente, hemos caído presa del sesgo retrospectivo.

Consideremos ahora este ejemplo de 2007: los expertos económicos proyectaron perspectivas brillantes para los años siguientes, pero al cabo de un año los mercados financieros implosionaron. Cuando los periodistas les pidieron que explicaran esta crisis, los expertos enumeraron sus causas: la expansión monetaria de Greenspan; estándares laxos de validación de hipotecas; agencias de calificación corruptas; bajos requisitos de capital, etc., en retrospectiva estas explicaciones parecen cada vez más obvias.

El sesgo retrospectivo es una de las falacias más generalizadas. Podríamos referirnos a él como el fenómeno del 'te lo dije': cuando miramos hacia atrás todo se vuelve evidente y predecible. Si un director ejecutivo logra el éxito gracias al trabajo duro y a la suerte, su percepción de su probabilidad suele ser mucho mayor de lo que realmente era. Tras la triunfal victoria electoral de Ronald Reagan sobre Jimmy Carter en 1980, los comentaristas predijeron su nombramiento a pesar de su cercanía hasta días antes del día de la votación final. Los periodistas económicos de hoy parecen convencidos del eventual dominio de Google, aunque tales predicciones habrían provocado risas si se hubieran hecho en 1998. Un hecho sorprendente: hoy parece desgarradoramente plausible que un disparo disparado en Sarajevo en 1914 provocara 30 años de conflicto y costó 50 millones de vidas - algo que a todos los escolares se les enseña en la escuela - pero en aquel entonces nadie hubiera soñado. La escalada hubiera parecido demasiado absurda.

¿Qué hace que el sesgo retrospectivo sea tan peligroso? Simplemente, nos lleva a creer que somos mejores predictores de lo que realmente somos y provoca un exceso de confianza arrogante en nuestro conocimiento, lo que nos lleva a tomar demasiados riesgos tanto con los problemas globales como con los locales: "¿Has oído? Sylvia y Chris se han separado. Siempre salía mal ya que tienen personalidades muy diferentes - o simplemente tan similares - o tal vez pasaban demasiado tiempo juntos o apenas se veían".

Superar el sesgo retrospectivo puede resultar difícil. Los estudios han demostrado que incluso las personas conscientes de ello a menudo caen en la trampa, por lo que lamento sinceramente haber hecho perder el tiempo leyendo este capítulo.

Si ha llegado hasta aquí, le ofrezco un último consejo basado en mi experiencia personal más que profesional: lleve un diario. Registre cualquier predicción relacionada con cambios políticos, su desarrollo profesional, cuestiones de peso o mercados de valores. Una vez transcurrido un tiempo, revise estas predicciones con la evolución real para evaluar cualquier discrepancia. ¡Sorpréndete de lo malas que son tus habilidades de pronóstico! Tampoco se limite a leer libros de texto de historia: ¡no se base únicamente en teorías retrospectivas tomadas en retrospectiva! ¡Los diarios, las historias orales y los documentos históricos de ese período ofrecen información invaluable que elude incluso a los expertos! Aquellos que no puedan prescindir de las noticias deberían leer periódicos de hace cinco, diez o veinte años; esto les dará una idea aún más profunda de lo impredecible que puede ser nuestro mundo. Mirar hacia atrás puede proporcionar consuelo temporal; pero para obtener revelaciones más profundas sobre cómo funciona todo, nos beneficiaremos más si miramos hacia adelante.

Ver también: Falacia de la causa única (cap. 97); Falsificación de la Historia (cap. 78); Sesgo de la historia (cap. 13); Ilusión de pronóstico (cap. 40); El sesgo de resultado (cap. 20) y el sesgo de autoservicio (cap. 45) como perspectivas adicionales a considerar al sobreestimar el conocimiento y la capacidad.

¿POR QUÉ SOBREESTIMAMOS CONSTANTEMENTE NUESTROS CONOCIMIENTOS Y CAPACIDADES?

Johann Sebastian Bach no fue sólo una maravilla de un solo éxito; su trabajo es numeroso y se analizará con más detalle al final de este capítulo. Por ahora, aquí tienes una tarea sencilla para que intentes estimar cuántos conciertos compuso; Elija un rango de 100 a 500, idealmente con estimaciones precisas del 98 % y solo variaciones del 2 al 2 % entre estimaciones.

¿Qué confianza debemos tener en nuestro propio conocimiento? Los psicólogos Howard Raiffa y Marc Alpert plantearon la misma pregunta a cientos de personas que entrevistaron a través de entrevistas y grupos focales. Pidieron a los participantes que estimaran la producción total de huevos en los EE. UU. o estimaran el número de médicos y cirujanos enumerados en el directorio de las Páginas Amarillas de Boston o estimaran las importaciones de automóviles extranjeros a los EE. UU. o incluso estimaran los cobros de peajes del Canal de Panamá en millones de dólares. Se pidió a los sujetos que seleccionaran cualquier rango que desearan con el objetivo de no equivocarse más del 2% de las veces, ¡pero en realidad se equivocaron en un 40%! Los investigadores etiquetaron este sorprendente fenómeno como exceso de confianza.

El exceso de confianza se aplica a las previsiones en términos de rendimiento del mercado de valores a lo largo de un año o de beneficios a lo largo de tres años, así como a las previsiones de nuestro conocimiento y capacidad de predicción. La gente a menudo subestima tanto nuestro conocimiento como nuestra capacidad de pronosticar, y también nuestra confianza en que las estimaciones individuales sean correctas o incorrectas; más bien mide lo que la gente sabe versus la confianza que sienten al hacer predicciones. Puede sorprender a algunos que los expertos sufran incluso más que los legos por el exceso de confianza; cuando se le pide que prediga los precios del petróleo dentro de cinco años, un profesor de economía puede dar su predicción con mayor convicción que la que haría su homólogo; sin embargo, cuando se le pidió que predijera los precios del petróleo dentro de cinco años, ¡incluso con más confianza que su contraparte daría su pronóstico!

El exceso de confianza va más allá de la economía: las encuestas revelan que el 84% de los franceses se consideran amantes superiores a la media; sin efectos de exceso de confianza, esa cifra debería haber sido exactamente el 50%; La mediana estadística significa que el 50% debería tener una clasificación más alta y un 50% más abajo, respectivamente. Otra encuesta muestra que el 93% cree que son amantes por encima de la media a pesar de este efecto de exceso de confianza.

Los estudiantes estadounidenses encuestados se consideraron conductores "por encima del promedio", y el 68% de los profesores de la Universidad de Nebraska se clasificaron entre el

25% superior en capacidad de enseñanza. Los empresarios y quienes deseaban casarse también se consideraban superiores: creían que podían vencer los obstáculos. Sin un exceso de confianza, la actividad empresarial probablemente disminuiría dramáticamente; por ejemplo, todos los restauradores esperan que su restaurante se convierta en el próximo establecimiento con una estrella Michelin, pero muchos fracasan en tres años debido a los bajos rendimientos de las inversiones que se mantienen constantemente por debajo de cero.

Casi ningún proyecto importante se completa a tiempo y a un coste inferior al previsto. Ejemplos notables incluyen el Airbus A400M, la Ópera de Sydney y el Big Dig de Boston. Para entender por qué, entran en juego dos fuerzas simultáneamente: el exceso de confianza es un factor; en segundo lugar, quienes están directamente interesados en el proyecto suelen tener incentivos para subestimar los costos: todos los consultores, contratistas y proveedores buscan más negocios. Los constructores se sienten alentados por las cifras optimistas, mientras que los políticos obtienen más apoyo a través de estas actividades; discutiremos la tergiversación estratégica (Capítulo 89).

Lo que hace que el exceso de confianza sea tan omnipresente y su efecto tan preocupante es su inexorabilidad: no responde a incentivos, siendo un rasgo instintivo más que impulsado por incentivos; tampoco está presente su contraparte, la "falta de confianza". No es sorprendente para algunos lectores: el exceso de confianza de los hombres tiende a ser más prominente, mientras que las mujeres no tienden a exagerar tanto sus conocimientos y habilidades; Además, los optimistas no están solos cuando se trata de sobreestimarse a sí mismos: incluso los autoproclamados pesimistas todavía se sobreestiman, aunque sean menos extremos.

Conclusión: Recuerde ser consciente de que es fácil para nosotros sobreestimar nuestros conocimientos. Tenga cuidado con las predicciones de los expertos; En todos los planes, prefiera el escenario pesimista, ya que esto le brinda la oportunidad de juzgar las situaciones con precisión y de manera más realista.

Volviendo a nuestra pregunta que nos ocupa: Johann Sebastian Bach dejó 1127 obras que han sobrevivido hasta hoy, aunque es posible que muchas se hayan perdido con el tiempo. Para más información, consulte: Ilusión de habilidad (cap. 94); Ilusión de pronóstico (cap. 40) y tergiversación estratégica.
(Cap. 89); Tendencia de superrespuesta de incentivos (capítulo 18); Sesgo egoísta (Cap. 45).

NO TE TOMES EN SERIO A LOS PRESENTADORES DE NOTICIAS

Después de recibir el Premio Nobel de Física en 1918, Max Planck realizó una gira de conferencias por todo Alemania para presentar nuevas teorías de la mecánica cuántica. Dondequiera que fuera, pronunciaba la misma conferencia. Con el tiempo, su chófer se familiarizó con su discurso: 'Al profesor Planck le debe parecer monótono repetirse; ¿Déjame hacerlo por ti en Munich? ¡Siéntate en primera fila con mi gorra de chófer y ponte mi gorra de chófer ya que eso nos daría a ambos algo de variedad!' Planck quedó encantado con esta idea, por lo que el conductor impartió una conferencia vespertina sobre mecánica cuántica ante un público selecto. Cuando uno de los profesores de física de Munich se levantó para hacerle una pregunta, su conductor se sorprendió: '¡Nunca hubiera esperado que alguien de una ciudad tan avanzada como Munich hiciera una pregunta tan sencilla! Mi chófer estará encantado de responderle.

Charlie Munger, uno de los principales inversores del mundo (de quien he tomado esta historia), identificó dos tipos de conocimiento. El conocimiento real se puede ver entre aquellos que han dedicado mucho tiempo y esfuerzo a comprender un tema; el conocimiento del chófer se refiere al conocimiento de personas que saben cómo montar un espectáculo con voces impresionantes o peinados impresionantes; sin embargo, sus palabras suenan como si estuvieran leyendo un guión.

Desafortunadamente, se ha vuelto más difícil que nunca distinguir el conocimiento verdadero del conocimiento del chófer. Los presentadores de noticias ofrecen un buen ejemplo de esta dicotomía; todo el mundo sabe que estos actores simplemente están interpretando papeles; sin embargo, sigo sorprendiéndome por el respeto que inspiran estos refinados lectores de guiones, además de moderar paneles sobre temas que apenas comprenden ellos mismos.

Los periodistas presentan más desafíos. Algunos periodistas poseen verdadera experiencia; Estos reporteros veteranos suelen especializarse en un campo durante años. Estos reporteros se esfuerzan por comprender las complejidades de un tema y luego lo explican de manera efectiva a través de largos artículos que detallan casos y excepciones. La mayoría de los periodistas, sin embargo, se parecen a los chóferes: escriben rápidamente textos unilaterales utilizando búsquedas en Google sin buscar mucho para obtener una compensación; sus textos tienden a ser unilaterales, breves y unidimensionales en contenido.
Estos individuos tienden a mostrar poco conocimiento, mientras exudan un aire de superioridad en el tono.

Las empresas a menudo pueden exhibir superficialidad. A medida que las empresas crecen, se espera que los directores ejecutivos posean "calidad de estrella". Desafortunadamente, la dedicación, la solemnidad y la confiabilidad a menudo son infravaloradas en la cima. A veces los accionistas y periodistas creen erróneamente que el espectáculo producirá mejores resultados, lo que ciertamente no es cierto.

Warren Buffett, socio comercial de Munger, ha encontrado una solución excelente: su "círculo de competencia". Lo que cae dentro de este círculo puede entenderse intuitivamente, mientras que lo que está fuera de él puede tener sólo un sentido parcial. Munger aconseja a las personas que permanezcan dentro de lo que él llama su círculo de competencia: comprender lo que se entiende y lo que no. El tamaño no importa mientras sepan dónde se encuentran sus perímetros. Munger enfatiza este punto. Para tener éxito en cualquier esfuerzo, uno debe comprender sus propias aptitudes. Si jugar contra personas con mayores aptitudes que ellos es perjudicial para usted y no lo hace, probablemente terminará en una pérdida; eso está garantizado. Por lo tanto, encontrar una ventaja y permanecer dentro del propio círculo de competencia es de suma importancia.'

Conclusión: esté atento a los conocimientos del chófer. No confunda a los portavoces de la empresa, los directores de pista, los presentadores de noticias, los charlatanes o los vendedores de palabrería con expertos con verdadero conocimiento. Un indicador claro: los verdaderos expertos saben cuándo termina su experiencia y cuándo comienza de nuevo; los verdaderos expertos también reconocen cuando algo queda fuera de su círculo de especialización y guardan silencio o hablan libremente para indicar dichas lagunas de conocimiento; ¡Los chóferes rara vez hacen esto con ellos mismos!

Véase también Sesgo de autoridad (cap. 9); Dependencia del dominio (cap. 76); Twaddle Tendency (cap. 57) para exploraciones adicionales.

Cada noche, alrededor de las nueve, aproximadamente a las nueve y media, un individuo con un sombrero rojo se para en una plaza y comienza a agitar frenéticamente su gorra. Después de cinco minutos, desaparece y un día después, cuando se le acercó un policía, este individuo respondió que estaba manteniendo alejadas a las jirafas, pero no se podía ver ninguna aquí, ¡así que debe estar haciendo un trabajo eficaz! A esto el policía respondió: "¡Bueno, entonces debo estar bien!"

Un día, cuando mi amigo con una pierna rota estaba confinado en casa y me pidió que le comprara billetes de lotería, fui a la ciudad, marqué algunas casillas, escribí su nombre y pagué. Sin embargo, tan pronto como se lo di, objetó: '¿Por qué hiciste eso? Quería completarlo yo mismo; ¡Estos números no me harán ganar nada!"

"¿De verdad crees que elegir números tendrá alguna relación con el sorteo?" Yo consulté. Su rostro se encontró sin comprender con mi mirada.
Los jugadores de casino a menudo lanzan los dados lo más fuerte posible si necesitan un número alto, y con más cautela cuando esperan números bajos, una práctica absurda muy parecida a la de los fanáticos del fútbol que esperan poder influir en un juego gesticulando frente a un televisor. Lamentablemente comparten esta ilusión con otros que también buscan influir en los asuntos mundiales enviando vibraciones positivas o "karma".

Jenkins y Ward descubrieron en 1965 la ilusión de control, la tendencia a creer que podemos afectar algo sobre lo que no tenemos influencia, mediante un experimento en el que se utilizaron dos interruptores y una luz. Al accionar interruptores, pudieron influir en cuándo y si la luz se encendía al azar; Los sujetos todavía creían que podían influir en su brillo accionando interruptores.

Considere este ejemplo: un investigador estadounidense realizó pruebas para investigar la sensibilidad acústica al dolor colocando a las personas en cabinas de sonido y aumentando gradualmente el volumen hasta que los sujetos le indicaban que se detuviera. Sus dos habitaciones (A y B) eran idénticas excepto que B tenía un botón de pánico rojo en la pared. El botón sólo pretendía ser una ilusión de control; sin embargo, su presencia dio a los participantes la sensación de que podían moldear su situación y así permitirles tolerar niveles de ruido significativamente mayores. Si alguna vez ha leído a Aleksandr Solzhenitsyn, Primo Levi o Viktor Frankl, este hallazgo no debería sorprenderle; sus libros describen cómo incluso influencias menores en el destino alentaron a los reclusos a no perder la esperanza.

Cruzar las calles en Los Ángeles puede ser complicado, pero con solo tocar un botón podemos detener el tráfico, ¿o no? El objetivo del botón es hacernos creer que tenemos cierto control sobre los semáforos, para que podamos aguantar más tiempo sin impacientarnos ni perder la paciencia esperando a que cambie con más paciencia. Se emplean trucos similares cuando se trata de botones de "apertura/cierre de puerta" de ascensores: ¡muchos ni siquiera están conectados a un panel eléctrico! También se han aplicado medidas similares en las oficinas diáfanas: para algunas siempre hace demasiado calor, mientras que para otras demasiado frío. Técnicos inteligentes crean la ilusión de control instalando diales de temperatura falsos; Esto reduce las facturas de energía y las quejas. Estas estrategias se conocen como botones placebo y se emplean en todas partes, desde ascensores y oficinas hasta tiendas con cajas registradoras.

Los banqueros centrales y los funcionarios gubernamentales utilizan los botones de placebo con pericia. Un ejemplo sería la tasa de los fondos federales, una tasa de interés a un día a muy corto plazo. Aunque esta tasa no afecta las tasas de interés a largo plazo (que dependen de la oferta y la demanda y, por lo tanto, son cruciales en las decisiones de inversión), cada cambio provoca fuertes reacciones en el mercado de valores. Nadie entiende por qué las tasas de interés a un día tienen tal efecto en los mercados, pero todos piensan que sí lo tienen y así sucede. Las declaraciones del presidente de la Reserva Federal pueden tener el mismo impacto: los mercados se mueven aunque sus palabras proporcionen pocos beneficios tangibles para la economía real; simplemente crean ondas sonoras. Sin embargo, permitimos que los responsables económicos sigan jugando con indicadores ilusorios. Se produciría una verdadera llamada de atención si todas las partes involucradas comprendieran que, en última instancia, la economía global está fuera de nuestras manos y no puede gestionarse de manera efectiva.

¿Está seguro de que todo está bajo control? Probablemente menos de lo que piensas
Véase también Coincidencia (cap. 24); Descuido de la probabilidad (cap. 26); Ilusión de pronóstico (cap. 40); Ilusión de habilidad (cap. 94); Ilusión de agrupamiento (cap. 3); Ilusión de introspección (cap. 67) en este capítulo.

Tendencia de súper respuesta

Los gobernantes coloniales franceses en Hanoi en el siglo XIX promulgaron una ley para controlar una plaga de ratas: por cada rata muerta llevada a las autoridades, sus cazadores recibirían una recompensa. Muchas ratas fueron destruidas gracias a esta iniciativa, pero también muchas más fueron criadas específicamente para ello.

Los arqueólogos que descubrieron los rollos del Mar Muerto en 1947 fijaron una tarifa por pergamino; en lugar de descubrir muchos más pergaminos, los arqueólogos simplemente rompieron los pergaminos existentes para aumentar los honorarios del buscador. En China se ofrecieron incentivos similares durante el siglo XIX: los agricultores encontraron varios huesos de dinosaurios en sus tierras y luego los rompieron para canjearlos como recompensa. Los directorios de las empresas modernas ofrecen bonificaciones cuando se cumplen los objetivos y los gerentes gastan su energía tratando de reducir los objetivos en lugar de hacer crecer su negocio.

Estos ejemplos ilustran la famosa observación de Charlie Munger sobre los incentivos que causan tendencias de superrespuesta. Las personas responden a los incentivos haciendo lo que más les conviene. Lo que es notable, sin embargo, es cuán rápida y significativamente cambia el comportamiento de las personas cuando entran nuevos incentivos o se modifican los existentes; es más, parece como si las personas respondieran directamente a los incentivos mismos y no a intenciones más importantes detrás de ellos.

Los buenos sistemas de incentivos combinan intención y recompensa; por ejemplo, en la Antigua Roma se invitaba a los ingenieros a pararse debajo de la construcción del puente durante las ceremonias de apertura. Por otra parte, los sistemas de incentivos deficientes a menudo oscurecen o incluso pervierten el objetivo previsto; censurar un libro sólo puede hacer que su contenido sea más notorio, recompensar a los empleados bancarios por cada préstamo vendido puede dañar aún más las carteras de crédito y hacer públicos los salarios de los directores ejecutivos no hizo más que aumentarlos; nadie quería ser percibido como un "CEO perdedor".

¿Quiere cambiar el comportamiento de personas u organizaciones? Predicar sobre valores y visiones o apelar a la razón podría funcionar, pero los incentivos a menudo funcionan mejor: ¡ni siquiera necesitan ser financieros!
Todo lo aprendido se puede aprovechar: desde buenas notas y premios Nobel hasta un trato especial en el más allá.

Mucho antes de llegar a comprender por qué los nobles medievales educados renunciaron a sus lujosas vidas para participar en las Cruzadas, luché por comprender qué podía llevar a los nobles bien educados de este período a dejar atrás sus cómodos estilos de vida y montar a caballo, conociendo muy bien el El viaje duró al menos seis meses y pasó directamente por territorio enemigo; sin embargo, asumieron el riesgo. Después de pensar y reflexionar un poco, me di cuenta: los sistemas de incentivos desempeñaban un papel esencial. Si sobrevivían, podían quedarse con todo su botín de guerra y al mismo tiempo convertirse en hombres ricos, mientras que aquellos que morían automáticamente se convertían en mártires con todos sus beneficios para ellos o iban directamente al cielo como mártires, haciendo posible esta solución beneficiosa para todos los participantes involucrados, haciendo esta empresa sería rentable desde el primer día para ambas partes involucradas si ambas pudieran regresar a casa con vida; De cualquier manera, era una situación en la que todos salían ganando.

Imagínese por un segundo si los guerreros y soldados cobraran a los enemigos por horas por los servicios prestados: efectivamente los estaríamos alentando a tomar el mayor tiempo posible, ¿verdad? Entonces, ¿por qué pagamos tarifas por horas cuando contratamos abogados, arquitectos, consultores, contables o profesores de conducción? Mi consejo: en lugar de eso, negocie acuerdos de precio fijo antes de contratar sus servicios.

Tenga cuidado con los asesores de inversiones que respaldan productos financieros específicos; Es posible que su objetivo no sea su bienestar financiero sino ganar una comisión. Los planes de negocios de empresarios y banqueros de inversión a menudo resultan inútiles porque los proveedores sólo se preocupan por sus propios intereses; como dice el viejo refrán: "Nunca le preguntes a un barbero si necesitas un corte de pelo".

Esté atento a las tendencias de superrespuesta de incentivos; cuando el comportamiento de alguien o de una organización le desconcierte, pregunte qué incentivos podrían haber detrás y probablemente podrá explicar el 90% de los casos con facilidad; el 10% restante podría ser pasión, idiotez, psicosis o malicia.

Véase también Motivación Hacinamiento (cap. 56); Reciprocidad (cap. 6); Efecto del exceso de confianza (cap. 15) para obtener material adicional sobre la motivación excesiva.

Regresión a la media

Su dolor de espalda fluctuaba entre mejorar y empeorar. Algunos días fueron mejores que otros; Había días en los que tenía ganas de mover montañas, otros en los que incluso el mínimo movimiento era imposible. Cuando esto se volvía problemático (lo que afortunadamente ocurría sólo en raras ocasiones), su esposa lo llevaba a ver a un quiropráctico; Una vez allí, al día siguiente lo encontraría con más movilidad y lo recomendaría altamente a todos sus contactos.

Otro hombre más joven, con un hándicap de golf de 12, elogió con entusiasmo a su instructor, con quien reservaba una hora cada vez que su juego fallaba y poco después su rendimiento mejoraba significativamente.

Un asesor de inversiones de un banco importante creó una extraña "danza de la lluvia" y la realizó cada vez que sus acciones tuvieron un mal desempeño en el baño. Aunque en ese momento le pareció absurdo, se sintió obligado a hacerlo; y las cosas siempre mejoraron después.

Lo que une a los tres hombres es un error conocido como delirio de regresión a la media.

Digamos que su región ha experimentado un período inusualmente frío; lo más probable es que las temperaturas regresen gradualmente a su promedio mensual en los próximos días. Es probable que ocurra lo mismo con el calor extremo, la sequía o la lluvia: el clima fluctúa alrededor de una media. El clima es sólo un indicador; también lo son el dolor crónico, las desventajas del golf, el rendimiento del mercado de valores, la suerte en el amor, los niveles subjetivos de felicidad y las puntuaciones de los exámenes: todos ellos fluctúan en torno a algún tipo de media. Y de manera similar para el alivio del dolor de espalda crónico sin visitas al quiropráctico; handicaps que regresan a 12 sin que se agreguen lecciones; El desempeño del asesor de inversiones regresa a un desempeño promedio del mercado, ¡independientemente de los bailes en el baño!

Las actuaciones extremas se intercalan con otras menos extremas. Incluso las selecciones de acciones más exitosas de hace tres años probablemente no seguirán siéndolo dentro de otros tres. Se puede entender por qué algunos atletas prefieren evitar aparecer en los titulares.

Los periódicos suelen informar de los mejores resultados, pero inconscientemente saben que la próxima vez tal vez no consigan resultados similares, algo que no tiene nada que ver con la atención de los medios; pero se debe a variaciones naturales en el rendimiento.

O consideremos el caso de un gerente de división que busca elevar la moral de los empleados enviando al 3% menos motivado de su fuerza laboral a un curso, solo para que los niveles de motivación no vuelvan a ser como antes (aquellos que habían participado ya no constituyen este porcentaje; habrá probablemente sean otros en lugar de ellos mismos en la parte inferior). ¿Valió la pena el curso? Es difícil decirlo, ya que los niveles de motivación probablemente volverían a su nivel normal incluso sin entrenamiento; Es similar a los pacientes hospitalizados por depresión, que a menudo salen sintiéndose algo mejor, ¡pero es muy posible que no haya contribuido en absoluto!

Ejemplo 2: En Boston, las escuelas de bajo rendimiento fueron incluidas en un programa de apoyo intensivo. En un año, su desempeño había mejorado, algo que las autoridades atribuyeron directamente a este esfuerzo y no a una regresión natural hacia la media.

Regresar a la media puede tener consecuencias destructivas, llevando a los profesores (o directivos) a creer que la disciplina es mejor que los elogios, por ejemplo, recompensando a los que tienen un alto rendimiento y castigando a los que no lo han hecho después de los exámenes. Como resultado, los profesores pueden concluir que el reproche ayuda y el elogio obstaculiza, creando un ciclo repetitivo en el que el castigo ayuda y el elogio dificulta el desempeño, por lo que su creencia se convierte en "el reproche ayuda y el elogio obstaculiza", dando lugar a otra falacia que no se puede evitar.

Conclusión: Al escuchar historias como: 'Me enfermé, visité a mi médico y mejoré gradualmente' o 'Nuestra empresa experimentó dificultades durante el año; por lo tanto, contratamos a un consultor y ahora los resultados han vuelto a la normalidad', podría ser indicativo de un error de regresión a la media.

Véase también Problema con los promedios (cap. 55); Efecto de contraste (cap. 10); Empeorará antes de mejorar Falacia (cap. 12); Coincidencia (cap. 24); La falacia del jugador (cap. 29)

Sesgo de resultado

Imaginemos un millón de monos invirtiendo en el mercado de valores; comprar y vender acciones aparentemente al azar: ¿qué sucede? Después de una semana, aproximadamente la mitad habrá obtenido ganancias mientras que la otra mitad habrá experimentado pérdidas. Sólo aquellos monos que obtuvieron ganancias podrán quedarse; cualquiera que sufriera pérdidas debería ser enviado a casa. Después de una semana, la mitad todavía estará en lo alto, mientras que la otra mitad ha experimentado pérdidas y debe ser despedida; este ciclo continúa en todo momento. Después de 10 semanas, quedarán aproximadamente 1.000 monos que han invertido sus fondos de manera inteligente y constante. Después de 20 semanas, solo quedará uno y este mono, al que llamaremos el Mono del Éxito, eligió constantemente acciones con las que podría obtener beneficios y ¡ahora es multimillonario! Llamemoslo.

¿Cómo reaccionarán los medios? Se abalanzarán sobre este animal en busca de sus "principios de éxito", y sin duda encontrarán algunos: tal vez el mono come más plátanos que sus compañeros primates; tal vez esté sentado en otro rincón de su jaula; tal vez se balancee precipitadamente entre las ramas, haciendo pausas largas y pensativas mientras se arregla; ¿Seguramente debe existir algún ingrediente secreto que permita a este brillante artista pasar veinte semanas inquebrantable? ¡Imposible!

La historia del mono ilustra el sesgo de resultados: tendemos a juzgar las decisiones por sus resultados más que por sus procesos, lo que a menudo se conoce como error del historiador. Un ejemplo clásico de esta falacia sería el ataque de Japón a Pearl Harbor; ¿Debería haber sido evacuada su base militar antes de ser atacada? Hoy sí. Las pruebas de un ataque inminente eran abrumadoras; sin embargo, sólo en retrospectiva las señales son evidentes. En ese momento, 1941 proporcionó muchas señales contradictorias que apuntaban a un ataque; algunos lo indicaron y otros no. Para evaluar la calidad de esta decisión en su inicio (es decir, antes de que ocurra), solo se debe considerar la información disponible en ese momento; Todo lo que aprendamos después del ataque también debe tenerse en cuenta.

Otro experimento requiere que evalúes a tres cirujanos cardíacos. Para ello, se pide a cada uno de ellos que se someta sucesivamente a cinco difíciles operaciones.
Con el tiempo, la probabilidad de muerte por estos procedimientos se ha estabilizado en un 20%. El cirujano A no pierde a nadie durante la cirugía, mientras que el cirujano B pierde un paciente y el cirujano C dos. ¿Cómo se debe juzgar a estos tres cirujanos entre sí? Si usted es como la mayoría de las personas, calificar A como el mejor, B como el segundo mejor y C como el peor es simplemente caer presa del sesgo de resultados (posiblemente debido a que

se examinan muy pocas muestras), lo que hace que los resultados carezcan de significado. Una evaluación precisa de un cirujano requiere primero una comprensión de su campo, seguida de una observación cuidadosa durante la preparación y ejecución de las operaciones; en otras palabras, es necesario evaluar tanto el proceso como el resultado al realizar dichas evaluaciones. Alternativamente, si hay suficientes pacientes que requieren esta cirugía en particular (100 o 1000 operaciones), entonces se podría utilizar un tamaño de muestra mayor. En la actualidad basta entender que para un cirujano medio hay un 33% de posibilidades de que nadie muera, un 41% de posibilidades de que muera una persona y un 20% de posibilidades de que mueran dos personas; se trata de un cálculo de probabilidad sencillo y no muestra una gran variación entre cero muertos y dos muertos; Juzgar a estos tres cirujanos únicamente por estos resultados sería negligente y poco ético.

Conclusión: es aconsejable no juzgar las decisiones basándose únicamente en el resultado, especialmente cuando influyen la aleatoriedad o las influencias externas. Un mal resultado no significa automáticamente una mala decisión, y viceversa. Por lo tanto, en lugar de lamentarte por las malas decisiones tomadas o aplaudirte por aquellas que solo resultaron en éxito accidentalmente o por pura coincidencia, recuerda por qué elegiste lo que hiciste; ¿Fueron sus razones racionales y comprensibles? Si este método funcionó antes pero no produjo resultados esta vez, ¡siga con él y vea a dónde más puede conducir!

Véase también Falacia del costo hundido (capítulo 5); Ilusión del cuerpo del nadador (capítulo 2), sesgo retrospectivo (capítulo 14) e ilusión de habilidad (capítulo 94) como conceptos relacionados.

POR QUÉ MENOS ES MÁS

Desde que mi hermana y su esposo compraron recientemente una casa sin terminar, lo único que podemos hablar es de azulejos del baño: cerámica, granito, mármol, metal, piedra, madera, vidrio laminado. Mi hermana a menudo exclama: "Hay demasiados para elegir", levantando las manos con exasperación antes de volver al catálogo como su fuente de conocimiento.

Mi investigación muestra que mi supermercado local tiene 48 variedades de yogur, 134 tipos de vino tinto y 64 productos de limpieza para un total de 30.000 artículos; Amazon cuenta actualmente con dos millones de títulos a su disposición como librero online. Hoy en día, las personas enfrentan muchas opciones, desde trastornos mentales hasta carreras, destinos de vacaciones y opciones de estilo de vida: ¡nunca ha habido tantas opciones disponibles para ellos!

En la casa de mi infancia en Suiza, sólo había tres tipos de yogur, tres canales de televisión, dos iglesias, dos tipos de queso (suave o fuerte), la trucha como único pescado disponible y un teléfono de Swiss Post, con dial único. sirviendo sólo para hacer llamadas, ¡haciéndonos la vida más sencilla que las tiendas actuales repletas de marcas, modelos y opciones de contrato!

Pero la selección es la medida del progreso; nos diferencia de las economías planificadas y de la Edad de Piedra. Si bien la abundancia puede hacerte feliz, cuando se excede puede arruinar la calidad de vida; este fenómeno se conoce como paradoja de la elección.

El psicoterapeuta Barry Schwartz detalla en su libro del mismo título por qué esto es cierto. Una gran selección puede provocar una parálisis interna; Para demostrar este efecto, un supermercado instaló un puesto donde los clientes podían probar 24 tipos de gelatina, que podían probar antes de comprarlas a precio reducido. En el segundo día de su experimento utilizando seis sabores, las ventas se multiplicaron por diez. ¿Por qué? ¿Quizás tener tanta variedad hace que el proceso de toma de decisiones sea abrumador?
Los clientes no podían decidirse y se marcharon sin comprar nada. Este experimento se repitió varias veces con diversos productos; Sin embargo, cada vez produjo resultados similares.

En segundo lugar, una selección amplia puede conducir a malas decisiones. Cuando los jóvenes preguntan qué cualidades hacen a un compañero de vida ideal, muchos citan como prioridades la inteligencia, los buenos modales, la calidez, la capacidad de escuchar, el humor y el atractivo físico. Pero, ¿se tienen realmente en cuenta estos criterios a la hora de elegir a alguien? En el pasado, los jóvenes de aldeas de tamaño medio podían elegir entre unas veinte niñas de su grupo de edad escolar a las que podía considerar para casarse. Conocía a sus familias, lo que le llevó a tomar una decisión basada en una serie de características compartidas. Ahora, en la era de las citas online, hay millones de socios potenciales disponibles para todos nosotros. Los estudios han demostrado que el cerebro masculino se abruma con la abrumadora selección de parejas potenciales y su proceso de selección se reduce a un solo criterio: el atractivo físico. Probablemente esté familiarizado con este proceso de selección por sus experiencias personales o por los informes de los medios.

Una gran selección puede generar descontento. ¿Cómo puedes estar seguro de que estás tomando la decisión adecuada cuando 200 opciones te bombardean y te dejan perplejo? Simplemente no puedes. Con más opciones a tu alcance, surge más incertidumbre y, en última instancia, insatisfacción.

Entonces, ¿qué debería hacer? Piense detenidamente en los criterios que desea antes de buscar ofertas disponibles y luego cúmplalos firmemente. También tenga en cuenta que no pueden existir decisiones perfectas dada la inmensidad de opciones que existen; ¡Apunta a lo suficientemente bueno en lugar del perfeccionismo! Más bien, valore las opciones "suficientemente buenas", que podrían incluir compañeros de vida (¡pero sólo usted y yo podemos elegir exactamente a los que queremos!).

Véase Fatiga por tomar decisiones (cap. 53); Ceguera alternativa (cap. 71) y Efecto predeterminado (cap. 81) para lectura adicional.

TE GUSTO MUCHO; ¡¿NO TE GUSTARÍA DECIRME ESO??!

Kevin recientemente hizo una compra impulsiva de dos cajas de excelente vino Margaux. Aunque no suele beber vinos de Burdeos, quedó encantado con su asistente de ventas; No era falso ni agresivo, pero sí verdaderamente accesible, por lo que decidió comprar dos estuches como regalo para alguien especial.

Joe Girard es ampliamente considerado el principal vendedor de automóviles del mundo. Su mantra para el éxito: "No hay nada más eficaz para vender algo que convencer a los clientes de que son importantes y de que realmente los aprecias como personas". En lugar de limitarse a hablar, Girard utiliza tarjetas con una frase leída en voz alta cada mes para mostrar su cariño: me gustas'

El fenómeno del sesgo de agrado es sorprendentemente sencillo de comprender, pero con frecuencia somos víctimas de él. En pocas palabras, significa esto: cuanto más nos gusta alguien, más probabilidades hay de que compremos o ayudemos a esa persona. Sin embargo, cabe preguntarse qué constituye exactamente "simpático". Según las investigaciones, percibimos a las personas como agradables si A) poseen características atractivas, B) poseen antecedentes o intereses similares a los nuestros y C) comparten nuestros intereses. La publicidad suele presentar personas atractivas. Las personas feas dan la impresión de ser antipáticas y ni siquiera pasan el corte (ver A). La publicidad también emplea a "personas como nosotros", es decir, personas similares en apariencia, acento o fondo: ¡cuanto más similares, mejor! El mirroring es una técnica de venta eficaz que se utiliza para lograr exactamente este efecto. Aquí, el vendedor intenta reflejar los gestos, el lenguaje y las expresiones faciales de su posible cliente para lograr el máximo efecto. Si un comprador habla lenta y tranquilamente mientras se rasca la cabeza a menudo, tendría sentido que el vendedor hiciera lo mismo, aumentando así sus posibilidades de cerrar un trato comercial. Los anunciantes frecuentemente emplean elogios como parte de su argumento de venta: ¿con qué frecuencia has escuchado anuncios que dicen algo como: '¡te mereces esto!' Una vez más, aquí entra en juego el factor C: la gente nos encuentra más atractivos si les agradamos; Los cumplidos hacen magia incluso si suenan falsos.

El marketing multinivel (venta a través de redes personales) se basa únicamente en su capacidad para atraer el agrado. Aunque existen envases de plástico superiores en el mercado, el marketing multinivel todavía funciona aprovechando el gusto.
Tupperware cuenta con una facturación anual de dos mil millones de dólares, debido a sus precios minoristas asequibles y a sus fiestas amistosas organizadas por amigos que cumplen ambos estándares de simpatía a la perfección.

Las agencias de ayuda utilizan el sesgo del agrado a su favor. Las campañas presentan casi exclusivamente a niños o mujeres sonrientes; Nunca verás a un guerrillero herido y con cara de piedra mirándote desde los carteles publicitarios, aunque él también necesite tu apoyo. Las organizaciones conservacionistas emplean técnicas similares; No busque más, cualquier folleto del Fondo Mundial para la Naturaleza presenta arañas, gusanos, algas o bacterias como estrellas, ¡aunque estas criaturas en peligro de extinción podrían ser tan cruciales para el ecosistema como los pandas, gorilas, koalas o focas! Pero no sentimos nada por estas criaturas; en cambio, nos conectamos más fuertemente con criaturas que actúan de manera similar y actúan de manera similar a nosotros que algo extinto como la mosca capitán de huesos está extinto... ¡qué lástima!

Los políticos son maestros en crear una atmósfera de agrado entre sus audiencias. Basándose en análisis demográficos y de intereses, adaptan los mensajes según la zona residencial, el origen social o las cuestiones económicas, y nos halagan: hacen que cada votante potencial se sienta indispensable al escuchar palabras como: '¡Tu voto cuenta!' e incluso entonces sólo en una fracción muy pequeña, ¡a veces casi irrelevante!

Uno de mis amigos que se ocupa de bombas de petróleo relacionadas con oleoductos me contó cómo cerró con éxito un acuerdo de ocho cifras para un oleoducto en Rusia sin utilizar ningún soborno para cerrarlo. "¿Soborno?" Le pregunté, a lo que mi amigo respondió que no: empezaron a charlar sobre navegación y de repente descubrieron que a los dos nos encantaba la navegación ligera 470. A partir de ahí, su trato se completó y la amabilidad fue muy superior al soborno".

Entonces, si usted es vendedor, haga que sus compradores piensen que le agradan mediante halagos u otros medios. Desde el punto de vista del consumidor, juzgue siempre los productos objetivamente, independientemente de quién se los haya vendido, ¡borrando de su mente a los vendedores fingiendo que no les gustan!
Véase Reciprocidad (cap. 6); Personificación (cap. 87) para lecturas adicionales sobre estos temas.

Efecto Dotación Me quedé atónito cuando vi el BMW que se alzaba orgulloso en el estacionamiento de un concesionario de autos usados, brillando como nuevo con solo unos pocos kilómetros en su odómetro y luciendo como nuevo. A mí me pareció que valía unos 40.000 dólares. Desafortunadamente, sin embargo, su vendedor quería 50.000 dólares y no cedió ni un ápice en el precio. Decidí hacerlo cuando volvió a llamarme la semana siguiente y me dijo que en su lugar aceptaría 40.000 dólares. Lo saqué en su primera vuelta ese día y me detuve en una gasolinera donde el propietario salió admirando mi coche, sólo para que luego me ¡Ofréceme $53,000 en efectivo en ese mismo momento! No hace falta decir que lo rechacé cortésmente. En el camino a casa, me di cuenta de lo ridícula que había sido mi decisión: ¡un artículo valorado en 40.000 dólares había llegado a mis manos y al instante pasó a valer más de 53.000 dólares! Sin embargo, si mi pensamiento hubiera sido puramente racional, el auto se habría vendido inmediatamente, pero desafortunadamente para mí, debido a algo conocido como efecto de dotación (donde los objetos se vuelven más valiosos una vez que se poseen), y por lo tanto tendemos a cobrar más. al vender un artículo que si lo compráramos directamente nosotros mismos.

El psicoterapeuta Dan Ariely llevó a cabo un experimento para probar esta teoría: en una de sus clases, rifó entradas para un importante partido de baloncesto y encuestó a los estudiantes para evaluar su valoración de ellos; los estudiantes con las manos vacías estimaron alrededor de 170 dólares; sin embargo, los estudiantes ganadores nunca venderían su boleto por debajo de un precio de venta promedio de $2,400; la propiedad se asocia con precios de venta más altos de lo esperado.

El sector inmobiliario ha demostrado desde hace mucho tiempo el efecto dotación. Los vendedores se apegan emocionalmente a sus casas, lo que a menudo hace que sobreestimen su valor y esperen que los compradores paguen más de lo que permite el precio de mercado, algo que simplemente no puede suceder ya que este exceso representa únicamente valor sentimental.

Richard Thaler llevó a cabo un revelador experimento en el aula de la Universidad de Cornell para medir el efecto de dotación. Distribuyó tazas de café al azar a la mitad de sus estudiantes, diciéndoles que podían tomarlas o venderlas al precio deseado; A los que no lo tenían se les preguntó cuánto estarían dispuestos a pagar por uno; En definitiva, Thaler midió lo que se conoce como efecto dotación.
Establecer un mercado para tazas de café. Se podría suponer que aproximadamente el 50% de los estudiantes comerciaría, ya sea comprando o vendiendo. Pero el resultado fue mucho menor; sólo 1 de cada 4 propietarios vendió menos de $5,25, mientras que los compradores normalmente no pagarían más de $2,25 por taza.

Se puede decir con seguridad que los humanos somos mejores coleccionando cosas que desechándolas, lo que explica por qué acumulamos tanto desorden en nuestros hogares y por qué los coleccionistas de sellos, relojes y arte rara vez se desprenden de sus valiosas posesiones.

Sorprendentemente, el efecto de dotación se extiende no sólo a la posesión sino también a la casi propiedad. Casas de subastas como Christie's y Sotheby's se benefician de este fenómeno: quienes pujan hasta el último momento sienten que el objeto es prácticamente suyo y están dispuestos a pagar mucho más de lo previsto; cualquier retirada de la licitación se considera una pérdida a pesar de toda la lógica. Las grandes subastas, como las de derechos mineros o frecuencias de radio móviles, a menudo muestran "la maldición del ganador", en la que un ganador inicial en realidad termina perdiendo económicamente cuando se ve atrapado por el fervor de las ofertas y las sobreofertas. Para obtener más información sobre este tema, consulte el capítulo 35.

Hay un fenómeno análogo en el mercado laboral. Si solicita un trabajo y no recibe ninguna respuesta o es rechazado en la etapa de la entrevista, su decepción puede intensificarse aún más al involucrarse emocionalmente en lo que de otro modo podría haber sido un proceso de selección rutinario. O consigues el trabajo o no; nada más debería importar.

Conclusión: No te apegues a los objetos físicos; Véalos como regalos temporales del universo que podrían desaparecer rápidamente sin previo aviso. Ten esto en cuenta y disfruta del poco tiempo que queda.
Véase también Efecto Casa-Dinero (cap. 84); Falacia de los costos hundidos (cap. 5); La maldición del ganador (cap. 35); Efecto de contraste (cap. 10); Aversión a la pérdida (cap. 32); Disonancia cognitiva (cap. 50); Síndrome del aquí no inventado (cap. 74) y miedo al arrepentimiento (cap. 82)

COINCIDENCIA

El 1 de marzo de 1950 a las 19.15 horas. En Beatrice, Nebraska, los 15 miembros del coro de una iglesia estaban programados para un ensayo. Debido a diversas razones, todos se retrasaron; sobre todo porque la familia del ministro se retrasó en planchar el vestido de su hija. A las 19.25 horas, la iglesia explotó, provocando ondas de choque en todo el pueblo y rompiendo paredes y tejados. Milagrosamente, nadie murió en la explosión atribuida por el jefe de bomberos a una fuga de gas, incluso si los miembros del coro creían que se trataba de una intervención divina o simplemente de una pura coincidencia.

Algo la semana pasada me recordó a Andy, un viejo amigo de la escuela con quien no había hablado en mucho tiempo. Para mi asombro y sorpresa, ¡mi teléfono sonó en ese momento sin otra persona que llamara aparte de Andy! '¡Debes ser telepático!' Fue mi exclamación emocionada mientras lo levantaba para contestar... ¿Pero fue esto coincidencia o telepatía?

El 5 de octubre de 1990, The San Francisco Examiner informó que Intel demandaría a su rival AMD en los tribunales después de descubrir que planeaban lanzar un chip de computadora con un acrónimo conocido como AM386, en clara alusión al chip 386 de Intel. Intel sólo conoció las intenciones de AMD por pura casualidad: ambas empresas emplearon a alguien llamado Mike Webb; ambos hombres salieron del mismo hotel el mismo día después de permanecer juntos; La recepción recibió un paquete destinado a Mike Webb, pero lo envió a Intel, donde fue remitido inmediatamente para su análisis legal y los abogados del departamento legal de ambas compañías tomaron medidas contra AMD de inmediato.

¿Cuán probables son historias como estas? El psiquiatra suizo C.G. Jung vio en ellos evidencia de una fuerza invisible a la que llamó sincronicidad; ¿Cómo deberían los pensadores racionales abordar tales historias? Preferiblemente con papel y lápiz; por ejemplo, en el caso de la explosión de la iglesia, considere dibujar cuatro cuadros para representar los posibles resultados, siendo el primero lo que realmente ocurrió: el coro se retrasó y la iglesia explotó (en realidad); Estos cuatro recuadros pueden representar cuatro eventos posibles: (1) el coro se retrasó antes de que ocurriera la explosión de la iglesia (2) posibles retrasos del coro sin que ocurriera una explosión (3) posibles eventos de cancelación del coro que ocurrieron entre los retrasos del coro antes de que la iglesia explotara (en realidad, esto fue exactamente lo que ocurrió lugar) antes de su destrucción (retraso del ensayo del coro, explosión de la iglesia). Hay cuatro posibilidades posibles al abordar estos relatos con papel y lápiz: 1) El coro retrasó el ensayo y luego ocurrió la explosión de la iglesia (es decir,

Estima las frecuencias de estos eventos y escríbelas en sus casillas correspondientes, prestando especial atención a la frecuencia con la que ha ocurrido 'el coro a tiempo y la iglesia no explotó'; observe con qué frecuencia millones de coros se reúnen para ensayar y no se encuentran con circunstancias similares a las que tuvieron lugar en Beatrice, Nebraska (que podría suceder una vez cada siglo o más según probabilidades estadísticas), por lo que no puede haber intervención divina (además, ¡Parece bastante tonto que Dios quiera volar una iglesia!)

Aplique este pensamiento a las llamadas telefónicas: piense en todas las veces que 'Andy' piensa en usted pero no llama; cuando piensas en él pero no llama; ¿O cuando ninguno de los dos piensa en ellos pero aún así llaman?... Puede haber una cantidad de casos en los que ninguno de los dos piensa en el otro; sin embargo, uno eventualmente contesta y llama, ¡especialmente con 100 amigos para elegir!

Estimar probabilidades puede ser complicado. Cuando alguien dice "nunca", normalmente lo registro como una estimación superior a cero, ya que "nunca" nunca puede compensarse con probabilidades negativas.

Así que no nos dejemos llevar: las coincidencias improbables son, de hecho, acontecimientos improbables pero enteramente posibles; su apariencia no debería sorprendernos; lo que sería sorprendente sería que nunca se materializaran.

Ver también: Falsa causalidad (cap. 37); Sesgo de confirmación (capítulos 7-8); Regresión a la media (cap. 19); Ilusión de control (capítulo 17) e Ilusiones de agrupación (capítulo 3).

¿Alguna vez has experimentado el pensamiento grupal en una reunión? Ciertamente. Sentarse allí, asentir en silencio, con la esperanza de no ser la voz perpetua del desacuerdo es difícil cuando todos a su alrededor están de acuerdo, por lo que decide no hablar. Desafortunadamente, aquí está en juego el pensamiento de grupo: cuando todos los miembros actúan de esta manera, toman decisiones imprudentes porque todos alinean sus opiniones con lo que parece ser un consenso a pesar de que los miembros individuales lo saben mejor; a su vez, esto da como resultado la aprobación de mociones que de otro modo no se habrían aprobado sin la presión de los pares, un efecto que analizamos ampliamente en el Capítulo 4.

En marzo de 1960, el Servicio Secreto de Estados Unidos comenzó a reclutar desde Cuba a exiliados anticomunistas que vivían en Miami como armas contra el régimen de Fidel Castro. Apenas unos días después de asumir el cargo, el Presidente Kennedy fue informado sobre este plan secreto para invadir Cuba. Tres meses después, en una reunión crucial en la Casa Blanca a la que asistieron Kennedy y sus asesores, todos votaron a favor de una invasión. El 17 de abril de 1961, 1.400 cubanos exiliados desembarcaron en Bahía de Cochinos, en la costa sur de Cuba, con el apoyo de la Armada, la Fuerza Aérea y las fuerzas de la CIA de los Estados Unidos. Al principio todo salió según lo planeado en su intento de derrocar al gobierno de Castro. Sin embargo, el primer día ningún barco de suministros llegó a Cuba; dos fueron hundidos por las fuerzas aéreas cubanas antes de que dos más regresaran a casa; todos dieron media vuelta, se dieron la vuelta o huyeron por completo hacia Estados Unidos. El segundo día, Castro rodeó y destruyó su brigada por completo. Al tercer día, los 1.200 supervivientes fueron capturados y detenidos en prisiones militares. La invasión de Bahía de Cochinos por parte del presidente Kennedy es ampliamente considerada como uno de los peores errores de la política exterior estadounidense; su concepción e implementación parecen absurdas incluso ahora. Todas las suposiciones a favor de la invasión eran falsas; por ejemplo, Kennedy y su equipo subestimaron la fuerza aérea de Cuba por un margen inmenso. Como parte de su estrategia de emergencia, también se pretendía que, en caso de que surgiera un brote, la brigada pudiera escapar a las montañas del Escambray y librar una guerra clandestina contra Castro desde allí. Un vistazo rápido a un mapa muestra que este posible refugio seguro estaba a 100 millas de Bahía de Cochinos, lo que proporcionaba mucha cobertura.
Pero Kennedy y sus asesores poseían una inteligencia notable para dirigir un gobierno estadounidense. Entonces, ¿qué salió mal entre enero y abril de 1961?

El profesor de psicología Irving Janis ha realizado extensos estudios sobre numerosos fiascos. Encontró un tema común: los grupos muy unidos desarrollan el espíritu de equipo creando (involuntariamente) ilusiones. Uno de esos engaños es la sensación de invencibilidad: si tanto nuestro líder [Kennedy] como el grupo confían en que nuestro plan funciona, entonces la suerte debería llegar a nuestro lado. La unanimidad también ayuda a crear este engaño: cuando todos están de acuerdo en algo, cualquier punto de vista divergente debe ser inválido. A nadie le gusta ser la persona que interrumpe la unidad del equipo. En general, las personas aprecian que se les incluya, por lo que expresar objeciones podría significar exclusión; tal destierro probablemente significaría la muerte de nuestra especie, de ahí nuestro fuerte instinto de seguir siendo parte de un grupo.

El pensamiento de grupo en los negocios no es nada nuevo, como lo demuestra Swissair. Aquí, un grupo de consultores bien pagados se unieron a su ex director ejecutivo y desarrollaron una estrategia de expansión de alto riesgo (que incluía la compra de varias aerolíneas europeas). A medida que su celo construyó un consenso abrumador dentro de su equipo, incluso las reservas racionales fueron suprimidas hasta su colapso en 2001.

Si alguna vez te encuentras en un entorno en el que todos están de acuerdo en todo, hablar no sólo debe ser tolerado sino también bienvenido; Cuestionar supuestos tácitos incluso a riesgo de expulsión también puede ayudar a romper con el pensamiento estancado y establecer un diálogo significativo. Como líder, considere asignar a alguien como abogado del diablo. Si bien puede que no sea el miembro más popular, podría resultar más beneficiosa.

Ver también: Prueba social (cap. 4); Holgazanería social (cap. 33); Sesgo dentro del grupo fuera del grupo (cap. 79) y falacia de planificación (cap. 91).

POR QUÉ PRONTO ESTARÁS JUGANDO MEGATRILLONES

Descuido de la probabilidad

Imagine dos juegos de azar en los que cada uno le ofrece la misma posibilidad de ganar 10 millones de dólares; ¿cuál elegirías? Ganar el primero transformaría tu vida; podrías dejar tu trabajo, despedir a tu jefe y vivir de tus ganancias; por el contrario, ganar $10,000 le daría tiempo libre en el trabajo mientras toma unas vacaciones inolvidables en el Caribe sin temor a que poco después su postal regrese al trabajo (las probabilidades para ambos son de una entre 100 millones, respectivamente), entonces, ¿cuál elegiría? ¡La probabilidad de cada uno es 1/10000! ¿Qué juego eliges?

Las emociones a menudo nos hacen elegir un juego sobre otro a pesar de la evaluación objetiva de sus probabilidades (probabilidad esperada de ganar multiplicada por la probabilidad). Por lo tanto, la tendencia ha sido hacia botes cada vez mayores como Mega Millions, Mega Billions o Mega Trillions, independientemente de las pequeñas probabilidades involucradas.

En un experimento realizado en 1972, los participantes se dividieron en dos grupos; a los asignados a uno se les informó que podían experimentar una descarga eléctrica, mientras que a los del segundo se les dijo que solo había un 50% de riesgo de que esto sucediera. Los investigadores midieron la ansiedad física (frecuencia cardíaca, nerviosismo y sudoración) poco antes de comenzar. Lo que descubrieron fue asombroso: no había absolutamente ninguna diferencia en los niveles de estrés entre ambos grupos; todos los participantes de ambos estaban igualmente abrumados por la preocupación. Posteriormente, los investigadores anunciaron una serie de reducciones en la probabilidad de shock para el segundo grupo: del 50% al 20% y luego al 10% y finalmente al 5%. ¡Sin embargo, no se pudo notar ninguna diferencia! Sin embargo, cuando a ambos grupos se les dijo que iban a aumentar la fuerza de la corriente esperada, los niveles de ansiedad volvieron a aumentar, aproximadamente en el mismo grado. Esto muestra cómo reaccionamos ante los acontecimientos en función de la magnitud esperada y no de su probabilidad; Carecemos de una comprensión intuitiva de la probabilidad.

El descuido de la probabilidad conduce a errores en la toma de decisiones. Invertimos en empresas emergentes porque sus ganancias potenciales atraen nuestro interés, pero descuidamos (o somos demasiado vagos) investigar si las nuevas empresas realmente logran tal crecimiento. O, tras una amplia cobertura mediática de un accidente aéreo, cancelamos vuelos sin considerar plenamente nuestras opciones.
Dado que es poco probable que se produzca una caída (y por lo tanto no cambia sus rendimientos), los inversores aficionados a menudo comparan las inversiones basándose

únicamente en el rendimiento; por ejemplo, las acciones de Google con un rendimiento esperado del 20% se consideran dos veces más deseables que las propiedades con un rendimiento del 10%. sus mentes. Desafortunadamente, ese enfoque pasa por alto los riesgos, algo que nuestra intuición natural no nos dice que consideremos adecuadamente.

Volviendo al experimento con descargas eléctricas: en el Grupo B, la probabilidad de recibir una descarga eléctrica se redujo gradualmente del 5% al 4% y al 3% hasta que su probabilidad llegó a cero; sólo entonces el grupo B reaccionó de manera diferente que el grupo A; ¡Esto parecía infinitamente preferible que arriesgar siquiera el 1%!

Pongamos esto a prueba considerando dos enfoques para tratar el agua potable. Supongamos que un río tiene dos afluentes igualmente grandes, ambos tratados utilizando los métodos A y B que reducen el riesgo de muerte debido a la contaminación entre 5 y 2 puntos porcentuales respectivamente; y B, que lo reduce de 1 punto porcentual a cero, eliminándolo por completo, es decir, eliminando la amenaza por completo. A la mayoría de la gente le parecería sensato optar por B; sin embargo esto sería una tontería dado que con la medida A mueren tres veces menos personas que con la B; ¡mientras que el método A es tres veces mejor! Esta falacia se conoce como sesgo de riesgo cero.

Un ejemplo icónico es la Ley de Alimentos de Estados Unidos de 1958, que prohibió los alimentos que contienen agentes cancerígenos para lograr cero riesgos de cáncer. Aunque inicialmente fue efectiva, esta prohibición llevó a la introducción de aditivos alimentarios más peligrosos (pero no cancerígenos). Paracelso demostró en el siglo XVI que el envenenamiento es siempre una cuestión de dosis, lo que hace que cualquier ley que prohíba el envenenamiento sea esencialmente ineficaz, ya que no habría forma de eliminar todas las moléculas prohibidas de los productos alimenticios. Cada granja tendría que funcionar como una fábrica de chips de computadora hiperestéril y el costo de los alimentos se dispararía; Desde el punto de vista económico, el riesgo cero rara vez tiene sentido; con excepciones como virus mortales que escapan de los laboratorios de biotecnología o tormentas severas que destruyen un cultivo agrícola.

Los seres humanos carecen de una comprensión intuitiva del riesgo y, por lo tanto, distinguen mal entre amenazas. Percibimos un aumento del riesgo como menos tranquilizador cuando se trata de un tema emocional como la radiactividad; Dos investigadores de la Universidad de Chicago han demostrado este hallazgo.
El miedo a la contaminación por sustancias químicas tóxicas es a menudo una respuesta irracional; sin embargo, sigue siendo comprensible.

Véase también Sesgo de disponibilidad (cap. 11); Negligencia de la tasa base (cap. 28), Problema con los promedios (cap. 55), Sesgo de supervivencia (cap. 1), Ilusión de control (cap. 17), Crecimiento exponencial (cap. 34) y Aversión a la ambigüedad (cap. 80).

POR QUÉ LA ÚLTIMA GALLETA DEL TARRO SE HACE HACIENDO LA BOCA

Una noche, mientras tomaba un café en casa de mi amiga, sus tres hijos comenzaron a luchar en el suelo y nos esforzamos por entablar una conversación con ellos mientras sus cuerpos se peleaban por quién sacaría una última canica de mi bolsa de canicas de vidrio. Recordé que había traído algunos y los esparcieron con la esperanza de que jugaran juntos pacíficamente; Para mi incredulidad, ¡estalló una acalorada discusión! Lo que había ocurrido fue completamente inesperado: entre todas las canicas azules había sólo una azul por la que los niños luchaban; todas las demás canicas tenían exactamente el mismo tamaño y brillo, pero la canica azul tenía la ventaja de ser única; ¡Me hizo reír a carcajadas de lo infantiles que pueden ser los niños!

Tan pronto como escuché que Google lanzaría su servicio de correo electrónico en agosto de 2005, supe que quería uno (y finalmente lo hice). En aquel momento, sin embargo, las nuevas cuentas eran extremadamente limitadas y sólo se concedían mediante invitación. ¡Esto hizo que mi deseo fuera aún mayor! No es que necesitara otra cuenta de correo electrónico (ya tenía cuatro en ese momento); no porque Gmail fuera superior a la competencia; ¡Solo que no todos tenían acceso a él e hizo que mi deseo por uno fuera aún mayor! Mirando hacia atrás, esto me hace sonreír; ¡Los adultos a veces pueden ser infantiles!

Rara sunt cara, como decían los romanos. Lo raro es valioso. De hecho, los seres humanos han sufrido durante mucho tiempo esta percepción errónea de la escasez. Mi amigo con tres hijos trabaja a tiempo parcial como agente inmobiliario; Siempre que tiene compradores potenciales que no pueden decidir entre dos opciones de propiedad, llama y dice: "Ayer la visitó un médico de Londres". "Le gustó mucho. ¿Y a usted todavía le interesa?" El médico de Londres (a veces también puede ser profesor o banquero) es evidentemente ficticio; sin embargo, su efecto puede ser muy real: los prospectos ven desaparecer una oportunidad ante ellos y actúan rápidamente para cerrar un trato, nuevamente debido a una posible escasez de oferta; esta situación no se puede explicar objetivamente ya que o quieren el terreno al precio fijado o no lo quieren; independientemente de los médicos ficticios de Londres que pudieran aparecer.

El profesor Stephen Worchel dividió a los participantes en dos grupos para probar la calidad de las galletas: uno recibió una caja entera, mientras que el segundo solo recibió una parte. El subgrupo B incluyó sólo dos galletas; cuando se les pidió que calificaran su calidad, estos sujetos eclipsaron con creces a los del Grupo 1. El experimento se repitió varias veces con resultados similares cada vez.

Los anuncios a menudo dicen: "Sólo hasta agotar existencias". Los carteles nos advierten con frecuencia que actuemos con rapidez cuando surgen errores de escasez. Los propietarios de galerías se aprovechan de este error colocando puntos rojos de "vendido" debajo de la mayoría de las pinturas, haciendo que las pocas piezas raras y deseables restantes sean aún más deseables y creando así errores de escasez que deben corregirse rápidamente antes de que se conviertan en artículos más escasos que deben ser adquiridos. rápidamente. Los coleccionistas de sellos, los entusiastas de las monedas y los entusiastas de los coches antiguos suelen coleccionar sellos, monedas y coches, aunque ya no tengan un uso práctico: ¡la atracción surge más de los errores de escasez que de algo práctico! Todo esto suma.

Se pidió a los estudiantes que ordenaran 10 carteles según su atractivo, con el entendimiento de que después podrían quedarse con uno como recompensa por participar. Cinco minutos más tarde se les informó que uno no había estado disponible y tres no estaban disponibles debido a que el personal de seguridad los retiró. Después de eso, se les pidió que revisaran los diez carteles desde cero, y un cartel que ya no existía se convirtió de repente en el más hermoso. Los psicólogos se refieren a este fenómeno como reactancia: cuando nos enfrentamos a opciones que no podemos tener, nuestro cerebro a menudo reacciona asignando mayor atractivo a alternativas que ya no existen, un acto de desafío contra la pérdida de control sobre una opción. El efecto Romeo y Julieta es de sobra conocido: el romance prohibido entre adolescentes shakesperianos los lleva a un anhelo incontenible que no conoce fronteras. No necesariamente de naturaleza romántica: en Estados Unidos, las fiestas estudiantiles están llenas de estudiantes borrachos desesperados debido a que las leyes sobre el consumo de alcohol entre menores de edad están prohibidas.

Conclusión: En respuesta a la escasez, la mayoría de las personas tienden a tomar decisiones con poco pensamiento claro. Al realizar compras y tomar decisiones basadas únicamente en un análisis de costo-beneficio, cualquier señal de que un artículo podría estar desapareciendo rápidamente no debería importar; Los médicos de Londres tampoco deberían mostrar interés.
Notas sobre el efecto de contraste (cap. 10); Miedo al arrepentimiento (cap. 82) y efecto del dinero de la casa (cap. 84) Para una mayor comprensión, cuando escuches cascos, ¡no esperes una cebra!

Cuando escuches ruidos, ¡no esperes uno!

Descuido de la tasa base

Imagine que Mark es un hombre delgado de Alemania que usa gafas y le gusta escuchar a Mozart. ¿Es más probable que sea: A) un camionero en Alemania, o B) un profesor de literatura en Frankfurt? La mayoría adivinará B, lo cual sería incorrecto, ya que Alemania tiene 10.000 veces más camioneros que profesores de literatura, ¡lo que significa que lo más probable es que sea camionero! Nuestras mentes fueron engañadas por descripciones detalladas que nos alejaron de la realidad estadística; Los científicos se refieren a este error de lógica como negligencia de la tasa base, lo que nos aleja de considerar los niveles de distribución fundamentales: ¡uno de nuestros errores de razonamiento más frecuentes! Muchos periodistas, economistas y políticos regularmente son víctimas de esto, lo que resulta en la toma de decisiones equivocadas al hacer suposiciones sobre qué resultado puede ocurrir si nuestras suposiciones sobre los niveles de distribución fundamentales se ignoran al tomar decisiones que podrían llevarnos por este camino.

He aquí otro escenario en el que un joven es apuñalado mortalmente: ¿qué opción es más probable? A) Un atacante podría ser un inmigrante ruso ilegal que importa cuchillos de combate ilegalmente, o B) Un atacante es de clase media estadounidense que importa estos cuchillos ilegalmente; la opción B es mucho más probable dado que hay millones más de estadounidenses de clase media que cuchillos rusos. importadores.

La negligencia de la tasa base juega un papel fundamental en la medicina. Las migrañas, por ejemplo, pueden indicar cualquier cosa, desde una infección viral o un tumor cerebral hasta problemas cardíacos; Los médicos suelen evaluar primero las infecciones virales antes de realizar pruebas de tumores para garantizar el bienestar del paciente. Los residentes de las facultades de medicina dedican un tiempo considerable a eliminar la negligencia de la tasa base; Un lema que se repite a menudo a los futuros médicos en los EE. UU. es: "¡Cuando escuchas el ruido de unos cascos detrás, no esperas ver una cebra!". lo que significa: investiga primero las dolencias más probables antes de diagnosticar las exóticas incluso si esa especialidad te requiere.

Los médicos son los únicos profesionales con acceso a una formación tan amplia; Desafortunadamente, pocas personas en los negocios reciben tal presentación. ¡A menudo me emociono cuando leo planes de negocios de emprendedores de alto nivel que podrían convertirse en el próximo Google! Sin embargo, tras un examen más detenido, me doy cuenta de que la probabilidad de que su empresa sobreviva sus primeros cinco años es sólo del 20%; por lo tanto, su probabilidad de supervivencia también debe reflejar esta realidad.

Warren Buffett explicó una vez por qué no invierte en empresas de biotecnología: "¿Cuántas de estas empresas facturan varios cientos de millones de dólares? ¿Simplemente no sucede?...?El escenario más probable para estas empresas probablemente se mantendrá en algún punto intermedio.' Este es un claro pensamiento de tasa base. La negligencia básica de la mayoría de las personas puede atribuirse al sesgo de supervivencia (capítulo 1): tienden a ver sólo a personas y empresas exitosas, ya que los casos fallidos tienden a no ser reportados (o no reportados), lo que los lleva a pasar por alto aquellos casos más "invisibles" que existen dentro.

Imagínese esto: al probar vino en un restaurante, se quita la etiqueta de cada botella, dejando solo un indicador de su origen: Francia suele representar las tres cuartas partes de los vinos que se ofrecen, por lo que, sin saberlo mejor, lo más probable es que elija Francia en lugar de Opciones chilenas o californianas.

A veces tengo el desafortunado placer de hablar frente a estudiantes de prestigiosas escuelas de negocios. Cuando se les pregunta sobre sus objetivos profesionales, muchos responden que a medio plazo se ven en los consejos de administración de empresas globales; mis compañeros de estudios dieron respuestas similares cuando asistimos. Cuando se les da esta información, los estudiantes generalmente responden que con un título de esta escuela las posibilidades de conseguir un puesto en la junta directiva de una empresa Fortune 500 son menos del 0,1% - que lo más probable es que terminen en algún lugar dentro de la gerencia media - lo que siempre genera miradas de sorpresa. ¡Pero creo que hice una pequeña contribución para mitigar sus futuras crisis de mediana edad!
Véase también: hesitez 1 26 La falacia del jugador (cap. 29); Falacia de la conjunción (cap. 41); Problema con los promedios (cap. 55) Sesgo de información (cap. 59); Aversión a la ambigüedad (cap. 8) (Teoría de tonterías 29: un hecho comprobado).

La falacia del jugador Algo notable ocurrió en Montecarlo durante 1913: grandes multitudes reunidas alrededor de una mesa de ruleta quedaron asombradas al presenciar cómo su bola caía en negro veinte veces consecutivas. Los jugadores aprovecharon al máximo este fenómeno, colocando rápidamente dinero en rojo, pero en otra ocasión la bola se detuvo en negro a pesar de que había más gente apostando en rojo que antes, hasta que finalmente, en su vigésimo séptimo giro, cuando la bola finalmente se posó en rojo. dejando millones en juego y jugadores en quiebra en cuestión de minutos.

Imagínese esto: el coeficiente intelectual promedio de los alumnos en una gran ciudad es 100. Para investigar esto más a fondo, se toma una muestra aleatoria de 50 estudiantes con un niño evaluado con un coeficiente intelectual de 150 y se observa su progreso durante varios meses. La mayoría de la gente adivina 100; tal vez pensar que el estudiante súper inteligente se verá compensado por alguien que tenga un coeficiente intelectual promedio de 50 o dos estudiantes por debajo del promedio que tengan un coeficiente intelectual de 75 respectivamente; sin embargo, este escenario es muy poco probable; más bien debemos esperar que cada uno de los 49 restantes represente a su población, ya que cada uno tendrá un coeficiente intelectual promedio de 100, lo que nos dará una puntuación promedio de 101 para sus 50 estudiantes.

Los experimentos de Montecarlo y IQ demuestran cómo la gente tiende a creer que existe una "fuerza equilibradora del universo" invisible; esto se conoce como falacia del jugador. Sin embargo, con los eventos independientes no existe tal fuerza: las bolas no pueden recordar con qué frecuencia caen sobre las negras. Sin embargo, uno de mis amigos ingresa sus números semanales de Mega Millions en una hoja de cálculo de Excel antes de jugar los que han aparecido con menos frecuencia (todo este trabajo para nada). ¡Él también es víctima de la falacia del jugador!

Un chiste ilustra este fenómeno: un matemático que teme volar por el riesgo de sufrir un ataque terrorista, toma cada vuelo con una bomba en el equipaje de mano por si ocurriera algo a bordo; Con esta medida implementada, su probabilidad de tener uno a bordo aumenta significativamente.
"¡Las posibilidades de que haya dos bombas en un avión son sumamente remotas!" Afirma además.

Imagínese verse obligado a gastar miles de dólares de su propio dinero apostando al resultado del siguiente lanzamiento de moneda, y cada vez salga cara. Dado este escenario, muchas personas probablemente elegirían cruz aunque la cara sea igualmente probable. ¡La falacia del jugador nos hace creer que algo debe cambiar!

Una vez más, alguien te obliga a hacer una apuesta. ¿Eliges cara o cruz esta vez? Ahora que has visto algunos ejemplos, estás familiarizado con el juego; sabiendo que podría ir en cualquier dirección. Desafortunadamente, acabamos de encontrarnos con otro escollo de la deformación profesional (supervisión profesional) de los matemáticos; La lógica le dice que es probable que cara sea la opción más inteligente, ya que la moneda parece estar colocada contra cruz.

Artículos recientes examinaron la regresión como media. A modo de ejemplo, considere este escenario: si su área está experimentando un frío récord, es probable que la temperatura vuelva a los valores normales en los próximos días, ¡como en un casino! Los complejos mecanismos de retroalimentación en la atmósfera aseguran que los extremos se equilibren con el tiempo, mientras que los extremos a veces se intensifican (por ejemplo, cuando los ricos se vuelven más ricos y las acciones que explotan crean una demanda adicional debido a su sobresalir), creando una especie de efecto de compensación inversa.

Sea consciente de los eventos tanto independientes como interdependientes en su entorno. Los eventos puramente independientes sólo existen en casinos, loterías y escenarios teóricos; estos pueden existir en casinos, loterías o niveles teóricos; La vida real a menudo nos presenta eventos interrelacionados que se influyen mutuamente: piense en los mercados financieros o la salud. Los acontecimientos pasados influyen en los futuros. Por reconfortante que pueda parecer una idea, simplemente no existe una fuerza equilibradora que proteja los acontecimientos independientes contra las influencias negativas; ¡Tampoco existe ese concepto de "lo que va, vuelve"!
Ver también: Promedios (cap. 55); Descuido de la tasa base (cap. 28); Deformación profesional (cap. 92); Regresión a la media (cap. 19); Lógica simple (cap. 63) para una discusión adicional de estos temas. 29

¿POR QUÉ LA RUEDA DE LA FORTUNA NOS HACE ESPIRAL?

¿Dónde nació Abraham Lincoln? Sin acceso inmediato a una respuesta y con la batería de su teléfono inteligente recién agotada, ¿cómo respondería a esa pregunta? ¿Quizás saber que sirvió como presidente durante la Guerra Civil estadounidense en la década de 1860 y que se convirtió en el primer presidente estadounidense asesinado sea suficiente para usted? Ver el Monumento a Lincoln en Washington no evoca imágenes de un joven enérgico, sino más bien la de un veterano de 60 años. Dado que fue asesinado en algún momento entre 1860 y 1864 (murió en 1809), 1805 es nuestro año estimado de nacimiento (en realidad debería ser 1809). ¿Cómo descubrimos esto? Utilizando un punto de anclaje como 1865 como punto de partida y trabajando hacia atrás desde allí para hacer una estimación fundamentada.

Cuando necesitamos adivinar algo (por ejemplo, la longitud del río Mississippi, la densidad de población en Rusia o el número de centrales nucleares en Francia), utilizamos anclas. Partiendo de algo familiar, exploramos territorio desconocido desde allí. ¿Qué otra manera podría haber de hacerlo sino quitándonos números aleatorios de la cabeza? ¡Eso sería completamente irracional!

Desgraciadamente, los anclajes también pueden sufrir un mal uso. Por ejemplo, en una clase, un profesor hizo que sus alumnos escribieran los dos últimos dígitos de sus números de seguridad social antes de tomar decisiones sobre si debían ofertar por una botella de vino en una subasta basándose en esas cifras, lo que los llevó a ofertar casi el doble si ¡Su número era mayor en comparación con los más bajos! Demostrando así cómo los números de la seguridad social actúan como ancla; aunque sea de forma indirecta o engañosa.

El psicólogo Amos Tversky realizó un experimento utilizando la rueda de la fortuna. Los participantes lo giraban y luego se les preguntaba cuántos estados miembros tiene las Naciones Unidas; sus conjeturas confirmaron el efecto ancla: los individuos que habían obtenido números altos en la rueda habían dado estimaciones más altas que las personas que no habían obtenido números tan altos.

Russo y Shoemaker llevaron a cabo una investigación destinada a descubrir cuándo fue derrotado Atila el Huno en Europa, similar a preguntar a los estudiantes en qué año comenzó a implementarse la seguridad social.
Luego, a los participantes se les dieron puntos de anclaje basados en los últimos dígitos de su número de teléfono, y aquellos con números más altos eligieron años posteriores y viceversa (Atila fue asesinado en 453).

Las anclas abundan y todos nos aferramos a ellas. Por ejemplo, muchos productos contienen un "precio de venta recomendado" anunciado, que actúa como punto de referencia. Los profesionales de ventas saben que deben establecer los precios con antelación (mucho antes de que se presente una oferta) para garantizar el éxito de las ventas. Además, las investigaciones han demostrado que conocer las calificaciones anteriores de los estudiantes influye en cómo los profesores califican los nuevos trabajos: las últimas calificaciones actúan como punto de partida.

Mis primeros años los pasé en una empresa de consultoría. Mi jefe era experto en utilizar anclas. En su primera conversación con cualquier cliente fijaba un precio de apertura que, por ley, superaba con creces nuestros costes internos: "Para que no se sorprenda al recibir su presupuesto, señor Fulano de Tal: recientemente completó un Un proyecto similar para uno de sus competidores rondaba los cinco millones de dólares". Entonces se soltó ese ancla: las negociaciones de precios comenzaron exactamente por esta cantidad.

Véase también Encuadre (cap. 42).

Al principio, el tímido animal parece escéptico; Sin embargo, eventualmente su resistencia disminuye y comienzan a comer regularmente unos de otros. Sin embargo, con el tiempo, sus sospechas ceden y su confianza se vuelve más fuerte que antes. Después de varios meses, el ganso llega a creer que su granjero se preocupa por sus mejores intereses, y cada día adicional de alimentación confirma esta suposición. Ella se quedó estupefacta cuando, el día de Navidad, él la sacó de su recinto, ¡sólo para matarla a ella! David Hume utilizó una alegoría que involucraba a los gansos navideños como advertencia contra el pensamiento inductivo: la tendencia a inferir verdades universales a partir de observaciones individuales. Aunque su historia puede parecer relevante sólo durante la época navideña, sus lecciones se extienden mucho más allá de este ave festiva simbólica. Pero el razonamiento inductivo no sólo afecta a los gansos.

Un inversor compra la acción X e inicialmente sospecha cuando el precio de su acción se dispara, sospechando que puede existir una burbuja. Pero a medida que pasa el tiempo y continúa su trayectoria ascendente, su sospecha da paso al entusiasmo: ¡es posible que esta acción nunca baje! En sólo medio año, compromete todos sus ahorros en él sin tener en cuenta el riesgo asociado con invertir los ahorros de toda su vida en él, para luego pagar un alto precio por decisiones tan tontas tomadas por avaricia e ignorancia.

El pensamiento inductivo no tiene por qué llevarte por el camino del desastre; de hecho, se podría convertir el pensamiento inductivo en una fuente de ganancias enviando correos electrónicos con pronósticos tanto de precios crecientes como de precios bajistas el próximo mes, uno que prediga que podrían bajar. Envíe el primer correo electrónico a 50.000 personas y luego a un grupo separado de 50.000 personas después de un mes, cuando los índices habían disminuido significativamente. Ahora envíe otro correo electrónico, pero esta vez sólo a aquellas 50.000 personas que recibieron predicciones precisas en su primer correo electrónico. Después de 10 meses, quedarán alrededor de 100 de sus clientes. Desde su perspectiva, has demostrado tus poderes proféticos. Algunos le confiarán su dinero: tómelo y comience a vivir la vida nuevamente en Brasil.
Sin embargo, no sólo nos dejamos engañar por extraños ingenuos; Incluso nosotros mismos podemos dejarnos engañar; aquellos que rara vez enferman se creen inmortales. Los directores ejecutivos que registran trimestres consecutivos de mayores ganancias tienden a considerarse imbatibles, al igual que sus empleados y accionistas. Una vez tuve un amigo al que le gustaba el salto base. Se lanzaba desde acantilados, antenas, edificios, etc., y sólo tiraba de su cuerda de lanzamiento en el último momento antes de aterrizar sano y salvo en la tierra. Un día le pregunté qué nivel de riesgo representaba el deporte que había elegido y su respuesta fue bastante informal: "Tengo más de 1.000 saltos en mi haber y nunca me pasa

nada". Dos meses más tarde murió al saltar desde un acantilado especialmente peligroso en Sudáfrica; este trágico suceso desmintió todas las teorías demostradas repetidamente.

El pensamiento inductivo puede tener repercusiones desastrosas, pero dependemos de él todos los días para sobrevivir. Cuando abordamos un avión, las leyes aerodinámicas siguen siendo válidas; confiamos en que no se produzcan ataques aleatorios en la calle; nuestro corazón debería seguir latiendo mañana - éstas son garantías esenciales sin las cuales la vida no continuaría - pero siempre hay que recordar que sólo certezas como la muerte y los impuestos son permanentes; Benjamín Franklin lo dijo mejor: "Nada es seguro excepto la muerte y los impuestos".

La inducción puede hacernos creer cosas como: "La humanidad siempre ha sobrevivido, por lo que también podremos afrontar cualquier desafío futuro". Si bien esto parece lógico en teoría, lo que muchos no reconocen es que tales afirmaciones sólo pueden provenir de especies que han sobrevivido hasta ese momento; Suponer que nuestra supervivencia actual indica una supervivencia futura sería un error épico y posiblemente el error de razonamiento más grave jamás cometido.

Falsa causalidad (cap. 37); El sesgo de supervivencia (cap. 1) también se trata aquí.

¿POR QUÉ EL MAL GOLPE MÁS QUE EL BIEN?

Aversión a las pérdidas ¿Cómo te sientes actualmente en una escala del 1 al 10? Ahora imagina qué te llevaría hasta 10, como ese viaje al Caribe que siempre has deseado o un aumento en el avance profesional. Continuando con este ejercicio: ¿qué podría reducir su puntuación en el mismo número? Parálisis, Alzheimer, cáncer, depresión, guerra, hambre, tortura, ruina financiera, daño a la reputación, pérdida de un amigo, secuestro, ceguera, muerte, son sólo algunas de las opciones disponibles que provocarían un gran disgusto; simplemente pensar en todas estas posibilidades nos hace conscientes de cuántos obstáculos existen para mantener el espectro de la felicidad en comparación con todas esas influencias positivas; toda esta lista pone de relieve cuántos obstáculos existen y sus efectos mucho más graves que los beneficios; No es de extrañar que no busquemos la felicidad como nunca antes habíamos pensado.

En un momento de nuestro pasado evolutivo, esto fue aún más cierto: un pequeño error podía provocar la muerte instantánea. Cualquier cantidad de cosas podrían causar su rápida salida de la vida: prácticas de caza descuidadas, inflamación de tendones o exclusión del grupo. Las personas que eran descuidadas o imprudentes a menudo morían antes de transmitir sus genes a las generaciones futuras; sólo los cautelosos sobrevivieron y son nuestros descendientes hoy.

Por tanto, es comprensible por qué tememos más la pérdida que la ganancia; Perder 100 dólares nos cuesta una felicidad mucho mayor que cualquier alegría que podría traernos si nos los diera. De hecho, los estudios han demostrado que una respuesta emocional pesa el doble que cualquier ganancia similar; los científicos sociales se refieren a este fenómeno como aversión a la pérdida.

Por esta razón, cuando intentes convencer a alguien de algo, no te centres en sus beneficios; en su lugar, enfatice cómo les ayuda a evitar desventajas. Una campaña que promovía el autoexamen de mama (EEB) utilizó dos folletos diferentes distribuidos entre las mujeres para difundir información sobre la EEB. El folleto A decía: "Las investigaciones indican que las mujeres que participan en BSE tienen mayores posibilidades de descubrir tumores en una etapa temprana y más tratable". El folleto B decía: "La investigación ha revelado que las mujeres que se abstienen de realizar EEB tienen una mayor probabilidad de encontrar tumores cancerosos en etapas tempranas y más tratables". El estudio indicó que la narrativa del folleto B (escrita a partir de un "marco de pérdida") creó una conciencia significativamente mayor. y cambio de comportamiento que el folleto A (escrito en un "marco de ganancias").
El miedo a perder motiva a las personas más que la perspectiva de obtener algo de igual valor, por lo que si su empresa ofrece productos de aislamiento para el hogar, una forma

efectiva de alentar a los clientes a comprar es mostrándoles cuánto dinero podrían perder sin aislamiento en lugar de cuánto dinero podrían perder. podría ahorrar con ello, aunque ambas cantidades seguirían siendo las mismas.

En el mercado de valores, los inversores a menudo ignoran las pérdidas sobre el papel, ya que una pérdida no realizada es menos dolorosa que una real; por lo que siguen siendo inversores a pesar de que las posibilidades de recuperación o de una mayor caída pueden ser escasas. Una vez conocí a un multimillonario que estaba muy molesto porque había perdido 100 dólares en un instante; ¡Sin embargo, su cartera fluctuaba al menos esta cantidad cada segundo! ¡Intenté explicarle que esta emoción no está justificada ya que su cartera fluctúa cada segundo al menos en esta cantidad!

Los gerentes de las grandes empresas suelen presionar a los empleados para que sean más audaces y emprendedores, pero en realidad muchos empleados tienden a ser reacios al riesgo. Desde su perspectiva, esto tiene sentido: ¿por qué arriesgarse a algo que podría generar una bonificación mayor o algo peor: una carta de despido? En la mayoría de los casos y situaciones, la protección profesional supera cualquier recompensa potencial, por lo que si se ha quedado perplejo acerca de por qué parece faltar la toma de riesgos entre sus empleados, ahora sabe por qué (aunque cuando los empleados toman riesgos importantes, esto a menudo se presenta bajo la apariencia de decisiones grupales (aprenda más en el capítulo 33 sobre holgazanería social).

El mal es más poderoso y prevaleciente que el bien; tendemos a reaccionar con más fuerza cuando se nos presentan cosas negativas que cuando nos llegan cosas positivas; las caras aterradoras suelen destacar más en la calle que las sonrientes; Recordamos el mal comportamiento por más tiempo, ¡excepto cuando se trata de nosotros mismos!
Véase también Efecto Casa-Dinero (cap. 84); Efecto de dotación (cap. 23), holgazanería social (cap. 33), efecto predeterminado, falacia de costos hundidos y encuadre, así como heurística del afecto en el capítulo 42 para obtener más información. (CH 66).

POR QUÉ LOS MIEMBROS DEL EQUIPO SON PEREZOSOS

HOLGAZANERÍA SOCIAL

En 1913, el ingeniero francés Maximilian Ringelmann realizó una investigación sobre el rendimiento de los caballos. Para su sorpresa, dos caballos tirando de un carruaje no equivalían al doble que un solo caballo. Perplejo ante este resultado, Ringelmann dirigió su investigación a los humanos; Al hacer que varios individuos tiraran de cuerdas a la vez mientras medían la fuerza aplicada por cada uno individualmente, descubrió que cuando dos personas tiraban juntas invertían un promedio del 93% de su fuerza individual en tirar juntas; con tres juntándose la inversión bajó al 86%; ¡cuando tres juntaron sólo el 49%!

La ciencia se refiere a este fenómeno como el efecto de holgazanería social. Esto ocurre cuando el desempeño individual no es fácilmente perceptible, cuando las contribuciones individuales se mezclan con el esfuerzo colectivo en lugar de ser visibles directamente para los observadores. La holgazanería social ocurre a menudo en las carreras de remeros, pero no en las carreras de relevos, donde las contribuciones individuales se hacen evidentes. La holgazanería social puede ser un comportamiento racional: ¿por qué invertir toda tu energía cuando la mitad es suficiente? Tomar atajos sin que nadie se dé cuenta también es una práctica común, ¡como los caballos de Ringelmann! En general, la holgazanería social puede verse como una forma de trampa que todos nosotros cometemos inconscientemente, tal como lo hizo Ringelmann cuando trabajaba contra ellos y contra sus oponentes.

A medida que las personas trabajan juntas, el desempeño individual tiende a disminuir, algo que no debería sorprender, pero lo que debería destacarse es nuestro aporte continuo a pesar de la disminución del desempeño individual. ¿Qué nos impide simplemente rendirnos por completo y dejar todo el trabajo duro para que lo hagan otros? Consecuencias: se notaría un rendimiento nulo y podría tener consecuencias graves, como la exclusión de un grupo o la difamación; La evolución nos ha dado sentidos afinados que nos permiten discernir cuánta ociosidad puede pasar sin que nosotros mismos o la detectemos en los demás.

La holgazanería social se extiende mucho más allá del desempeño físico; También nos aflojamos mentalmente. Por ejemplo, las reuniones en las que hay demasiados participantes tienden a tener una participación individual más débil que cuando sólo asisten 20 o 100; Sin embargo, una vez que se ha cruzado este umbral, los niveles de rendimiento se estabilizan. No importa si un grupo consta de 20 o 100 miembros, ya que hemos alcanzado la máxima inercia y alcanzamos el máximo potencial de rendimiento.

Queda una pregunta persistente: ¿quién originó la idea de que los equipos eclipsaban a los individuos? Quizás japonés. Hace treinta años.

Los economistas empresariales examinaron el milagro industrial de Japón y observaron cómo sus fábricas se organizaban en equipos. Luego, los economistas empresariales intentaron copiar este modelo con éxito desigual: algunos equipos se desempeñaron excepcionalmente bien, pero otros no (posiblemente porque la holgazanería social rara vez ocurría allí), mientras que en Europa los equipos que consistían en personas diversas pero especializadas obtuvieron mejores resultados en general; dentro de tales grupos, las actuaciones individuales podían identificarse y rastrearse fácilmente.

La holgazanería social puede tener profundas ramificaciones. Los miembros del grupo tienden a limitar tanto la participación como la responsabilidad por las fechorías o malas decisiones del grupo. Nadie quiere cargar solo con la culpa. Un ejemplo atroz es el procesamiento de los nazis en los juicios de Nuremberg; De manera menos polémica, consideremos cualquier junta directiva o equipo directivo. A menudo nos escondemos detrás de decisiones de equipo para evitar asumir responsabilidades; esta práctica se conoce como difusión de responsabilidad. La dinámica del equipo también hace que asuman mayores riesgos que los que asumirían individualmente; Los miembros tienden a creer que no serán personalmente responsables si algo sale mal, lo que conduce a cambios riesgosos. Este fenómeno es particularmente riesgoso entre los estrategas de empresas y fondos de pensiones con miles de millones en juego y los departamentos de defensa donde los grupos deciden cuándo deben desplegarse las armas nucleares.

Conclusión: Las personas se comportan de manera diferente cuando están en grupo que cuando están solas (de lo contrario no habría grupos). Los aspectos negativos de los grupos pueden compensarse haciendo lo más visibles posible las actuaciones individuales: ¡viva la meritocracia! ¡Viva la sociedad del espectáculo!

Aglomeración de motivación (cap. 56); Prueba social (cap. 4); Pensamiento de grupo (cap. 25); Aversión a las pérdidas (cap. 32)

¿RODEADO DE PAPEL?

Imagine que está doblando una hoja de papel repetidamente en dos, solo que esta vez doblándola nuevamente sobre sí misma: ¿50 veces en total? ¿Cuál estimas que será su grosor después de doblarlo 50 veces? Tome nota de su suposición antes de continuar leyendo.

Segunda tarea. Seleccione una de las dos opciones a continuación. A) Durante los próximos 30 días, te daré $1000 diarios. B) Daré un centavo diario comenzando con el Día 1, seguido de dos centavos el Día 2, luego cuatro centavos y así sucesivamente hasta que llegue el Día 31 y su recompensa total llegue a ocho centavos cada día a partir de entonces. ¿Pero decidir rápidamente entre A o B?

¿Estas preparado? Suponiendo que una hoja de papel de copia mide aproximadamente 0,004 pulgadas de espesor, su espesor después de 50 pliegues llega a ser de más de 60 millones de millas; que equivale a la distancia entre la Tierra y el Sol medida con una calculadora. Al responder la pregunta 2, elegir la opción B puede parecer menos atractivo, pero generará más recompensas en sólo 30 días que A; ¡Tomar la opción A le daría $30,000 pero B más de $5 millones!

El crecimiento lineal se capta intuitivamente. Pero no tenemos ninguna sensación de crecimiento exponencial (o porcentual), ¡probablemente porque nuestros antepasados no lo necesitaban antes! Sus experiencias tendían a ser lineales: dedicar el doble de tiempo a recolectar bayas generaba el doble de ganancias y matar dos mamuts en lugar de uno extendía la caza a la mitad. ¡Pero hoy en día, el crecimiento exponencial ya no es raro! En la Edad de Piedra la gente rara vez experimentaba un crecimiento exponencial. Ahora las cosas son diferentes.

"Cada año, los accidentes de tráfico aumentan un 7%", advierte un político. Para entender intuitivamente lo que esto significa, usemos una fórmula sencilla: 70 dividido por 7 = 10 años, lo que indica que los accidentes de tránsito se duplican cada década (sección de notas para obtener más explicaciones sobre por qué ese número 70). ¡Esto indicaría un escenario alarmante! Si esta cifra no le resulta familiar, tome nota del logaritmo; su definición se puede encontrar allí).

Otro ejemplo: la inflación es del 5%, lo que lleva a mucha gente a pensar que no representa una gran amenaza, hasta que se calcula el tiempo de duplicación: 70 dividido por 5 = 14 años, lo que significa que dentro de 14 años sólo se venderá un dólar. valdría la mitad: ¡un absoluto desastre para cualquiera que tenga cuentas de ahorro!

Imagínese que es un periodista que informa que los registros de perros registrados en su ciudad están aumentando un 10% anualmente; ¿Cómo les contarás a los lectores esta noticia? A nadie le importa, así que anuncia: 'Diluvio de perros: ¡el doble de perros callejeros en 7 años!' A nadie le importará tanto; a la gente tampoco le importará que las inscripciones hayan aumentado un 10%.

Nada que crezca exponencialmente continuará para siempre; Muchos políticos, economistas y periodistas olvidan esta verdad. Ese crecimiento llega finalmente a su límite; por ejemplo, Escherichia coli se divide cada veinte minutos y podría cubrir el planeta en unos días, pero no puede continuar debido a que consume más oxígeno y azúcar del disponible. Por lo tanto, su crecimiento eventualmente llega a un punto muerto y se interrumpe.

Los antiguos persas entendieron la dificultad asociada con el crecimiento porcentual. He aquí una interesante historia local: un sabio cortesano le regaló al rey un tablero de ajedrez y le preguntó cómo podían agradecerle; su respuesta? ¡Cúbrelo con arroz cubriendo un grano en cada cuadrado antes de aumentar con dos granos adicionales dos veces por cuadrado a partir de entonces! Cuando se sorprendió, el rey Darío respondió que en verdad era un honor para ellos que solicitudes tan modestas vinieran de cortesanos tan dignos.

¿Pero cuánto arroz necesita? Al principio calculó alrededor de un saco. Cuando sus sirvientes comenzaron la tarea (colocando un grano en cada cuadrado por turno hasta que hubo cuatro granos por cuadrado y así sucesivamente) se dio cuenta de que necesitaba más granos de los disponibles en la tierra.

Cuando se trata de tasas de crecimiento, no confíe en la intuición: no tiene ninguna. Acéptalo en su lugar. Lo que realmente ayuda es usar una calculadora o, en casos con bajas tasas de crecimiento, usar 70 como número mágico.

Véase también Lógica simple (cap. 63); Descuido de la probabilidad (cap. 26); La ley de los números pequeños (cap. 61)

LA MALDICIÓN DEL GANADOR

Texas en la década de 1950. Diez compañías petroleras compiten por un terreno subastado valorado entre 10 y 100 millones de dólares; Cuando los precios aumentan durante la licitación, más empresas abandonan la licitación hasta que finalmente una empresa presenta la oferta más alta y gana la subasta con los corchos de champán reventando.

La "maldición del ganador" sostiene que los ganadores de las subastas a menudo terminan siendo perdedores, como lo evidencian los analistas de la industria que observaron que las empresas que consistentemente salían ganadoras de las subastas de yacimientos petrolíferos pagaban demasiado y luego quebraban, algo que no debería sorprender cuando las estimaciones varían entre $10 millones y $100 millones; las estimaciones suelen situarse en algún punto intermedio; a menudo, las ofertas altas de la subasta exceden su valor real; Sin embargo, en Texas, los administradores petroleros celebraron lo que después de todo se convirtió en una costosa victoria.

Hoy, este fenómeno nos afecta a todos. Desde eBay hasta Groupon y Google AdWords, los precios se fijan mediante subastas: desde eBay hasta Groupon y Google AdWords; las guerras de ofertas por las frecuencias de telefonía móvil llevan a las empresas de telecomunicaciones al borde de la quiebra; los aeropuertos alquilan sus espacios comerciales al mejor postor; o cuando Walmart planea lanzar un detergente solicitando ofertas de cinco proveedores (¡de hecho, una subasta con el riesgo asociado con ganar y ser maldecido con la maldición del ganador!). Incluso Walmart presenta productos a través de subastas: pedir ofertas a cinco proveedores es solo otra subasta, ¡sólo que esta vez corre el riesgo de ser maldecido!

Las subastas por Internet de artículos de la vida cotidiana se han extendido también a los comerciantes. Cuando necesitaba que me pintaran las paredes, en lugar de buscar a cualquier pintor cercano, publiqué mi anuncio en línea: 30 pintores de 300 millas compitieron por él, ofreciendo cotizaciones tan bajas que me resultó imposible aceptarlas, por amabilidad hacia ¡el centro comercial! ¡La mejor oferta vino de alguien tan pobre que por simpatía la rechacé para evitarle la maldición del ganador!

Las ofertas públicas iniciales (IPO) y las fusiones y adquisiciones, más comúnmente conocidas como fusiones y adquisiciones, también pueden considerarse subastas. Desafortunadamente, ¡más de la mitad de las adquisiciones destruyeron valor según un estudio de McKinsey!
¿Por qué sucumbimos a la maldición del ganador? Hay un par de factores en juego. En primer lugar, los valores reales de muchas cosas siguen siendo inciertos. Además, más partes

interesadas aumentan las probabilidades de que se presente una oferta demasiado entusiasta. En segundo lugar está la competencia entre proveedores; Un amigo propietario de una fábrica de microantenas contó cómo Apple instigó una intensa guerra de ofertas para los proveedores cuando desarrollaba el iPhone: todos querían un contrato oficial a pesar de que esto podría significar pérdidas financieras en el futuro para los proveedores ganadores.

¿Cuánto ofrecerías por $100? Supongamos que usted y un oponente están invitados a una subasta en la que gana quien haga la oferta más alta y ambos postores deben presentar sus ofertas finales en ese momento: ¿hasta dónde llegaría su oferta? Desde su perspectiva, tiene sentido ofrecer $20, $30 o $40; su oponente hace lo mismo e incluso $99 parece razonable cuando se habla de billetes de $100, ¡pero ahora propone ofrecer $100 en su lugar! Si esta sigue siendo la oferta más alta, él alcanzará el punto de equilibrio (pagando $100 por $100), mientras que usted solo tendrá que desembolsar $99. Mientras ésta siga siendo la oferta más alta, ambos jugadores saldrán empatados. Así continúas pujando. A $110 tienes una pérdida garantizada de $10; su oponente necesitaría presentar $109 (su última oferta), lo que significa que ambos continuarán jugando hasta que uno o ambos dejen de jugar por completo. ¿Cuándo dejará de ofertar usted y cuándo dejará de ofertar su competidor? ¡Pruébalo con amigos!

Warren Buffett ofreció un buen consejo sobre las subastas: "No vayas". Si las subastas son necesarias en su industria, establezca un precio máximo y deduzca el 20% del mismo como compensación contra la maldición del ganador; anota este número y no lo excedas de ninguna manera.

Consulte Efecto de dotación (capítulo 23) para obtener más información.

LOS ESCRITORES NUNCA DEBEN PREGUNTAR AL ESCRITOR SI SU NOVELA ES AUTOBIOGRAFICA

ERROR FUNDAMENTAL DE ATRIBUCIÓN

Al abrir su periódico, se entera de que otro director ejecutivo ha sido obligado a dimitir debido a malos resultados. Mientras tanto, en la sección de deportes lees que el jugador X o el entrenador Y contribuyeron significativamente a la temporada ganadora de tu equipo, mientras que los libros de historia te dicen que Napoleón fue responsable de liderar y liderar su ejército con tanto éxito a principios del siglo XIX en Francia. "Toda historia tiene una cara" parece una regla inalienable de toda redacción; Los periodistas (y sus lectores) llevan este principio más allá al buscar cualquier posible "ángulo de la gente". Como resultado de este "ángulo de la gente", muchos periodistas (y lectores por igual) caen presa de un error de atribución fundamental: un error causado por sobreestimar la influencia de los individuos mientras se subestiman los factores situacionales externos.

Investigadores de la Universidad de Duke llevaron a cabo un experimento en 1967: los participantes leyeron argumentos que elogiaban o denigraban a Fidel Castro de un autor asignado independientemente de sus puntos de vista reales; sin embargo, la mayoría de los miembros de la audiencia creían que lo que decía representaba sus verdaderas opiniones e ignoraban los factores externos, es decir, los profesores que lo redactaron.

El error de atribución fundamental es particularmente eficaz para simplificar eventos negativos en unidades manejables. A menudo atribuimos la culpa de las guerras a individuos (como el asesino yugoslavo en Sarajevo que tiene la Primera Guerra Mundial sobre sus hombros o Hitler comenzó la Segunda Guerra Mundial por sí mismo), aunque las guerras son eventos impredecibles con dinámicas complejas que probablemente nunca comprenderemos completamente, al igual que los mercados financieros. y cuestiones climáticas!

Cuando las empresas anuncian buenos o malos resultados, todas las miradas tienden a centrarse en su director ejecutivo a pesar de saber la verdad: el éxito económico depende mucho más de factores fuera de su control, como el atractivo de la industria. Es sorprendente la frecuencia con la que las empresas de sectores en dificultades reemplazan a sus directores ejecutivos, en comparación con la poca frecuencia con la que esto ocurre en las empresas más prósperas.
¿Las industrias que enfrentan dificultades son menos cuidadosas en sus prácticas de contratación? Estas decisiones no parecen menos irracionales que las que ocurren entre los entrenadores de fútbol y sus clubes.

Mi ciudad natal, Lucerna en Suiza, me ofrece muchos recitales clásicos deliciosos que nunca dejan de impresionarme. Sin embargo, durante el intermedio las conversaciones tienden a centrarse casi exclusivamente en directores y solistas, mientras que la composición rara vez aparece en los titulares; excepto durante los estrenos mundiales, cuando los compositores pueden discutirlo abiertamente. ¿Porqué es eso? El verdadero milagro de la música reside en la composición: la creación de sonidos, estados de ánimo y ritmos aparentemente a partir de la nada; sin embargo, a menudo se subestima debido a nuestra incapacidad de considerar que las partituras no tienen rostros para comparar con directores y solistas cuando en realidad estos dos elementos componen las interpretaciones de esa partitura (a diferencia de los directores o solistas o directores/solistas).

Como escritor de ficción, me encuentro con este error de atribución fundamental cada vez que, después de dar lecturas (lo que en sí mismo puede ser controvertido), la gente me pregunta: "¿Qué parte de tu novela es autobiográfica?" En momentos como estos desearía poder gritar: '¡No se trata de mí, se trata de este libro, texto, idioma e historia!' pero mi educación no permite tales arrebatos con suficiente frecuencia.

Los errores de atribución no deben juzgarse con dureza. Nuestra preocupación por otras personas surge de nuestro pasado evolutivo: la pertenencia a un grupo era esencial para la supervivencia; la reproducción, la defensa y la caza de animales grandes eran imposibles sin la ayuda de la propia tribu; el destierro significaba una muerte segura; aquellos que optaban por una vida en solitario a menudo también se enfrentaban a una condena segura.

Pero incluso los que sobrevivieron finalmente abandonaron el acervo genético, lo que hizo la vida aún más difícil para las generaciones posteriores. Nuestras vidas dependían y giraban en torno a otros; eso explica por qué hoy seguimos tan preocupados por ellos, hasta el punto de pasar alrededor del 90% de nuestro tiempo pensando en otras personas, mientras que sólo dedicamos el 10% a considerar otros factores y contextos.

Conclusión: Aunque el espectáculo de la vida nos resulta fascinante, sus habitantes están lejos de ser personajes ideales que toman decisiones sin necesidad de ayuda externa. Pasan de una situación a otra en lugar de actuar por su propia voluntad. Para comprender verdaderamente cualquier obra de teatro o musical actual, mire más allá de sus intérpretes y preste mucha atención a cómo las influencias dan forma a los personajes de los actores. Véase también Story Bias (capítulo 13); Ilusión del cuerpo del nadador (cap. 2), efecto de prominencia (cap. 83), ilusión de noticias (cap. 99), efecto halo (cap. 38) y falacia de causas únicas (cap. 97)

POR QUÉ NO DEBES CREER LO QUE CUENTA EL CUENTISTA

FALSA CAUSALIDAD

Los piojos eran una parte integral de la vida en las islas Hébridas al norte de Escocia, y su ausencia causaba que sus anfitriones enfermaran y tuvieran fiebre. Para combatir sus enfermedades y fiebre, las personas enfermas intencionalmente volvían a agregar piojos en su cabello para deshacerse de la fiebre; Una vez que estos nuevos piojos echaron raíces y se asentaron nuevamente, los pacientes comenzaron a mostrar mejoras.

Los estudios realizados en una ciudad indicaron que cuanto más bomberos llamaban para combatir los incendios, mayores eran los daños. Tras estos resultados, el alcalde inmediatamente instituyó una congelación inmediata de las contrataciones y redujo en consecuencia el presupuesto de extinción de incendios.

Ambas historias provienen del libro de los profesores de física alemanes Hans-Peter Beck-Bornholdt y Hans-Hermann Dubben (lamentablemente no existe una versión en inglés). Ambas historias ilustran cómo la causalidad puede llegar a ser confusa; cuando los piojos salen de la cabeza de un inválido porque tiene fiebre, su presencia se vuelve temporal cuando los pies calientes entran en acción; ¡Una vez que la fiebre ha bajado, regresan! Y los incendios más grandes requieren más bomberos, ¡no al revés!

La falsa causalidad a menudo nos engaña y los autores y consultores de libros de negocios a menudo operan utilizando este pensamiento equivocado para vendernos narrativas falsas de causalidad. Tomemos, por ejemplo, el titular: "La motivación de los empleados conduce a mayores beneficios empresariales". ¿Eso realmente se sostiene o es posible que las personas simplemente se sientan más motivadas cuando a su empresa le va bien? De manera similar, otra afirmación afirma que las mujeres en las juntas directivas se correlacionan con una mayor rentabilidad; sin embargo, ¿es así realmente como funciona o es simplemente más probable que estas empresas recluten más mujeres en las juntas directivas que las empresas menos rentables? Estos autores y consultores de libros de negocios frecuentemente operan utilizando causalidades falsas (o al menos confusas) similares cuando escriben o consultan libros de negocios o brindan asesoramiento.

Alan Greenspan fue venerado como jefe de la Reserva Federal durante los años 90. Sus oscuras declaraciones dieron a la política monetaria la apariencia de ser una ciencia exacta que mantuvo a Estados Unidos en el camino ascendente hacia la prosperidad, lo que provocó elogios de políticos, periodistas y líderes empresariales por igual. Sin embargo, desafortunadamente para estos comentaristas, los estrechos vínculos de Estados Unidos con China (un productor de bajo costo que rápidamente compró deuda estadounidense)

desempeñaron un papel mucho mayor de lo que se suponía al principio; Greenspan simplemente tuvo suerte de que sus políticas funcionaran tan bien.
Así de bien cumplió su mandato.

Recientemente, los científicos realizaron estudios que sugirieron que las estadías hospitalarias prolongadas eran perjudiciales para la salud del paciente. Esta información agradó a las aseguradoras de salud; que quieren que las estancias sean breves. Pero las estadías más largas no parecen perjudiciales en absoluto, ya que los pacientes que pueden irse inmediatamente son más saludables que aquellos que requieren tratamientos adicionales y, por lo tanto, ¡las estadías prolongadas pueden tener resultados positivos!

O tomemos este titular: 'Hecho: las mujeres que usan el champú XYZ con regularidad tienen un cabello más fuerte'. Aunque la evidencia científica puede respaldar tales afirmaciones, esta afirmación realmente no nos dice mucho, ¡y mucho menos que el champú fortalece el cabello! Quizás las mujeres con mechones fuertes tienden a usar esta marca en particular, tal vez porque su frasco dice "especialmente diseñado para cabello grueso".

Recientemente leí que los estudiantes con hogares que contienen muchos libros tienden a obtener calificaciones más altas en la escuela. Si bien este estudio puede haber dado un impulso a los libreros, esta investigación demostró una causalidad falsa: los padres más educados tienden a otorgar mayor valor a la educación de sus hijos, al igual que las personas educadas que generalmente tienen más libros en casa; aun así, un ejemplar cubierto de polvo de Guerra y Paz no cambiará las calificaciones de nadie; ¡Lo que importa son los niveles educativos de ambos padres y también los genes!

La falsa causalidad alcanzó su máxima expresión en Alemania entre la tasa de natalidad y el número de parejas de cigüeñas que disminuyeron entre 1965 y 1987. Ambas tendencias parecían casi correlacionadas; ¿Podría esto significar que la cigüeña realmente trae bebés? Sin duda no; más bien, esta correlación podría haber sido simplemente accidental.

Conclusión: correlación no equivale a causalidad. Observemos más de cerca los acontecimientos vinculados por correlación: a veces lo que parece su causa resulta ser su efecto, y viceversa; otras veces puede que ni siquiera exista una conexión causal aparente, como ocurrió con las cigüeñas y los bebés.

Véase también Coincidencia (Cap. 24); Sesgo de asociación (cap. 48); Ilusiones agrupadas (capítulo 3); Sesgos de la historia (Cap. 13) * Inducción (Cap. 31) y Suerte del principiante (Cap. 49)

La empresa de Silicon Valley, Cisco, alguna vez fue celebrada por los periodistas de negocios como un ícono de la nueva economía, y recibió excelentes críticas por su fantástico servicio al cliente, su excelente estrategia, sus adquisiciones oportunas, su vibrante cultura corporativa y su carismático director ejecutivo. En marzo de 2000 se había convertido en la empresa más valiosa del mundo.

Cuando las acciones de Cisco cayeron un 80% al año siguiente, los periodistas cambiaron de opinión. Ahora sus ventajas competitivas se percibían como deficiencias perjudiciales: se culpaba a un servicio al cliente deficiente, una estrategia poco clara, adquisiciones imprudentes, una cultura corporativa deficiente y un director ejecutivo poco inspirador; sin embargo, ni su estrategia ni su director ejecutivo habían cambiado; la demanda simplemente había disminuido gracias a la caída de las puntocom y este cambio no tuvo nada que ver con ellos.

El "efecto halo" se produce cuando un aspecto de un todo nos deslumbra y altera la forma en que percibimos su totalidad. Cisco fue un caso excepcional en el que este fenómeno se manifestó: los periodistas quedaron anonadados por los precios de sus acciones y asumieron que todo su negocio era igualmente notable sin realizar más investigaciones exhaustivas al respecto.

El efecto halo normalmente funciona de esta manera: tomamos un detalle fácil de entender o sorprendente sobre una empresa, como su situación financiera, y extrapolamos conclusiones a partir de ahí sobre aspectos más difíciles de evaluar, como el mérito de la gestión o la viabilidad de la estrategia. De aquí sacamos conclusiones que pueden ser precisas o no, como si su gestión merece el mérito o la viabilidad de la estrategia. A veces, el éxito y la superioridad se dan cuando no se merecen, como cuando compramos productos de fabricantes simplemente por su buena reputación; otro ejemplo es creer que los directores ejecutivos de una industria prosperarán en otros sectores y al mismo tiempo serán héroes en sus vidas personales.

Edward Lee Thorndike descubrió el "efecto halo" hace casi 100 años. Su observación fue que una cualidad individual (belleza, estatus social o edad) puede crear percepciones positivas o negativas que abruman todo lo demás, como la apariencia. La investigación ha confirmado este hallazgo a través de numerosos estudios que confirman nuestro sesgo hacia las personas guapas como más agradables, honestas e inteligentes; Las personas atractivas también suelen disfrutar de un mayor éxito en la vida en general.

Estos resultados no se correlacionan con ningún mito de que las mujeres "duermen para alcanzar el éxito"; de hecho, los profesores, sin querer, dan a los estudiantes atractivos calificaciones más altas que a los menos atractivos.

La publicidad ha encontrado un aliado en el efecto halo: basta pensar en todas las celebridades que vemos sonreír en los anuncios de televisión, vallas publicitarias y revistas. Sigue siendo incierto qué hace que los tenistas profesionales como Roger Federer sean tan expertos en máquinas de café; sin embargo, esto no ha restado valor al éxito de sus campañas. A medida que nos acostumbramos a ver celebridades apoyando productos arbitrarios sin cuestionarnos por qué su apoyo podría ser tan importante; Así es precisamente como funciona el efecto halo: inconscientemente. Todo lo que necesitamos registrar en nuestra mente son caras atractivas con estilos de vida de ensueño asociados con ese producto; luego, ¡bum, bum, éxito!

En el lado negativo, el efecto halo puede conducir a una gran injusticia y estereotipos cuando la nacionalidad, el género o la raza se convierten en el punto central. No hay necesidad de ser racista o sexista: basta con dejar que el efecto halo nuble nuestra visión; periodistas, educadores y consumidores son víctimas con demasiada facilidad.

¿Alguna vez has experimentado el enamoramiento? Si es así, entonces comprenderás la emoción de encontrar a "esa persona perfecta". Parecen atractivos, inteligentes, simpáticos y cálidos, mientras que otros podrían señalar defectos obvios; ¡Todo lo que ves son peculiaridades entrañables!

Para reducir este efecto de halo y obtener claridad sobre las características reales, mire más allá del valor nominal para eliminar las características más llamativas que llaman la atención. Las orquestas a menudo hacen esto seleccionando a los candidatos frente a una pantalla para que el sexo, la raza, la edad y la apariencia no influyan en sus decisiones; Los periodistas de negocios deberían hacer lo mismo y considerar mirar más allá de las cifras trimestrales (el mercado de valores ya proporciona eso). Profundice más: invertir tiempo y energía en la investigación a menudo produce hallazgos inesperados pero a menudo educativos.

Ver también: Error de atribución fundamental (cap. 36); Efecto de prominencia (cap. 83); Ilusión del cuerpo del nadador (cap. 2) Efecto de contraste (cap. 10); Expectativas (cap. 62)

CAMINOS ALTERNATIVOS

Imagine que organiza una reunión con un oligarca ruso en las afueras de su ciudad, en el bosque cercano. Llega poco después con una maleta y un arma; colocando su maleta en el capó de su auto para que puedas ver su contenido: ¡10 millones de dólares en total en fajos de efectivo! Cuando le pregunta si le gustaría jugar a la ruleta rusa, sugiere esta estrategia invitándole a apretar un gatillo para ganarlo todo: ¡una bala con cinco recámaras actualmente vacías haría todo esto suyo con solo apretar un gatillo! Se consideran todos los resultados posibles: 10 millones de dólares lo cambiarían todo; ¡Nunca más tener que trabajar o pasar de coleccionar sellos coleccionar sellos coleccionar sellos coleccionar sellos coleccionar sellos coleccionar sellos coleccionar sellos coleccionar sellos coleccionar sellos coleccionar sellos a coleccionar autos deportivos!

Aceptando el desafío, te pusiste el revólver en la sien y apretaste el gatillo, escuchando un clic audible antes de sentir la adrenalina correr por tu cuerpo, pero no pasó nada; ¡La cámara estaba vacía! Ahora, con dinero en mano, te mudas a una de las ciudades más pintorescas que conoces donde probablemente construirán lujosas villas que causarán malestar entre los residentes locales.

Uno de sus vecinos cuya casa ahora se encuentra cerca es un abogado consumado que trabaja doce horas al día durante 300 semanas al año a salarios no excepcionalmente impresionantes para los abogados: 500 dólares la hora. Sus ahorros netos anuales, después de impuestos y gastos de manutención, ascienden a medio millón después de tener en cuenta todos los gastos. Sonríes para tus adentros cada vez que pasa por tu camino de entrada: ¡le llevará veinte años alcanzarte!

Imagínese esto: después de 20 años, su vecino trabajador ha logrado acumular 10 millones de dólares. Un día llega un periodista y escribe un artículo sobre los residentes más ricos de su área, presentando fotografías de edificios espectaculares y segundas esposas que usted y su vecino habéis adquirido, características de diseño de interiores y exquisitos detalles paisajísticos; pero una diferencia clave permanece oculta a la vista: el riesgo que se esconde detrás de cada una de sus cuentas de 10 millones de dólares; Para que esta pieza tenga sentido, tendrían que reconocer caminos alternativos disponibles para cada uno.

Pero no sólo los periodistas carecen de esta habilidad: todos lo somos.
Los caminos alternativos se refieren a todos los resultados que podrían haber ocurrido pero no ocurrieron. Al jugar a la ruleta rusa, hay cuatro caminos posibles que te llevan a ganar 10 millones de dólares, mientras que otros cinco podrían llevarte a la muerte, lo que marca una

gran diferencia. Por el contrario, para los abogados que ejercen el derecho, sus posibles caminos tienden a estar más juntos; ganar 200 dólares la hora en entornos rurales; pero en las zonas urbanas de Nueva York, trabajar para uno de los principales bancos de inversión podría generarles 600 dólares por hora sin arriesgarse a tomar un camino alternativo que podría haberles costado su fortuna o su vida.

Es posible que no siempre sean visibles caminos alternativos y rara vez los consideramos. Sin embargo, quienes especulan con bonos basura, opciones y swaps de incumplimiento crediticio para ganar millones deberían tener en cuenta las muchas rutas alternativas que conducen directamente a la ruina. Una mente racional argumentaría que el valor de 10 millones ganados a través de medios más riesgosos sería menor que el ganado a través de un trabajo más mundano (aunque un contador puede no estar de acuerdo).

Recientemente asistí a una cena con un amigo estadounidense que propuso que lanzáramos una moneda para ver quién debía pagar la cuenta. Desafortunadamente para él, perdió y esta situación incómoda se volvió aún más problemática para mí cuando fue mi huésped en Suiza. "La próxima vez", prometí, "ya sea aquí o en Nueva York, yo mismo cubriré la mitad de la cuenta". Pensó en esto y me dijo: "Considerando caminos alternativos, es posible que ya hayas pagado la mitad".

Conclusión: El riesgo a menudo puede ser invisible, por lo que siempre evalúe posibles caminos alternativos antes de tomar decisiones que impliquen transacciones arriesgadas. Si bien el éxito alcanzado por medios tan arriesgados puede parecer atractivo al principio, para una mente racional no debería compararse con el éxito logrado por medios más laboriosos (por ejemplo, convertirse en abogado, dentista, instructor de esquí, piloto, peluquero o consultor). Si bien ver otros caminos desde un punto de vista externo es un desafío; Mirar dentro de ti es casi imposible ya que tu cerebro trabajará horas extras para convencerte de su valor a pesar de los riesgos percibidos involucrados y bloqueará activamente los pensamientos de tomar caminos distintos a los que estás considerando en este momento.

Véase también Cisne Negro (cap. 75); Aversión a la ambigüedad (cap. 80), miedo al arrepentimiento (cap. 82) y sesgo de autoselección (cap. 47)

FALSOS PROFETAS

Todos los días los expertos nos bombardean con predicciones, pero ¿qué tan confiables son realmente? Hasta hace poco nadie se molestó en investigar; pero luego vino Philip Tetlock. Durante un período de 10 años evaluó 28.361 predicciones de 284 profesionales autoproclamados; sus resultados indicaron sólo una mejora marginal con respecto a los generadores de pronósticos aleatorios en términos de precisión; Los favoritos de los medios tuvieron un desempeño particularmente pobre, mientras que los profetas de la fatalidad como los que predijeron el colapso de Canadá, Nigeria, China, India, Indonesia, Sudáfrica, Bélgica o incluso la UE. ¡Ninguno ha implosionado!

John Kenneth Galbraith afirmó la famosa frase: "Sólo hay dos tipos de pronosticadores: los que no saben nada y los que no se dan cuenta de que no saben nada", lo que le valió amplias críticas en su profesión. El gestor de fondos Peter Lynch lo resumió con mayor elocuencia: «En Estados Unidos hay aproximadamente 60.000 economistas empleados a tiempo completo que intentan pronosticar recesiones y tipos de interés; si hubieran hecho esto dos veces con éxito, ya todos serían millonarios; sin embargo, la mayoría sigue teniendo un empleo remunerado, lo que nos dice algo. Esto se publicó hace diez años; hoy en día, esta cifra podría triplicarse sin afectar en absoluto a la previsión de calidad.

El problema es que los expertos disfrutan de una discreción ilimitada y con pocas repercusiones. Si un experto incumple una expectativa o viola las regulaciones, sus acciones podrían tener graves repercusiones que son difíciles de manejar y gestionar de manera efectiva.
Cuando lo hacen bien, los expertos obtienen publicidad, ofertas de consultoría y acuerdos de publicación; cuando no lo hacen por completo, no se aplican sanciones (financieras o de reputación). Este incentivo los motiva a producir tantas profecías como les sea posible; de hecho, ¡cuantos más pronósticos generan coincidentemente se hacen realidad! Idealmente, los expertos deberían aportar algún tipo de fondo de pronóstico, como 1.000 dólares por predicción; Si su pronóstico se hace realidad, recuperan su inversión más intereses, mientras que el dinero perdido debido a predicciones inexactas se destina a obras de caridad.

Entonces, ¿qué se puede predecir exactamente y qué no? Algunas cosas son bastante fáciles de predecir; Sé aproximadamente cuánto peso pesaré el próximo año. Sin embargo, a medida que aumentan la complejidad y los plazos, también lo hará nuestra capacidad para predecir su futuro (esto incluye el calentamiento global, los precios del petróleo o los tipos de cambio); Los inventos son igualmente incognoscibles: si hubiéramos sabido qué tecnologías inventaríamos en el futuro, ya las habríamos creado.

Sea escéptico cuando se encuentre con predicciones. Siempre me cuido de sonreír cada vez que escucho una y luego me hago dos preguntas sobre las predicciones que hacen los expertos: 1) ¿qué incentivo tienen para seguir haciendo predicciones incorrectas? y 2) si un experto trabaja como empleado, ¿podría arriesgar su trabajo si sus predicciones siguen fallando? ¿Son consultores remunerados con credenciales en libros y conferencias, o gurús autoproclamados que se ganan la vida mediante la autoedición o conferencias públicas? Quienes dependen de la atención de los medios tienden a hacer predicciones con profecías impactantes que a menudo no son reportadas por los medios de comunicación. En segundo lugar, cuál ha sido su tasa de éxito a lo largo de cinco años: cuántas predicciones ha hecho el pronosticador y cuántas tuvieron éxito y cuáles no fueron correctas. Esta información nunca debe pasar desapercibida para los medios de comunicación, así que no publique pronósticos sin proporcionar registros de seguimiento. de expertos.

Tony Blair lo dijo una vez de esta manera: 'No hago predicciones; Nunca lo he hecho, nunca lo haré.
Véase también Expectativas (cap. 62); Falacia de planificación (cap. 91); Sesgo de autoridad (cap. 9); Sesgo retrospectivo (cap. 14); Efecto de exceso de confianza (cap. 15); Ilusión de control (cap. 17); Cinta de correr hedónica (cap. 46) y Cisnes negros (cap. 75)

Chris tiene 35 años. Estudió filosofía social cuando era adolescente y desde entonces desarrolló un interés por los países en desarrollo. Después de graduarse, Chris trabajó dos años con la Cruz Roja en África Occidental antes de regresar a su sede en Ginebra como jefe de su departamento de ayuda a África durante tres años más antes de obtener un MBA y escribir su tesis sobre responsabilidad social corporativa. Ahora parece probable que A) Chris trabaje para uno de los principales bancos donde también supervisa su fundación en el Tercer Mundo o B). ¿Qué escenario parece más probable?

La mayoría de las personas tienden a seleccionar la opción B, sin embargo, esta es la respuesta incorrecta. B dice que Chris trabaja para un banco importante y que se ha cumplido una condición adicional: los empleados que trabajan dentro de la fundación de un banco del Tercer Mundo constituyen un pequeño subconjunto de banqueros; Por lo tanto, la opción A sería más probable. Los premios Nobel Daniel Kahneman y Amos Tversky han estudiado ampliamente este fenómeno.

Como seres humanos, nos atraen las narrativas que parecen agradables o plausibles; Las historias sobre Chris, el trabajador humanitario, que son persuasivas o convincentes aumentan el riesgo de razonamientos falsos. Si hubiera planteado esta pregunta de otra manera, es posible que hubiera reconocido que todos estos detalles adicionales eran excesivos; quizás por ejemplo: 'Chris tiene 35 años y trabaja en A) un banco en Nueva York con una oficina en el piso veinticuatro con vista a Central Park o B) ninguno de los dos'

Nuevamente, tomemos el ejemplo del cierre del aeropuerto de Seattle y la cancelación de vuelos: ¿qué escenario es más probable? En este caso, A es más probable ya que B implica que se ha cumplido una condición adicional: mal tiempo. Considerar otras posibilidades también podría cerrarlo como amenazas de bomba, accidentes o huelgas; pero lo más probable es que no tengamos en cuenta esas cuestiones cuando consideramos historias plausibles como A o B. Ahora que comprendes mejor este proceso, ¡hazlo con amigos para ver qué resultado prefiere la mayoría!

Incluso los expertos pueden ser víctimas de la falacia de la conjunción. En una conferencia internacional sobre investigaciones futuras celebrada en 1982, los expertos, todos académicos, se dividieron en dos grupos en un evento organizado por Daniel Kahneman: el grupo A recibió su previsión de que el consumo de petróleo disminuiría en un 30%; El grupo B lo escuchó así: "Un aumento dramático en los precios del petróleo hará que el consumo disminuya en un 30%". Luego, ambos grupos tuvieron que indicar qué tan probable parecía cada escenario; Rápidamente se hizo evidente que el grupo B se sentía mucho más seguro acerca de su pronóstico que el grupo A.

Kahneman cree en dos tipos de pensamiento. Un tipo es intuitivo, automático y directo; el segundo consciente, racional, lento, laborioso y lógico. Desafortunadamente, el pensamiento intuitivo saca conclusiones mucho antes que la mente consciente; Personalmente experimenté esto después de los ataques al World Trade Center del 11 de septiembre cuando buscaba pólizas de seguro de viaje con una "cobertura especial contra terrorismo" añadida. Aunque otras pólizas cubrían todos los incidentes posibles, incluidos los actos terroristas (¡pero de todos modos caí en su oferta!). ¡Lo que lo hizo aún más ridículo fue mi disposición a pagar más por lo que parecía un complemento atractivo pero innecesario!

Conclusión: no confunda el cerebro derecho y el izquierdo; el pensamiento intuitivo y el consciente difieren significativamente más. Al tomar decisiones importantes, tenga en cuenta esta distinción: inconscientemente tendemos a preferir historias plausibles; Busque detalles convenientes y finales felices que le parezcan plausibles, en lugar de aquellos que requieren condiciones adicionales para cumplir. Recuerde: condiciones adicionales reducirán en lugar de aumentar la probabilidad.

Véase también Negligencia de la tasa base (cap. 28); Sesgo de la historia (cap. 13) 42

Considere estas dos declaraciones al formular:

"¡Oye, el cubo de la basura se está desbordando!"

"Sería realmente maravilloso si pudieras vaciar la basura, cariño".

La tonalidad hace la música: lo que importa es cómo se comunica un mensaje; Los mensajes comunicados de manera diferente también serán recibidos de manera diferente por sus destinatarios: esta técnica se conoce como encuadre en el lenguaje psicológico.

Kahneman y Tversky llevaron a cabo un experimento en la década de 1980 en el que presentaron dos opciones para una estrategia de control de epidemias; A sus participantes se les dijo que estaban en juego 600 vidas y que la opción A o la opción B salvarían 200 de ellas. La opción B ofrecía sólo un 33% de posibilidades de que los 600 individuos sobrevivieran y un 66% de probabilidades de que nadie saliera con vida, y se esperaba que 200 supervivientes superaran ambos escenarios; la mayoría de los encuestados eligieron la opción A sobre la B debido a sus mayores posibilidades de supervivencia: creyendo en la sabiduría de que tener algo tangible es mejor que perderlo más tarde. Replantear las mismas opciones se volvió extremadamente fascinante: "La opción A mata a 400 personas", mientras que "la opción B ofrece un 33% de posibilidades de que nadie muera y un 66% de posibilidades de que las 600 mueran". En ese momento, sólo una minoría eligió A y la mayoría eligió B; los investigadores notaron un notable cambio de sentido entre casi todos los participantes; dependiendo de si la frase (sobrevivir o morir) cambió por completo la toma de decisiones.

Un ejemplo: los investigadores presentaron a un grupo de personas dos tipos de carne etiquetados como 99% sin grasa y 1% grasa, y luego les preguntaron cuál era más saludable. ¿Puedes adivinar cuál eligieron? Has acertado: los encuestados eligieron la primera opción independientemente de su mayor contenido de grasa.

El glosado es una forma cada vez más popular de enmarcar. Según sus normas, una caída del precio de una acción se convierte en objeto de corrección, mientras que un precio de adquisición pagado en exceso se convierte en "fondo de comercio".
Cada curso de gestión convierte mágicamente los problemas en oportunidades o desafíos; ser despedido se convierte en una oportunidad para"reevaluar mi carrera" o tratar con soldados caídos se considera una oportunidad para crear oportunidades o abordar desafíos.

La muerte en el campo de batalla se convierte en el equivalente al estatus de héroe de guerra; cualquiera que sea su causa o forma. El genocidio se convierte en "limpieza étnica", mientras que los aterrizajes de emergencia, por ejemplo en el río Hudson, se celebran como triunfos de la aviación (¡aunque ciertamente un aterrizaje de manual contaría aún más como tales triunfos!). Un aterrizaje de emergencia exitoso, por ejemplo en el río Hudson, es ampliamente celebrado como tal logro (¿no debería contarse una pista de aterrizaje en un aeropuerto como un triunfo aún mayor de la aviación?)

¿Alguna vez ha echado un vistazo más de cerca a los folletos y folletos de ETF (fondos cotizados en bolsa)? Por lo general, el folleto ilustra estadísticas de desempeño recientes con suficiente detalle histórico para crear una atractiva curva ascendente, lo que se conoce como marco. Un simple trozo de pan puede servir como otro gran ejemplo: dependiendo de su representación como cuerpo simbólico o real de Cristo, puede crear discordia dentro de la religión, como se vio durante el período de la Reforma del siglo XVI.

El enmarcado también se puede emplear eficazmente en el comercio. Tomemos como ejemplo a los vendedores de autos usados: su mensaje lleva a los consumidores a centrarse sólo en ciertos factores cuando consideran comprarlos, ya sea a través de mensajes entregados por los vendedores, carteles que promocionan características específicas o sus propios criterios. Por ejemplo, cuando consideramos coches usados con poco kilometraje y buenos neumáticos como puntos de venta (a menudo sin tener en cuenta el estado del motor, el estado de los frenos, el estado interior, etc.) y nos centramos más en el kilometraje/neumáticos que en cualquier otro aspecto. Lamentablemente, puede resultar difícil tener en cuenta todos los posibles pros y contras a la hora de tomar decisiones de compra; Si se hubieran utilizado otros marcos al vender el automóvil, podríamos haber tomado decisiones diferentes a las que tomamos.

Los autores son redactores magistrales. Una novela policíaca se volvería rápidamente tediosa si todas sus páginas simplemente mostraran cada asesinato tal como ocurrió: "puñalada a puñalada". Incluso a medida que descubrimos gradualmente los motivos y las armas del asesinato, el encuadre añade dramatismo y suspenso a la historia.

Conclusión: Sea consciente de que cualquier comunicación contiene cierto grado de encuadre; cada dato, ya sea proporcionado por amigos de confianza o publicado en periódicos creíbles, también puede verse afectado por los efectos del encuadre, ¡incluso el contenido de este capítulo!

Véase también Efecto de contraste (cap. 10); Aversión al contraste (cap. 21); Miedo al arrepentimiento (cap. 82); Aversión a la pérdida (cap. 32); Reciprocidad (cap. 6); El efecto ancla (cap. 30) y el efecto durmiente (cap. 70).

VER Y ESPERAR ES DOLOROSO

En situaciones de penalización de fútbol, el balón tarda menos de 0,3 segundos en viajar desde su pateador original hasta el portero; limitando así su tiempo para observar su trayectoria antes de tomar una decisión sobre cuándo debe ser expulsado nuevamente. Los jugadores de fútbol que ejecutan tiros penales tienden a apuntar sus tiros un tercio del tiempo al centro, un tercio a cada lado y un tercio descentrado de sus porterías, lo que no ha pasado desapercibido para los porteros que se lanzan hacia la izquierda o hacia la derecha dependiendo de desde donde disparan los jugadores. Rara vez los jugadores permanecen de pie en el centro, aunque aproximadamente un tercio de todas las bolas caen allí. ¿Por qué se arriesgarían a salvar penales al no presentarse? Simplemente porque contribuye a una mejor televisión; La apariencia juega un papel importante. Bucear hacia un lado en lugar de quedarse quieto puede parecer más impresionante y resultar menos embarazoso; eso se llama sesgo de acción: parecer activo aunque no resulte nada concreto de ello.

Esta investigación proviene del investigador israelí Michael Bar-Eli, quien realizó extensas pruebas de tandas de penaltis. No sólo los porteros son susceptibles al sesgo de acción: imaginemos si un grupo de jóvenes sale de un club nocturno y comienzan a gritarse y a gesticularse unos a otros antes de volverse polémicos y verse envueltos en discusiones entre ellos. En una situación que se tambalea al borde de una violencia a gran escala, tanto los agentes de policía jóvenes como los de alto rango permanecen en estado de alerta, monitoreando a distancia hasta que surgen las víctimas e interviniendo cuando es necesario. Si esta situación se dejara únicamente en manos de agentes jóvenes e inexpertos, rápidamente podría volverse violenta; Los oficiales jóvenes y entusiastas que sucumben al sesgo de acción pueden reaccionar inmediatamente y lanzarse de cabeza, lo que a menudo provoca como resultado víctimas. Según los resultados de la investigación, una intervención posterior facilitada por oficiales superiores puede dar lugar a una reducción de las víctimas.

El sesgo de acción se amplifica cuando nos enfrentamos a algo desconocido o poco claro. Al principio, muchos inversores se comportan de manera similar a los policías jóvenes y demasiado ansiosos fuera de un club nocturno: su inexperiencia les impide evaluar el mercado de valores, por lo que lo compensan con hiperactividad; lamentablemente esto hace perder un tiempo precioso; Charlie Munger resumió este enfoque diciendo: "Necesitamos disciplina para evitar hacer cualquier maldita cosa sólo porque la inactividad se vuelve insoportable".

El sesgo de acción existe incluso entre círculos altamente educados. Cuando una enfermedad afecta a un paciente, incluso los médicos con títulos avanzados suelen responder negativamente y retrasar la búsqueda de tratamientos médicos adecuados para ellos.
Tan pronto como una afección no puede diagnosticarse adecuadamente y los médicos deben elegir entre intervenir (es decir, prescribir algo) o esperar y ver, sus decisiones de intervenir tienden a tomar medidas inmediatas en lugar de sentarse y esperar hasta que suceda algo definitivo. Esas decisiones no reflejan una especulación, sino que representan tendencias humanas a actuar en lugar de permanecer inactivos ante la incertidumbre.

Entonces, ¿qué está impulsando esta tendencia? En nuestro antiguo entorno de cazadores-recolectores (que nos convenía perfectamente), las acciones prevalecían sobre la reflexión. Las reacciones ultrarrápidas eran esenciales para la supervivencia; la deliberación podría resultar fatal. Cuando nuestros antepasados vieron algo en el borde del bosque que parecía similar a la silueta de un tigre dientes de sable, rápidamente tomaron medidas; en lugar de contemplar si algo podría haber estado allí, simplemente buscaron seguridad, huyendo rápidamente en lugar de pensar demasiado en amenazas potenciales, a diferencia de nosotros hoy en día, donde nuestros instintos pueden decirnos lo contrario.

Aunque nuestra sociedad reconoce cada vez más que la contemplación es valiosa, la absoluta inacción sigue siendo un pecado capital. Si tomas la decisión correcta esperando, no te espera ninguna medalla o estatua con tu nombre; por el contrario, demostrar decisión y rapidez de juicio cuando las cosas mejoran puede generar elogios de empleadores, estadistas o incluso alcaldes; Las acciones precipitadas tienden a ganar más a menudo en la sociedad en general que las estrategias prudentes de esperar y ver qué pasa.

Conclusión: cuando nos enfrentamos a circunstancias nuevas o inciertas, nuestro instinto puede ser hacer algo, cualquier cosa, sin importar las consecuencias, sólo para no sentirnos impotentes o molestos. Desafortunadamente, esta tendencia a menudo resulta contraproducente al llevarnos por caminos que empeoran las cosas en lugar de mejorarlas. Si bien la espera puede no aparecer en los titulares por sí sola, si una situación sigue sin estar clara, podría ser más prudente quedarse de brazos cruzados hasta que se pueda hacer una evaluación más clara de sus opciones; Según Blaise Pascal, "todos los problemas humanos surgen de que el hombre no puede sentarse tranquilamente solo en una habitación" en el estudio de su casa.
Véase también Sesgo de omisión (cap. 44); Pensar demasiado (cap. 90); Procrastinación (cap. 85); Empeorará antes de mejorar Falacia (cap. 12); y la incapacidad para cerrar puertas (capítulo 68) como posibles factores de problemas de comunicación mal manejados.

SESGO DE OMISIÓN

Imagínese estar en un glaciar con dos escaladores. Uno resbala y cae en una grieta; pedir ayuda puede haberlo salvado, pero tú no, en lugar de eso, los empujas a ambos a barrancos donde ambos mueren rápidamente después. ¿La muerte de cuál pesa más en tu conciencia?

La consideración racional revela que ambas opciones son igualmente repugnantes y conducen a la muerte de tus compañeros. Sin embargo, algo nos hace valorar más favorablemente la opción pasiva; este fenómeno se conoce como sesgo de omisión y ocurre cuando tanto las acciones como la inacción conducen a resultados fatales; tendemos a preferir la inacción porque sus resultados parecen menos perturbadores.

Imagine que es el director de la Administración Federal de Medicamentos y debe decidir si aprueba o no un medicamento para pacientes con enfermedades terminales con efectos secundarios potencialmente mortales: estas píldoras han matado al 20% inmediatamente y han salvado vidas de un 80% más en un corto período de tiempo. . ¿Cuál sería tu decisión?

La mayoría probablemente negaría la aprobación; para ellos, pasar por un medicamento que mata a uno de cada cinco pacientes parece mucho peor que no administrar su cura al 80% restante. Estas decisiones ilustran perfectamente el sesgo de omisión. Imagínese tomar conciencia de tal prejuicio pero optar por aprobarlo de todos modos en nombre de la razón y la decencia, sólo para que cuando uno de sus pacientes muera, se produzca un escándalo y usted se encuentre sin trabajo. Como funcionarios públicos o políticos, sería más prudente –de hecho esencial– para ellos tomar en serio esta forma generalizada de parcialidad e incluso fomentarla aún más.

La jurisprudencia muestra la profundidad de tal "distorsión moral". La eutanasia, incluso cuando la desean los moribundos, es ilegal, mientras que el rechazo deliberado de medidas para salvar vidas (por ejemplo, seguir órdenes de no resucitar) sigue siendo legal.

Este razonamiento explica por qué tantos padres creen que es completamente aceptable no vacunar a sus hijos, a pesar de que se ha demostrado que la vacunación reduce sustancialmente los riesgos asociados con la transmisión de enfermedades.
Aunque la vacunación conlleva un riesgo muy pequeño de efectos secundarios adversos, la vacunación en general tiene sentido; no sólo por el bien de los individuos sino por el de la sociedad en su conjunto: los individuos inmunes no pueden infectar a otras personas con su enfermedad y, a su vez, propagarla aún más. Por supuesto, si los niños no vacunados contrajeran alguna enfermedad, podrían acusar a sus padres de hacerles daño al negarse a

vacunarlos; sin embargo, esto parecería menos grave que si ellos mismos infectaran intencionalmente a sus hijos.

El sesgo de omisión está en la raíz de los delirios: preferimos esperar hasta que otras personas lo hagan en lugar de tomar medidas nosotros mismos para actuar en consecuencia. Los inversores y periodistas de negocios son más indulgentes con las empresas que no producen productos nuevos que con aquellas que producen productos de mala calidad, aunque ambos caminos conducen a la ruina. Sentarse pasivamente sobre acciones miserables es mejor que comprar activamente acciones malas; construir filtros sin emisiones en las plantas de carbón parece superior a tomar medidas como eliminar uno por razones de costos; no aislar las casas parece preferible a quemar todo ese combustible extra; no declarar el impuesto sobre la renta es menos perjudicial que presentar documentos fiscales falsos, aunque ambos caminos conducen a pérdidas estatales de cualquier manera.

Exploramos el sesgo de acción en el capítulo 7. Sin embargo, ¿es lo opuesto al sesgo de omisión? No exactamente; el sesgo de acción nos lleva a compensar la falta de claridad con una hiperactividad inútil cuando las cosas parecen poco claras o contradictorias; mientras que el sesgo de omisión a menudo se manifiesta cuando la información es fácilmente discernible: una idea podría revelar una desgracia futura que podríamos evitar mediante la acción directa, pero esta idea no genera tanta motivación en nosotros para tomar una postura contra ella.

El sesgo de omisión puede ser difícil de detectar; La acción suele ser más notoria que la inacción. Los movimientos estudiantiles de la década de 1960 acuñaron un eslogan eficaz en su contra: "Si no eres parte de la solución, entonces eres parte del problema".

Notas sobre el error voluntario (cap. 65); Sesgo de acción (capítulo 43); Procrastinación (Capítulo 85).

NO ME CULPES

Sesgo de autoservicio

¿Lee periódicamente los informes anuales, centrándose especialmente en lo que ha dicho el director general? De lo contrario, es lamentable, ya que allí se pueden encontrar numerosos ejemplos de un error que entra en juego con demasiada frecuencia: el sesgo egoísta. Cada vez que la empresa logra el éxito, el CEO se toma el tiempo para resaltar todos sus esfuerzos, como la toma de decisiones inteligentes, el trabajo incansable y el cultivo de una cultura corporativa innovadora. Si una empresa ha tenido un año fallido, leemos sobre una variedad de factores que contribuyeron a su declive: fluctuaciones del tipo de cambio, intervenciones gubernamentales, prácticas comerciales chinas que violan los estándares occidentales de propiedad intelectual, aranceles ocultos que reducen la confianza del consumidor, etc. En resumen: Nuestras mentes atribuyen el éxito y los fracasos externamente en lugar de internamente: ¡esto es un sesgo egoísta en funcionamiento!

Incluso si nunca escuchaste el término, la escuela secundaria enseñó a muchos estudiantes el significado del sesgo egoísta. Si obtenían una A, su éxito se reflejaba únicamente en ellos, mientras que el fracaso significaba que los administradores y educadores utilizaran procedimientos de evaluación injustos.

Pero las calificaciones ya no parecen importar: tal vez el mercado de valores haya tomado su lugar. Cuando su cartera genera ganancias, se aplaude; cuando tiene un mal desempeño, la culpa recae directamente en "el mercado" (lo que sea que esto implique) o tal vez en ese molesto asesor de inversiones. Yo mismo soy un usuario experto del sesgo egoísta: cuando mi nueva novela se dispara hasta la categoría de best seller, la celebro como mi mejor libro hasta el momento; Si fracasa en medio de nuevos lanzamientos, debe significar que los lectores simplemente no lo reconocen o que los críticos están celosos de tener algo en mi contra que no reconoce la buena literatura en mis libros.

Los investigadores realizaron una prueba de personalidad y asignaron aleatoriamente a los participantes puntuaciones altas o bajas; quienes recibieron altas calificaciones lo consideraron completo y justo; aquellos que recibieron calificaciones bajas lo encontraron completamente inútil. ¿Por qué nos atribuimos el éxito a nosotros mismos y el fracaso a otra parte? Hay varias teorías, y quizás una explicación sencilla sea la siguiente: ¡se siente bien! Además, la evolución probablemente lo habría abordado mucho antes.
Durante cien mil años, el sesgo egoísta fue erradicado a medida que avanzaba la sociedad humana, pero en nuestro mundo moderno, con muchos riesgos ocultos, puede resurgir y conducir rápidamente a una catástrofe. Richard Fuld, a quien a menudo se hace referencia como el autoproclamado "amo del universo", bien podría respaldar esta opinión; después de

ser director ejecutivo de Lehman Brothers hasta su declaración de quiebra en 2008, es muy posible que aún reclame este título y culpe a la acción gubernamental como la causa.

Los estudiantes que toman los exámenes SAT suelen obtener entre 200 y 800 puntos. Cuando un año después se les pide que actualicen sus puntajes, muchos tienden a aumentarlos en aproximadamente 50 puntos, sin mentir ni exagerar los números, simplemente "mejorándolos" hasta que ellos mismos llegan a creer el nuevo número.

Mi edificio alberga un apartamento compartido por cinco estudiantes, a quienes veo con frecuencia en el ascensor. Uno dijo que sacaba la basura cada dos o tres veces; otra: cada tercera o cuarta vez; ¡mientras que el compañero de cuarto número 3 afirmó hacerlo aproximadamente el 90% del tiempo! ¡Sus respuestas deberían haber sumado 100%, pero en lugar de eso sumaron un impresionante 320%! Cada niño sobreestimó sus roles, algo que todos los humanos tienden a hacer. Los estudios también han demostrado este fenómeno entre las parejas casadas, donde cada uno asume que contribuye con más del 50% a la salud del matrimonio.

Entonces, ¿cómo podemos superar el sesgo egoísta? ¿Tienes amigos que dicen la verdad sin restricciones? Si ese es tu caso, considérate afortunado. Si no, invita al menos a un enemigo a tomar un café y pregúntale su opinión honesta sobre tus fortalezas y debilidades; ¡Siempre estarás agradecido de haberlo hecho!

Véase también Sesgo retrospectivo (cap. 14); Efecto de exceso de confianza (cap. 15); Síndrome del aquí no inventado (cap. 74); Sesgo de supervivencia (cap. 1), suerte del principiante (cap. 49) Disonancia cognitiva (cap. 50); Efecto anterior (Capítulo 64); Ilusión de introspección (Capítulo 67) y Selección de cerezas (Capítulo 96) para familiarizarse.

¡MIRA LO QUE DESEAS!

¡Imagínese que un día suena el teléfono y una voz entusiasta le dice que ha ganado un premio mayor de lotería de $10 millones! ¿Cómo te haría sentir eso y cuánto tiempo duraría? O puede ocurrir otro escenario: alguien te llama para informarte de la pérdida de un mejor amigo; De nuevo, ¿cómo reaccionarías y cuánto durarían los efectos?

En el capítulo 40 examinamos la baja precisión de las predicciones en diversos campos como la política, la economía y los acontecimientos sociales. Llegamos a la conclusión de que los expertos autoproclamados no son mejores que los generadores de pronósticos aleatorios a la hora de proporcionar predicciones precisas. Pasemos ahora a otra área: ¿con qué precisión podemos predecir nuestros sentimientos? ¿Somos expertos en nosotros mismos? ¿Ganar la lotería nos haría más felices en los años venideros? El psicólogo de Harvard Dan Gilbert sugiere lo contrario; sus estudios sobre los ganadores de la lotería indican que cualquier efecto positivo se disipaba rápidamente en cuestión de meses, dejando a las personas tan contentas o descontentas como antes después de recibir su cheque; este fenómeno lo denomina "previsión afectiva"; nuestra incapacidad para predecir correctamente nuestras propias emociones.

Un ejecutivo bancario decidió construirse una nueva casa fuera de la ciudad con sus amplios ingresos, soñando con crear una villa con diez habitaciones, piscina e impresionantes vistas al lago y a la montaña. Su plan se hizo realidad. A las pocas semanas de su compra, estaba radiante de entusiasmo. Desafortunadamente, ese entusiasmo pronto se desvaneció y seis meses después se sentía más miserable que nunca. ¿Por qué había sucedido esto? Bueno, las investigaciones nos muestran que la felicidad se disipa rápidamente después de unos pocos meses, dejando que la villa ya no represente sus sueños; Cada día regresaba a casa y se encontraba con una realidad inoportuna: abrir la puerta y no saber adónde le llevaba... Pobre hombre: sus sentimientos hacia la villa eran indiferentes en comparación con lo que sentían por su apartamento de estudiantes de una sola habitación. Además, ¡ahora se enfrentaban a dos desplazamientos de una hora al día! Los estudios revelan que conducir puede ser una inmensa fuente de descontento y estrés, y que la mayoría de las personas nunca se acostumbran a la experiencia. Por lo tanto, aquellos que no tienen una afinidad natural por los desplazamientos probablemente tendrán que soportar dos largos desplazamientos cada día (como mínimo). Por lo tanto, la villa de sus sueños de mi amiga tuvo un efecto negativo general en su felicidad.

A muchos otros no les va mejor: las personas que modifican o avanzan en su carrera a menudo sufren un destino similar.

Los científicos se refieren a este fenómeno como la rutina hedónica: trabajamos duro, avanzamos financieramente y ganamos más riqueza, pero nada de esto nos hace más felices.

Entonces, ¿cómo nos impactan los acontecimientos negativos como las lesiones de la médula espinal y la pérdida de amigos? Por lo general, sobreestimamos su duración e intensidad; por ejemplo, cuando las relaciones terminan, puede parecer que la vida nunca volverá a ser la misma, pero al cabo de tres meses aproximadamente han vuelto a tener citas y han encontrado la felicidad una vez más.

¿No sería maravilloso si supiéramos exactamente lo felices que nos hará un coche, una carrera o una relación nuevos? Por suerte esto es algo que podemos medir en parte. Tome estas pautas científicamente sólidas como guía a la hora de tomar decisiones mejores y más brillantes: 1) Evite las cosas negativas a las que no pueda adaptarse con el tiempo, como los desplazamientos, la contaminación acústica o el estrés crónico. 2) No confiar demasiado en bienes materiales como automóviles, casas, premios de lotería, bonificaciones o premios como fuentes de felicidad a largo plazo. 3) Buscar la mayor libertad y autonomía posible, ya que los cambios positivos duraderos a menudo surgen de la adopción de acciones positivas por iniciativa propia. Persiga sus pasiones incluso si eso significa renunciar a algunos ingresos; invertir en amistades; la mayoría de las personas encuentran felicidad duradera a través del estatus profesional, siempre y cuando no cambie de grupo de pares de inmediato; en otras palabras, si asciendes al rol de CEO mientras solo confraternizas con otros ejecutivos, el efecto disminuye rápidamente.

Ilusión de pronóstico (cap. 40); La neomanía (cap. 69) y la envidia (cap. 86) deben verse como señales de peligro y no deben tratarse a la ligera.

Mientras viajaba de Filadelfia a Nueva York, me quedé atrapado en un embotellamiento. "¿Por qué siempre tengo que ser yo?", me lamenté, mientras miraba a los conductores que iban en dirección sur pasando a una velocidad impresionante por mi lado opuesto. Mientras pasaba una hora avanzando a paso de tortuga con frecuentes paradas para frenar y acelerar, mi mente divagaba. ¿Tuve realmente mala suerte en la vida o fue simplemente mi percepción? ¿Las colas de los bancos, las oficinas de correos y las tiendas de comestibles aparentemente me seleccionaban con más frecuencia que a los demás o eran simplemente percepciones?

Imaginemos que en esta carretera se forma un atasco el 10% del tiempo; mis posibilidades de quedarme atascado no son mayores que su probabilidad, pero mi probabilidad de quedarme atascado en cualquier punto de mi viaje excede esta cifra debido a que mi movimiento hacia adelante es limitado durante tales situaciones; además, una vez que surge uno y me quedo atascado, se vuelve mucho más notorio para mí que si se hubiera mantenido moviéndose a su ritmo normal.

Una lógica similar se aplica a los mostradores de los bancos o a los semáforos: en un viaje medio entre A y B con 10 semáforos, uno siempre estará en rojo y el resto en verde; sin embargo, podría pasar más del 10% de su tiempo de viaje esperando en los semáforos en rojo, aunque esto podría no parecer correcto; Imagínese viajar casi a la velocidad de la luz: ¡probablemente pasaría el 99,99% (no el 10%) del tiempo esperando y maldiciendo los semáforos en rojo!

Tan pronto como nos quejamos de mala suerte, es aconsejable tener cuidado con el sesgo de autoselección. Cuando mis amigos varones se quejan de la falta de mujeres en sus empresas y mis amigas se quejan de que hay muy pocos hombres, esto no tiene nada que ver con la mala suerte: estos quejosos forman parte de una muestra que muestra la probabilidad de que la mayoría de los trabajadores varones trabajen en industrias dominadas por en su mayoría hombres (o viceversa para las trabajadoras). Además, vivir en países como China o Rusia con grandes proporciones de ambos sexos significa que podrías convertirte en parte de ese grupo más grande y sentirte maltratado. Cuando la votación se produce durante las elecciones, este fenómeno se vuelve más evidente;
En el momento de la votación, es muy probable que su voto corresponda con el voto mayoritario de la mayoría ganadora.

Los especialistas en marketing suelen ser víctimas del sesgo de autoselección. Los especialistas en marketing pueden caer en esto a través de encuestas de marketing que intentan evaluar el valor de su boletín para el cliente, pero solo llegan a los suscriptores actuales que están completamente satisfechos, tienen tiempo y no han cancelado. Por tanto, estas encuestas resultan ineficaces.

Los comentarios que hizo recientemente mi entristecedor amigo se refirieron a un sesgo común de autoselección; sólo los seres vivos pueden hacer tales observaciones; Las personas sin entidad a menudo no piensan mucho en su inexistencia. Sin embargo, este mismo engaño forma la base de muchas obras filosóficas que se maravillan año tras año ante el desarrollo del lenguaje; Simpatizo con su asombro, pero lo encuentro injustificable; el lenguaje simplemente no existiría sin que reverenciaramos su milagro; su maravilla sólo se vuelve tangible al estar expuesta a su entorno; su milagro sólo se vuelve tangible a través de su existencia en su entorno, ¡como su milagro de creación o destrucción por parte de las mentes humanas!

Divertida es esta reciente encuesta telefónica: una empresa la realizó para determinar, en promedio, cuántos teléfonos (fijos y celulares) poseía cada hogar. ¡Se sorprendieron al descubrir que ningún hogar decía tener ninguno! Realmente un logro sorprendente.

Véase también Caminos alternativos (cap. 39); Efecto positivo de características (cap. 95); La ilusión del cuerpo del nadador (cap. 2) para mayor discusión.

Sesgo de asociación

Kevin ha hecho tres presentaciones de los resultados de su división a la junta directiva de la compañía y cada vez todo salió perfectamente, ¡y Kevin cree que estos calzoncillos tipo bóxer verdes con lunares son sus calzoncillos de la suerte!

Kevin no pudo resistirse a comprar el impresionante anillo de compromiso que ella le mostró; aunque los 10.000 dólares superaban con creces su presupuesto para un segundo matrimonio, algo en esta mujer la hacía irresistible para él; ¿Quizás asociar este hermoso objeto con alguien inspiraría esperanza en las futuras novias de que ella también podría ser increíblemente hermosa?

Cada año, Kevin visita a su médico para un chequeo y normalmente le dicen que, a sus 44 años, su salud está en buen estado. Sin embargo, dos veces se fue con noticias alarmantes: una por su apéndice (que fue rápidamente extirpado); y otro por una próstata inicialmente inflamada que, tras una inspección más detallada, resultó ser mera inflamación en lugar de cáncer; en ambas ocasiones Kevin se fue sintiéndose preocupado y ambos días haciendo un calor extraordinario; Desde entonces, cada vez que las temperaturas comienzan a subir alrededor de una de sus citas de control, ¡la cancela inmediatamente!

Nuestros cerebros son máquinas de conexión. Por ejemplo, cuando consumimos una fruta desconocida y luego experimentamos náuseas, nuestra mente crea conocimiento. Sin embargo, este método también crea conocimientos falsos. El científico ruso Ivan Pavlov fue el primero en estudiar este fenómeno utilizando campanas para medir la salivación en perros; Más tarde, sin embargo, sólo el sonido causaría salivación; creando vínculos entre dos funciones aparentemente no relacionadas, como el sonido de las campanas y la producción de saliva dentro del cerebro de los animales, como que el sonido por sí solo sea suficiente para inducir la salivación en ellos.

El método de Pavlov se aplica igualmente bien a los humanos. La publicidad crea vínculos entre productos y emociones, como la Coca-Cola. Como resultado, los anuncios muestran a personas de Coca-Cola con caras felices que aparecen juntas, a diferencia de caras con el ceño fruncido o cuerpos arrugados que se pueden ver en otros lugares de la vida real. Las personas que toman cocaína aparecen en grandes grupos en comparación con la vida real.

Las falsas asociaciones son causadas por un sesgo de asociación, que también compromete nuestra calidad en la toma de decisiones. Podemos asociar automáticamente a los portadores de malas noticias con su contenido (lo que se conoce como síndrome de disparar al mensajero). Algunos directores ejecutivos e inversores pueden, consciente o inconscientemente, evitar escuchar noticias negativas, lo que da lugar a una imagen inexacta de la realidad. Para evitar ser víctima de conexiones falsas y evitar ser víctima de pistas falsas al liderar grupos de personas, instruya a los miembros de su personal para que den solo malas noticias lo más rápido posible para contrarrestar el síndrome de disparar al mensajero; confíe en que habrá suficientes noticias positivas. ¡Aún sigues tu camino! Superar las conexiones falsas compensando en exceso el síndrome de disparar al mensajero, compensando en exceso con mensajes positivos: ¡compensando en exceso con buenas noticias!

Antes de que existieran el correo electrónico y el telemercadeo, los vendedores ambulantes utilizaban métodos de venta puerta a puerta. Un día, George Foster se topó con una casa vacía donde una fuga invisible la había estado llenando de gas durante semanas; sin que él lo supiera, la campana dañada provocó una chispa cuando George la presionó, lo que provocó una explosión que envió a George directamente al hospital, aunque finalmente se recuperó rápidamente. Desafortunadamente, aunque su miedo a los timbres persistía con tanta fuerza que incluso años después no pudo volver a trabajar; esforzándose mucho ya que sólo podía crear otro vínculo emocional que no podía revertirse a pesar de saber que esto no era probable.

Mark Twain capturó maravillosamente este importante mensaje: 'De cada experiencia debemos extraer sólo las lecciones que contiene; no sea que seamos como el gato que se sienta sobre la tapa de una estufa caliente y se quema, sin volver a sentarse nunca más sobre una estufa fría o caliente.'

Tenga cuidado cuando las cosas empiecen bien; tome nota del sesgo de contagio (cap. 54); Falsa causalidad (cap. 37); Suerte del principiante (cap. 49), así como sesgo de disponibilidad y heurística de afecto. (Consulte el capítulo 54 para obtener más información sobre estos temas).

CUIDADO CUANDO LAS COSAS EMPIEZAN A SUCEDER RÁPIDO

Suerte de principiante

Recientemente exploramos el sesgo de asociación, o nuestra tendencia a ver conexiones donde no existen. Por ejemplo, independientemente del éxito de Kevin en grandes presentaciones mientras usa calzoncillos de lunares verdes, no pueden garantizarle el éxito en todas las ocasiones.

Ahora llegamos a una de las formas más complicadas de sesgo de asociación: crear un vínculo artificial con el pasado. Los jugadores de casino conocen bien esta táctica: la llaman suerte del principiante. Las personas nuevas en un juego que pierden en sus rondas iniciales a menudo se retiran sabiamente, mientras que quien tiene suerte tiende a continuar. Sin embargo, cuando los novatos tienen suerte, su confianza puede llevarlos a aumentar aún más las apuestas, ¡sólo para descubrir más tarde que las probabilidades han vuelto a los niveles promedio poco después!

La suerte del principiante juega un papel esencial en el éxito económico. Imagínese la empresa A, que adquiere las empresas más pequeñas B, C y D sucesivamente sin incidentes y completa con éxito cada adquisición; generando confianza a medida que cada fusión resulta demasiado difícil de gestionar y las sinergias estimadas son imposibles de realizar a pesar de la evidencia objetiva que apunta en esta dirección en adquisiciones anteriores. sólo para que la suerte de los principiantes los cegue de esta realidad.

Se produjeron tendencias similares con la bolsa de valores. Atraídos por su éxito inicial, muchos inversores invirtieron los ahorros de toda su vida e incluso préstamos en acciones de Internet a finales de los años 90, sin saber que sus notables ganancias en ese momento no se debían a ninguna capacidad de selección de acciones basada en el conocimiento, sino simplemente a una tendencia alcista del mercado. ; incluso aquellos sin ningún conocimiento previo de inversión a menudo disfrutaron de grandes ganancias cuando las cosas finalmente empeoraron. Sin embargo, cuando ese impulso finalmente se desvaneció, muchos se quedaron frente a montañas de deudas de las puntocom.

Como se vio durante el reciente auge inmobiliario en Estados Unidos, muchas personas cayeron en esta trampa: dentistas, abogados, maestros y taxistas abandonaron sus carreras para "renovar" casas con fines de lucro: comprándolas a precios de ganga y luego vendiéndolas inmediatamente a precios más altos. precios, llevándolos por un camino embriagador hacia grandes ganancias, pero en realidad con poca relevancia para la vida real o sus carreras.

El auge inmobiliario permitió prosperar incluso a los corredores aficionados; Los inversores se endeudaron enormemente a medida que compraron más mansiones y más grandes, y cuando la burbuja finalmente estalló, sólo les quedaron como activos propiedades que no podían venderse.

La historia nos proporciona amplia evidencia de la suerte de los novatos: ni Napoleón ni Hitler se habrían embarcado en campañas contra Rusia sin victorias previas en batallas más pequeñas que las respaldaran.

Pero, ¿cómo se puede distinguir la suerte del principiante del talento real? Si bien no existe una regla establecida para ayudar a tomar esa determinación, dos consejos pueden resultar efectivos: en primer lugar, si su desempeño eclipsa constantemente al de los demás durante un período prolongado, es probable que el talento influya. En segundo lugar, cuando hay más competidores compitiendo por su negocio, aumentan las posibilidades de que alguien triunfe y tome el liderazgo del mercado durante varios años: ¡posiblemente usted! Cuando eso ocurra entre diez competidores, ¡siéntete orgulloso de celebrarte como líder del mercado! Sin embargo, estar entre los principales actores (en los mercados financieros) puede verse como una prueba de talento; pero si te encuentras entre los 10 millones de jugadores en un año en particular (lo que podría suceder fácilmente con todo tipo de jugadores participando), no empieces a visualizar un imperio como Buffett todavía; ¡Es probable que hayas tenido suerte!

Mire y espere antes de sacar conclusiones definitivas. La suerte del principiante puede ser devastadora; Para protegerme contra conceptos erróneos y refutar teorías como lo haría un científico eficaz, envié mi novela Treinta y cinco a una editorial, donde fue aceptada de inmediato; por un momento sentí como un éxito genial (las probabilidades de que este editor lo aceptara eran 1/15,000. Para probar mi teoría más a fondo, envié copias a 10 grandes editores adicionales... y recibí 10 cartas de rechazo trayendo mi idea). rápidamente volver a bajar a la tierra.

Ver también: Sesgo de supervivencia (cap. 1); Sesgo egoísta (cap. 45); Sesgo de asociación (cap. 48); Falsa causalidad (cap. 37); Ilusión de habilidad (cap.94)

DULCES MENTIRAS

Disonancia cognitiva

Un zorro se acercó lentamente a una enredadera y contempló con nostalgia sus abundantes uvas de color púrpura. Colocó sus patas delanteras contra el tronco, estiró el cuello y trató de alcanzarlas, pero estaban demasiado altas. Irritado, hizo otro intento; su mandíbula sólo se rompió al aire. Finalmente saltó con todas sus fuerzas sólo para aterrizar nuevamente en la tierra con un ruido sordo; ni siquiera una hoja se había movido. Con la cabeza en alto, regresó al bosque, o eso pensó el zorro.

Esopo, el poeta griego, creó esta fábula para resaltar uno de los errores más frecuentes en lógica. Se produjo una discrepancia cuando el zorro se propuso hacer algo pero fracasó, creando una inconsistencia que solo puede resolverse de una de tres maneras: A) conseguir de alguna manera algunas uvas B) aceptar que sus habilidades pueden no ser suficientes C) admitir su incompetencia

C) reinterpretando retrospectivamente lo ocurrido. Este enfoque representa la disonancia cognitiva o su resolución.

Imagínese comprar un automóvil nuevo y rápidamente arrepentirse de su elección: el motor suena como si estuviera despegando y el asiento del conductor incómodo. ¿Que haces entonces? Devolverlo sería admitir un error y probablemente no le devolvería todo su dinero; así que, como enfoque alternativo, podrías convencerte de que los motores ruidosos y los asientos incómodos son parte de sus características de seguridad, evitando que te duermas al volante; ¡Sin duda, estas decisiones inteligentes fueron compras bien pensadas que trajeron consigo experiencias felices!

Leon Festinger y Merrill Carlsmith, de la Universidad de Stanford, una vez ordenaron a sus estudiantes que realizaran una hora de trabajo tedioso y monótono antes de dividirlos en dos grupos. Los miembros del grupo A recibieron 1 dólar (era 1959) como compensación; los del grupo B recibieron $20; más tarde tuvieron que revelar cómo lo encontraron realmente todo; sorprendentemente, aquellos que recibieron solo un dólar lo encontraron mucho más divertido y atractivo.
¿Por qué lo hicieron? Simplemente porque un mísero dólar no era incentivo suficiente para mentir abiertamente; así que se convencieron a sí mismos de que el trabajo no era tan malo; en la misma línea que el zorro de Esopo reinterpretó la situación de manera diferente, al igual que estos estudiantes. Además, aquellos que recibían más no tenían necesidad de justificar lo que habían hecho, ya que habían cometido una mentira mientras recibían una

compensación de 20 dólares como lo que les correspondía. Estos estudiantes no experimentaron disonancia cognitiva.

Imagínese solicitar un trabajo y perder frente a otro candidato. En lugar de reconocer que tal vez estaban más calificados que usted para ello, se convence a sí mismo de que no estaba realmente interesado en asumir ese papel en particular; Todo el tiempo fue sólo un experimento para ver si su "valor de mercado" podía conseguirle una invitación a una entrevista.

Recientemente experimenté algo similar al tener que elegir entre invertir en dos acciones. El que seleccioné rápidamente perdió valor poco después de la compra, mientras que las acciones de otro que no había invertido se dispararon. ¡Simplemente no pude reconocer mi error! En realidad, todo lo contrario: recuerdo vívidamente haber convencido a un amigo de que, aunque la acción estaba experimentando problemas iniciales, todavía tenía más potencial en general. La disonancia cognitiva puede explicar esta reacción aparentemente irracional. Como me recordó mi amigo, el "potencial" habría sido aún mayor si hubiera retrasado la compra de acciones hasta hoy. Esopo había advertido contra ese escenario: "Puedes intentar ser inteligente todo lo que quieras, pero al final no alcanzarás ninguna uva".

Véase también Efecto de Dotación (cap. 23); Sesgo egoísta (cap. 45); Sesgo de confirmación (cap. 7-8); "Porque Justificación" (cap. 52) y Justificación del esfuerzo (cap. 60).

Descuento hiperbólico

¿Has escuchado el dicho "Vive cada día como si fuera el último"? Parece aparecer al menos tres veces en revistas de estilo de vida y manuales de autoayuda; ¡Sin embargo, un proverbio tan perspicaz no ayuda en nada a tu ingenio! Imagínese lo que sucedería si siguiera este consejo literalmente: ¿ya no se cepillaría los dientes, no se lavaría el cabello, no limpiaría el apartamento, no iría a trabajar ni pagaría sus facturas a tiempo? Sin lugar a dudas, en poco tiempo usted se arruinaría, se enfermaría y posiblemente incluso estaría tras las rejas; sin embargo, su significado sigue siendo inherentemente noble; expresa anhelo y deseo de inmediatez que con demasiada frecuencia se priorizan por encima del pensamiento racional; Vivir la vida al máximo hoy sin preocuparse por el mañana simplemente no es un consejo de vida sensato.

¿Preferiría recibir $1000 en un año o $1100 en doce y un mes? La mayoría de la gente probablemente optaría por lo último, ¡con su tasa de interés mensual del 10% anual! Además, las dos semanas adicionales de espera podrían generar grandes beneficios, ¡lo que tomaría una decisión más inteligente que esperar demasiado!

Dos preguntas más. ¿Preferiría recibir $1,000 hoy en efectivo o esperar un mes y recibir $1,100 más? Lo más probable es que hoy en día la mayoría de la gente prefiera el efectivo; sin embargo, esto es sorprendente porque incluso esperar un mes más produce $100 adicionales en ambos casos; en un escenario parece bastante obvio, mientras que en otro puede requerir paciencia y consideración antes de responder en consecuencia. "¿Qué es otro año?" te estarás preguntando. No en este caso; Sin embargo, cuando introducimos el "ahora", nuestro cerebro a menudo toma decisiones inconsistentes y la ciencia se refiere a este fenómeno como descuento hiperbólico. En pocas palabras, a medida que las recompensas se acercan, nuestra "tasa de interés emocional" aumenta y estamos dispuestos a renunciar a más a cambio de ellas. Desafortunadamente, la mayoría de los economistas aún no logran comprender que los humanos responden de manera inconsistente y subjetiva a las tasas de interés; en consecuencia, sus modelos se basan en tipos de interés constantes, lo cual es muy cuestionable.

El descuento hiperbólico, o nuestro deseo de recompensas instantáneas, surge de nuestro pasado animal. Los animales nunca rechazarían una recompensa inmediata que pudiera ayudarlos a sobrevivir más rápidamente.
Tus ratas no responden bien al entrenamiento; no renunciarán a un trozo de queso hoy para recibir más mañana. Sí, las ardillas recolectan comida y la guardan para su consumo

posterior; sin embargo, ese comportamiento no tiene nada que ver con el control de los impulsos o el aprendizaje.

¿Y qué pasa con los niños? En la década de 1960, Walter Mischel llevó a cabo un experimento sobre la gratificación retrasada que se puede encontrar buscando en YouTube con "experimento de malvavisco". A un grupo de niños de cuatro años se les dio cada uno un malvavisco para que lo consumieran inmediatamente o esperaran varios minutos y recibieran otro; desafortunadamente para la mayoría de los niños la espera era imposible; Aún más impresionante, sin embargo, Mischel descubrió que la capacidad de retrasar la gratificación es un indicador del éxito profesional futuro, demostrando así que la paciencia es verdaderamente una virtud.

Con la edad viene un mayor autocontrol, lo que hace más fácil posponer las recompensas. En lugar de esperar doce meses para traer a casa 100 dólares adicionales, con mucho gusto podríamos esperar trece si surgiera una recompensa inmediata; como las exorbitantes tasas de interés de los bancos sobre las deudas de tarjetas de crédito o los préstamos personales a corto plazo que se aprovechan de nuestro deseo de gratificación instantánea.

Conclusión: aunque las recompensas instantáneas pueden ser muy tentadoras, el descuento hiperbólico sigue siendo un defecto. Cuando logramos controlar nuestros impulsos (por ejemplo, cuando bebemos alcohol), mejor podremos evitar esta trampa; de lo contrario nos volvemos vulnerables. Por otro lado, si vende productos de consumo, brinde a los clientes acceso a ellos de inmediato, ya que algunos pueden pagar más para no tener que esperar, algo que Amazon aprovecha al máximo; ¡Parte del recargo por entrega al día siguiente va directamente a sus arcas! Un recordatorio cada semana puede ayudar a evitar esta trampa.

Ver Fatiga de Decisión (Cap. 53); Lógica simple (cap. 63) y procrastinación (cap. 85).

El atasco entre Los Ángeles y San Francisco debido a reparaciones de la superficie me llevó treinta minutos de viaje antes de disiparse finalmente en el caos en mi espejo retrovisor, o eso pensé. Media hora más tarde, sin embargo, habían comenzado de nuevo más trabajos de mantenimiento, pero, curiosamente, mi nivel de frustración había disminuido considerablemente porque unos carteles tranquilizadores a lo largo de la carretera anunciaban: '¡Estamos renovando esta carretera para usted!'

La mermelada me recordó un experimento realizado por la psicóloga de Harvard Ellen Langer en los años 1970. Para ello, entró en una biblioteca y esperó junto a una fotocopiadora hasta que se formó una línea a su alrededor antes de acercarse al primer usuario y decirle: 'Disculpe, tengo cinco páginas para copiar; ¿Puedo utilizar su máquina fotocopiadora? Su tasa de éxito fue del 60%. Para aumentarlo al 94% repitió el experimento ofreciendo una justificación: 'Disculpe. Necesito imprimir cinco copias ahora. ¿Puedo utilizar su máquina fotocopiadora por falta de tiempo? En casi todos los casos se le permitió continuar. Esto era comprensible: la gente con prisa a menudo se colocaba al frente de las filas sin entender realmente por qué. Lo intentó de nuevo, esta vez diciendo: 'Disculpe, pero ¿puedo ir delante de usted porque necesito copias?' Para su sorpresa, esto tuvo éxito casi siempre (93%).

Justificar nuestro comportamiento aumenta la tolerancia y la ayuda. Usar justificaciones como "porque" parece suficiente; no importa si la excusa que les das de por qué actúan de esta manera es buena o no; ¡Es igual de efectivo! Un cartel que diga "Estamos renovando la carretera para usted" sólo serviría para confundir las cosas; ¡Cualquier equipo de mantenimiento podría fácilmente estar haciendo su trabajo en otro lugar de una carretera de todos modos! Ver lo que está sucediendo tranquiliza y calma en lugar de mantener a uno inconsciente. Después de todo, ¡nada frustra más que quedarse desprevenido!

En la puerta A57 del aeropuerto JFK, esperé ansiosamente el vuelo 1234 cuando el anuncio por el altavoz decía: 'Atención, pasajeros. El vuelo 1234 tiene actualmente un retraso de tres horas. Decidí visitar el mostrador para saber por qué y regresé en 15 minutos sin respuesta ni explicación por su aplazamiento.
Estaba furiosa; ¡Cómo se atreven a dejarnos esperando en la ignorancia! Otras compañías aéreas al menos tuvieron la decencia de informar a sus pasajeros: "El vuelo 5678 se ha retrasado tres horas por motivos operativos". Una excusa tan poco convincente al menos proporcionaría suficiente comodidad.

La gente parece obsesionada con usar la palabra "porque" incluso cuando no es necesaria; como líderes sin duda hemos sido testigos de esta tendencia; Sin un llamamiento eficaz, la motivación de los empleados disminuye rápidamente. Decir simplemente que su empresa de calzado existe para producir calzado ya no es un argumento impresionante: hoy en día, los propósitos e historias más elevados detrás de su historia también deben desempeñar un papel, como decir que quiere que sus zapatos revolucionen el mercado (sea lo que sea que eso signifique); Proporcionar un gran apoyo para un mundo mejor (o la afirmación de Zappo de estar en el negocio de la felicidad) son partes esenciales para dar sentido a las decisiones comerciales actuales si queremos tener éxito (lo que sea que eso signifique).

Si el mercado de valores sube o baja medio punto porcentual, los comentaristas del mercado no ofrecen ninguna explicación plausible: que esto haya sido causado por ruido blanco o una serie infinita de movimientos del mercado. En cambio, la gente quiere razones tangibles y los comentaristas seleccionarán una a quien culpar; su explicación a menudo parecerá carente de sentido y se harán frecuentes referencias a los pronunciamientos de los presidentes del Banco de la Reserva Federal como culpables.

Si alguien le pregunta por qué aún no ha completado una tarea, una respuesta simple podría ser: "Porque aún no he terminado". Aunque puede parecer ridículo al principio, esto generalmente funciona sin necesidad de encontrar razones más plausibles para no completarlo de inmediato.

Un día vi a mi esposa separar minuciosamente la ropa negra de la azul. A mí me pareció innecesario ya que ambos colores oscuros tienen la misma importancia, sin embargo esta práctica ha logrado que mi ropa no se corra durante muchos años. "¿Por qué haces eso?" Le pregunté; a lo que ella respondió 'Porque prefiero lavarlos por separado'. Para mí esa fue explicación suficiente.

Nunca salgas de casa sin usar "porque". Esta palabra simple pero eficaz ayuda a facilitar la interacción humana y debe utilizarse libremente.

Véase también Disonancia cognitiva (cap. 50); Sesgo de la historia (capítulo 13) y falacia de la causa única (capítulo 97)

Decida más inteligentemente, decida menos

Fatiga de decisión

Durante semanas has estado trabajando incansablemente en esta presentación. Sus diapositivas de PowerPoint han sido pulidas hasta obtener un brillo reluciente; se ha demostrado que cada cifra en Excel es precisa; el tono ejemplifica una lógica muy clara. Todo depende de este discurso; si tiene éxito, todo depende de ello; obtener la aprobación del CEO significará ser ascendido a una oficina ejecutiva; De lo contrario, ¡podría resultar en la concesión de prestaciones por desempleo o en el despido inmediato! El asistente de su jefe le sugiere tres posibles franjas horarias: 8.00 h, 11.30 h. o a las 18.00 horas, ¿cuál debería tener lugar?

El psicólogo Roy Baumeister y Jean Twenge alguna vez llenaron una mesa entera con cientos de artículos económicos, desde pelotas de tenis y velas hasta camisetas, chicles y latas de Coca-Cola. Luego dividieron a sus estudiantes en dos grupos; aquellos etiquetados como tomadores de decisiones fueron apartados, mientras que aquellos que no participaron fueron etiquetados como no decisores. Le dijo al primer grupo: 'Les mostraré conjuntos que contienen dos elementos aleatorios a la vez y cada vez ustedes tendrán que elegir entre las dos opciones; al final de mi experimento les daré uno de ellos como recuerdo. ' Creían que sus decisiones determinarían qué elemento conservarían de cada conjunto. Instruyó al segundo grupo: "Escriban lo que piensan sobre cada elemento y seleccionaré uno al azar para entregárselo al final". Poco después, ordenó a cada estudiante que metiera la mano en una fuente de agua helada durante el mayor tiempo posible y mantuviera esta posición hasta que la soltaran. La psicología emplea esta prueba como una medida clásica de fuerza de voluntad o autodisciplina; aquellos que carecen de fuerza de voluntad retirarán rápidamente su mano del agua helada, y los que toman decisiones la retirarán más rápido que los que no deciden, ya que su intensa toma de decisiones ha minado su fuerza de voluntad, un efecto confirmado en muchos otros experimentos.

Tomar decisiones puede resultar agotador. Cualquiera que haya configurado su ordenador online o haya investigado viajes largos (vuelos, hoteles, actividades, restaurantes y tiempo incluidos) lo sabe muy bien: después de comparar, considerar y elegir, uno puede sentirse agotado después de todo lo que ha costado comparar, considerar y elegir. lugar: la ciencia se refiere a este fenómeno como fatiga de decisión.

La fatiga por tomar decisiones puede ser peligrosa: como consumidor, te vuelves más susceptible a los mensajes publicitarios y a las compras impulsivas; Como tomador de decisiones a nivel ejecutivo, su capacidad para tomar decisiones sensatas puede disminuir considerablemente.

La fuerza de voluntad puede ser como una batería: después de un tiempo se agota y es necesario cargarla. Una forma de hacerlo es hacer una pausa para relajarse y comer algo; de lo contrario, la fuerza de voluntad caerá en picado cuando el nivel de azúcar en sangre baje demasiado; IKEA lo sabe mejor que nadie; es por eso que sus restaurantes están convenientemente ubicados en todas sus tiendas, ya que la fatiga por tomar decisiones aparece durante su viaje a través de áreas de exhibición tipo laberinto y estantes de almacenes altísimos y la fatiga por tomar decisiones aparece rápidamente; Sacrifique algo de margen de beneficio por delicias suecas que puedan ayudar a reponer el azúcar en la sangre antes de continuar con su búsqueda de candelabros perfectos antes de continuar.

Cuatro prisioneros en una cárcel israelí solicitaron al tribunal la liberación anticipada, comenzando con el Caso 1 a las 8.50 horas: un árabe condenado a 30 meses por fraude; El caso 2 (programado para las 13.27 horas) involucra a un judío que cumple 16 meses de prisión por agresión; El caso 3 fue fijado para las 15.10 horas). El caso 1 (programado para las 16.35 horas) involucró a un judío al que condenaron a 16 meses por agresión; El caso 4 fue el de un árabe condenado a 30 meses por fraude. ¿Cómo tomaron los jueces sus decisiones? Más importante que la lealtad o la severidad de los detenidos fue su fatiga al tomar decisiones. Los jueces aceptaron las solicitudes 1 y 2, ya que sus niveles de azúcar en sangre aún no habían vuelto a la normalidad después del desayuno o el almuerzo, pero rechazaron las solicitudes 3 y 4, debido a que las reservas de energía eran insuficientes para arriesgarse a una liberación anticipada. Tomaron la opción fácil (el status quo), dejando a los hombres en la cárcel. Un estudio de cientos de veredictos muestra que durante una sola sesión, el porcentaje de decisiones "valientes" cae gradualmente del 65% a casi ninguna antes de volver a subir después del receso. ¡Demasiado para Lady Justice! Aún así, no todo está perdido: ahora sabes cuándo es mejor presentar tu proyecto a tu CEO.

Ver también: Paradoja de la elección (cap. 21); Descuento hiperbólico (cap. 51); Lógica simple (cap. 63) y efecto predeterminado (cap. 81).

¿Usarías el suéter de Hitler?

Sesgo de contagio

Tras la caída del Imperio carolingio en Francia durante el siglo IX, Europa cayó en la anarquía. Condes, comandantes, caballeros y otros gobernantes locales se involucraban con frecuencia en sangrientas batallas; sus guerreros saquearon granjas, violaron mujeres, pisotearon campos, secuestraron a pastores de los servicios religiosos, capturaron a pastores como rehenes e incendiaron conventos; Tanto las autoridades eclesiásticas como los agricultores eran impotentes ante las incesantes guerras de estos nobles.

En el siglo X, a un obispo francés se le ocurrió un plan impresionante. Invitó a todos los príncipes y caballeros de Francia a reunirse en un campo mientras los sacerdotes, obispos y abades recogían todas las reliquias que pudieran encontrar en esa región para exhibirlas allí. A primera vista, era una vista deslumbrante: huesos, trapos empapados de sangre, ladrillos y tejas, todos con signos de contacto entre santos. En ese momento, el obispo, alguien conocido por imponer respeto, hizo un apasionado llamamiento a los nobles presentes ante las sagradas reliquias para que abandonaran la violencia contra víctimas desarmadas y los ataques contra civiles desarmados. Para enfatizar aún más sus demandas, agitó ante ellos ropas ensangrentadas y huesos sagrados como prueba adicional. Los nobles debieron haber tenido tales símbolos con gran reverencia; El llamado único del obispo Gregory a su conciencia se extendió por toda Europa, alentando "la paz y la tregua de Dios". Según el historiador estadounidense Philip Daileader, nunca se debe subestimar el miedo asociado con los santos durante este período o con las reliquias de los santos.

Como persona educada, puede que le resulte fácil reírse de estas supersticiones por considerarlas tontas. Sin embargo, considere esto: ¿usaría algo que alguna vez usó Hitler? Es poco probable, tal vez mostrando que su respeto por las fuerzas invisibles aún persiste. El suéter ya no representa ninguna conexión con Hitler; No hay ni una gota de su sudor en él, pero usarlo todavía genera sentimientos de vergüenza y respeto por lo que representa su autor. Sin duda deseamos proyectar una imagen ideal tanto a nuestros semejantes como a nosotros mismos; sin embargo, el solo pensamiento puede desanimarnos incluso cuando estamos solos y nos convencemos de que tocar esa ropa no respalda a Hitler de ninguna manera. Desafortunadamente, estas reacciones emocionales pueden ser difíciles de superar incluso entre aquellos que consideran importante este tema, como los políticos.
Incluso las personas que se consideran muy racionales a veces luchan por disipar cualquier creencia en fuerzas misteriosas (incluido yo).

Paul Rozin y sus colegas investigadores de la Universidad de Pensilvania descubrieron que los poderes desconcertantes no se pueden desactivar simplemente. Los sujetos de prueba trajeron fotografías de sus seres queridos a las que luego tuvieron que disparar dardos, sin dañar a los representados; aunque su vacilación y precisión en comparación con los objetivos normales resultaron mucho menores, como si alguna fuerza invisible les impidiera alcanzar estas preciosas fotografías.

El sesgo de contagio se refiere a nuestra incapacidad para desvincularnos de ciertos objetos, ya sean de hace mucho tiempo o relacionados más indirectamente (como ocurre con las fotografías). Mi amiga trabajaba como corresponsal de guerra para el canal de televisión público francés France 2. Al igual que los pasajeros de un crucero por el Caribe, mi amiga también coleccionaba recuerdos de sus aventuras, como sombreros de paja o cocos pintados de cada isla que visitaba, como recuerdos de cada aventura. incluido uno a Bagdad en 2003. Poco después de que las tropas estadounidenses irrumpieran en el palacio de gobierno de Saddam Hussein, ella se coló en sus habitaciones privadas. Una vez dentro, rápidamente notó seis copas de vino bañadas en oro en el comedor y rápidamente se fue con ellas. Recientemente, en una de sus cenas en París, me llamaron la atención las copas que ocupaban un lugar destacado en la mesa del comedor: un invitado le preguntó si procedían de Lafayette; Cuando le mencioné a Saddam Hussein, ella respondió casualmente: "No, son de Saddam". Un huésped extremadamente angustiado quedó en shock y comenzó a toser incontrolablemente, lo que me obligó a comentar: '¿Te das cuenta de cuántas moléculas de Saddam ya forman parte de ti con solo respirar? Yo pregunté. Su tos empeoró.

Véase también Sesgo de asociación (cap. 48); Afecta a Heurística (cap. 66) para más detalles.

POR QUÉ NO HAY UNA GUERRA PROMEDIO

Imagínese tomar un viaje en autobús con otras 49 personas, cuando en una parada sube la persona más pesada de Estados Unidos; en ese momento, ¿qué porcentaje ha aumentado en el peso promedio entre los pasajeros desde entonces? ¿Quizás el cuatro por ciento? ¿Cinco? Por el contrario, en otra parada se sube Bill Gates; Ahora nuestro enfoque no debería ser el peso sino la riqueza: ¿cuánto ha aumentado la riqueza desde el cuatro por ciento y el cinco por ciento, respectivamente? ¡Ninguno de los escenarios se cumple!

Calculemos rápidamente nuestro segundo ejemplo. Inicialmente, cada individuo con activos de 54.000 dólares constituye el valor medio estadístico o mediana. Ahora agreguemos a esta combinación a Bill Gates, con su fortuna estimada en aproximadamente 59 mil millones de dólares, y observemos con qué rapidez la riqueza promedio ha aumentado en más de dos millones por ciento hasta un aumento de casi dos mil millones por ciento; haciendo que cualquier noción de "promedio" pierda totalmente su sentido.

Nassim Taleb aconseja, en sus trabajos sobre teoría de la probabilidad, no cruzar ríos que tengan un promedio de cuatro pies de profundidad, debido al riesgo que imponen al cruzarlos si su profundidad aumenta más allá de los cuatro pies. Los ríos pueden parecer poco profundos (apenas unos centímetros) durante largos tramos antes de convertirse repentinamente en torrentes de seis metros de profundidad que amenazan su vida si los cruzan. Los promedios a menudo pueden enmascarar detalles distributivos: oscurecen cómo se acumulan los valores a lo largo del tiempo.

En un nivel medio, la exposición a los rayos UV en los días de junio no supone una amenaza para la salud. Pero si pasaras todo el verano en el interior de una oficina y luego te dirigieras a Barbados y te tumbaras al sol sin protección durante una semana entera sin usar protector solar, aunque en general probablemente recibieras menos exposición a la luz ultravioleta que alguien que se aventuraba a salir regularmente - Eso crearía problemas.

Todo esto ya debería resultarle bastante obvio; tal vez incluso usted mismo. Digamos, por ejemplo, que usted bebe un vaso de vino tinto cada noche durante la cena; esto no representará un problema de salud y es lo que recomiendan muchos médicos. Sin embargo, el 31 de diciembre, si no bebe nada en todo el año y de repente consume 356 vasos (el equivalente a sesenta botellas), probablemente experimentará complicaciones de salud independientemente de cuál haya sido el promedio durante el año.
Actualización: En el complejo mundo actual, la distribución es cada vez más irregular; por lo tanto, observaremos resultados similares a los de Bill Gates en más dominios. Cuando se trata de distribución en línea y visitas a sitios web, el recuento promedio de visitantes a sitios web no existe: ningún sitio web recibe los mismos niveles de tráfico. Los matemáticos suelen

referirse a este fenómeno como la llamada ley de potencia: ciertos sitios (por ejemplo, New York Times, Facebook o Google) obtienen la mayoría de las visitas, mientras que otras páginas reciben relativamente pocas. Tomemos las ciudades como ejemplo. Tokio es la única ciudad del planeta con una población estimada superior a los 30 millones, mientras que hay 11 con entre 20 y 30 millones, 15 entre 10 y 20 millones, 48 entre 5 y 10 millones de habitantes y miles entre 1 y 5 millones. esta distribución sigue una ley de potencia en la que algunos casos extremos dominan las distribuciones generales, sin dejar ninguna cifra promedio significativa.

¿Cuál es el tamaño promedio de una empresa, la población de una ciudad, el número promedio de muertes durante una guerra (en términos de muertes y duración), el promedio de fluctuación diaria del Dow Jones, el sobrecoste promedio de los proyectos de construcción, cuántas copias tiene un libro promedio? vende por copia vendida por el editor; cantidad promedio de daños causados por un huracán; bonificación pagada al banquero en promedio; ¿Se promedia el éxito de la campaña de marketing en función de las descargas de aplicaciones para iPhone y el salario de los actores? Se podrían calcular estas respuestas, pero hacerlo sería inútil ya que aquí también se aplica la ley de potencia.

Tomemos este último ejemplo como ilustración: unos pocos actores seleccionados ganan más de 10 millones de dólares al año, mientras que miles y miles viven por debajo del umbral de pobreza. ¿Aconsejaría a su hijo o hija que se dedicara a la actuación basándose en un salario medio que le pareciera aceptable? Probablemente no; sería un consejo tonto.

Conclusión: antes de sacar conclusiones precipitadas sobre la base de que alguien utilice el término "promedio", tómate un momento y evalúa su distribución subyacente. Si los casos anómalos (como el fenómeno de Bill Gates) tienen una influencia mínima, podemos seguir utilizando el concepto; pero cuando dominan los casos extremos (como el de Bill Gates) (como su éxito con Microsoft), debemos ignorar por completo su utilidad y descartar el término. El novelista William Gibson nos advirtió a todos: "El futuro ya está aquí, sólo que no está distribuido equitativamente".

Véase también Negligencia de la tasa base (cap. 28); Lógica simple (cap. 63); Regresión a la media (cap. 19); Descuido de la probabilidad (cap. 26) y falacia del jugador (cap. 29)

LAS BONIFICACIONES DESTRUCEN LA MOTIVACIÓN

Motivación Aglomeración

Recientemente, mi amigo de Connecticut decidió mudarse a la ciudad de Nueva York. Su mudanza implicaría transportar una impresionante colección de antigüedades, como libros antiguos raros y vasos de Murano soplados a mano de generaciones pasadas. Sabía lo apegado que estaría a entregárselos a una empresa de mudanzas; por eso, la última vez que lo visité, me ofrecí a llevar yo mismo algunos de los artículos frágiles cuando regresara a Connecticut desde Nueva York. ¡Dos semanas después, llegó una carta de agradecimiento con un billete de cincuenta dólares adjunto!

Suiza ha pasado años buscando un depósito subterráneo apropiado para almacenar sus desechos radiactivos, y se han considerado varios lugares, incluido Wolfenschiessen, cerca de Berna, en el centro de Suiza. El economista Bruno Frey de la Universidad de Zurich viajó allí con sus colegas para recoger las opiniones de la gente en una reunión comunitaria; Para su sorpresa, ¡el 50,8% apoyó su propuesta! Su respuesta positiva puede atribuirse a varios factores: orgullo nacional, decencia común, obligación social y perspectivas de nuevos empleos, entre otros. El equipo llevó a cabo otra encuesta, esta vez proponiendo que cada habitante de la ciudad aceptara la propuesta si recibía una recompensa hipotética de 5.000 dólares de los contribuyentes suizos si aceptaban. ¿Qué resultó? Los resultados disminuyeron drásticamente: sólo el 24,6% estuvo de acuerdo con ello.

Las guarderías infantiles se enfrentan a dificultades similares: los padres recogen a sus hijos después de la hora de cierre. El personal de la guardería no puede subir a los niños restantes a los taxis ni dejarlos en la acera hasta que todos los niños restantes hayan sido recogidos de la escuela. Para desalentar las tardanzas de los padres, muchas guarderías han introducido tarifas por tardanzas; pero los estudios muestran que esto en realidad ha aumentado la tardanza en lugar de disminuirla. Por supuesto, podrían haber instituido sanciones severas, como los 500 dólares por hora que se ofrecían a cada residente de un pueblo suizo, pero eso sería perder el sentido; Los incentivos financieros pequeños pero sorprendentes tienden a desplazar otras formas de incentivos que ofrecen retornos mucho mayores en términos de retornos para todos los involucrados en comparación con incentivos monetarios más grandes, a diferencia de este caso.

Las tres historias ilustran una verdad importante: el dinero no siempre motiva. A veces el dinero hace más daño que bien. Mi amigo me dio cincuenta para compensar su mala acción; en cambio, lo socavó y puso en peligro nuestra amistad. Ofrecer una compensación a un depósito nuclear fue visto como un soborno por algunos y una disminución del espíritu patriótico en general; Los cargos por pagos atrasados de la guardería cambiaron su relación con los padres de personal a monetaria, esencialmente legitimando la tardanza de los padres.

La ciencia tiene un término para este fenómeno: aglomeración de motivación. Cuando la gente hace algo por motivos caritativos no monetarios (por buena acción, por así decirlo), pero los aumentos en los pagos obstaculizan estas intenciones y cualquier otra motivación queda disminuida por su presencia. En cambio, las recompensas financieras se convierten en la fuerza impulsora de sus acciones.

Imagínese que dirige una organización sin fines de lucro. Sus empleados pueden recibir salarios modestos; sin embargo, están muy motivados porque creen que están marcando una diferencia impactante. Sin embargo, si decide implementar un sistema de bonificación (por ejemplo, un pequeño aumento salarial por cada donación obtenida), la motivación se desvanecerá rápidamente a medida que su equipo deje de centrarse en tareas que no aportan ninguna recompensa adicional; La creatividad, la reputación de la empresa o la transferencia de conocimientos ya no importan; en cambio, todos los esfuerzos se centrarán en solicitar donaciones lo más rápido posible.

Entonces, ¿quién debería estar a salvo del exceso de motivación? Una prueba rápida puede revelar quién podría estar a salvo de ello: ¿conoce algún banquero privado, agente de seguros o auditor que desempeñe sus funciones con pasión y crea en una misión mayor? ¿No? Los incentivos financieros y las bonificaciones por desempeño funcionan mejor en industrias con empleos aburridos; donde los empleados no se preocupan mucho por los productos o las empresas, sino que simplemente completan el trabajo para recibir un cheque de pago. Sin embargo, los propietarios de nuevas empresas harían bien en aprovechar la pasión de los empleados como parte de la promoción del esfuerzo en lugar de ofrecer incentivos que de todos modos no podrían pagar.

Un último consejo para los que tenéis niños: la experiencia nos ha enseñado que los jóvenes no se pueden comprar. Si quiere que sus hijos hagan sus deberes, practiquen instrumentos musicales o corten el césped de vez en cuando sin que su billetera esté vacía, en lugar de eso, ofrézcales una asignación semanal fija, ya que esto los mantendrá honestos sin que abusen de ella y se nieguen a irse a dormir sin algún tipo de ayuda. compensación.

Véase también Tedencia de superrespuesta de incentivos (cap. 18); Reciprocidad (cap. 6); Social Holgazanería (cap. 33) para una discusión adicional de estos temas.

Tᴇɴᴅᴇɴᴄɪᴀ ᴀ ᴄʜᴀʀʟᴀʀ

Cuando las cámaras le preguntaron por qué una quinta parte de los estadounidenses no podían ubicar su país en un mapa mundial, Miss Teen South Carolina dio esta respuesta frente a las cámaras: "Personalmente creo que los estadounidenses no pueden hacerlo porque algunas personas están ahí afuera". en nuestra nación no tenemos mapas; y mi creencia de que nuestra educación, como la de Sudáfrica e Irak, debería ayudar a estos países a desarrollar nuestro futuro como una sociedad global cohesiva.' El vídeo se volvió viral.

Catastrófico, lo admites; sin embargo, no pierdes demasiado tiempo escuchando a las reinas de belleza. Quizás una frase como esta sería suficiente: "Ciertamente no es necesario que esta transmisión cada vez más reflexiva de tradiciones culturales esté asociada con una razón centrada en el sujeto y una conciencia histórica orientada al futuro. Cuando tomamos conciencia de la constitución intersubjetiva de la libertad, el individualismo posesivo La ilusión de autonomía se desintegra.""

¿Recuerdas a Jürgen Habermas? Es un destacado filósofo y sociólogo alemán conocido por escribir Entre hechos y normas.

Ambos son ejemplos de lo que se conoce como tendencia a la tontería, donde las palabras se utilizan para disfrazar la pereza intelectual, la estupidez o las ideas poco desarrolladas. A veces funciona y otras no; para la reina de belleza esta estrategia fracasó estrepitosamente, mientras que para Habermas podría funcionar; cuanto más elocuente se vuelve el lenguaje, más fácilmente caemos presa de su encanto; cuando se combina con un sesgo de autoridad, se vuelve aún más peligroso a medida que aceptamos su mensaje sin cuestionar su verdad.

Yo también he sucumbido a la tendencia a la charla vacía. Cuando era más joven, el filósofo francés Jacques Derrida capturó mi imaginación; Leí sus libros con voracidad, pero encontré poca claridad en ellos, incluso después de mucha contemplación y análisis intenso. Posteriormente, sus escritos adquirieron una cualidad casi mágica que finalmente inspiró el tema de mi tesis sobre filosofía: ambos tomos eran, en última instancia, charlas inútiles; en la ignorancia ambos se habían convertido en pérdidas de espacio en mi mente.
Me convertí en una máquina de humo humana y parlante.

El parloteo en los deportes puede ser especialmente generalizado. Los entrevistadores sin aliento obligan a jugadores de fútbol igualmente sin aliento a analizar todos los aspectos de un juego cuando lo único que realmente quieren decir es: "Perdimos, es así de simple", pero los presentadores necesitan algo para llenar el tiempo aire, y aparentemente una forma de hacerlo de manera efectiva es a través de parlotear y obligar a atletas y entrenadores a unirse; En cualquier caso, este tipo de retórica sólo sirve para enmascarar la ignorancia y ocultarla a la vista del público.

Los ambientes académicos también han sido testigos de este fenómeno: cuando se publican menos resultados de cualquier campo de la ciencia, los economistas quedan particularmente expuestos en sus comentarios y pronósticos. Esto también es válido en el comercio: cuando las empresas empeoran financieramente, el discurso de sus directores ejecutivos se vuelve más fuerte, a menudo para encubrir dificultades o enmascarar circunstancias difíciles. Una excepción notable a este respecto fue el ex director ejecutivo de General Electric, Jack Welch; durante una entrevista destacó su dificultad: la gente teme ser percibida como tonta, ¡pero en realidad no es así!'

La expresión verbal es el espejo de nuestra mente; Los pensamientos claros se convierten en declaraciones, mientras que los conceptos vagos se transforman en vagas divagaciones. Desgraciadamente, muchas veces nos faltan pensamientos muy lúcidos; la vida es complicada, por lo que comprender solo una faceta requiere un esfuerzo mental considerable y puede ser necesaria una epifanía para que surja la claridad; Hasta que llegue ese momento, sería más prudente seguir el consejo de Mark Twain de que "si no tienes nada que decir... no digas nada". La simplicidad no debe verse como su comienzo sino como su destino.

Véase también Sesgo de autoridad (cap. 9); Dependencia del dominio (cap.76); y Chauffeur Knowledge (cap. 16) para obtener más información sobre esta cuestión.

¿Cómo pueden dos estados aumentar el coeficiente de inteligencia promedio?

Imagínese dirigiendo un pequeño banco privado que maneja los fondos de personas ricas y en su mayoría jubiladas, como en Will Rogers Phenomenon.
Sus dos administradores de dinero, A y B, le reportan directamente; El administrador de dinero A maneja solo individuos con un patrimonio neto ultra alto, mientras que el administrador de dinero B maneja clientes más ricos, pero no clientes tan extravagantemente ricos como lo hace el administrador de dinero A. Ahora imagine que la junta le ha pedido que aumente ambos fondos promedio de dinero en un plazo de seis meses para que reciban atractivas bonificaciones; De lo contrario, encontrarán a alguien más. ¿Por dónde deberías empezar?

¡Simple! Simplemente transfiera un cliente con un patrimonio administrado promedio entre A y B para compensar la diferencia, aumentando ambas cifras de patrimonio administrado promedio simultáneamente, ¡sin necesidad de adquirir nuevos clientes! Una vez completado, sólo queda decidir: dónde y cómo gastaré mi bono.

Imagínese cambiar de carrera y hacerse cargo de tres fondos de cobertura que invierten principalmente en empresas privadas. El fondo A está produciendo rendimientos asombrosos, mientras que los fondos B y C luchan. Quieres mostrarte como el autor intelectual, ¿cuál es tu plan? Para crear la apariencia de que los tres fondos han mejorado significativamente sin incurrir en tarifas por la transformación interna, mueva algunas acciones de A a B o C; elegir inversiones que estuvieran afectando negativamente los rendimientos promedio de A pero que pudieran ayudar a fortalecer a B o C; Debería ver que los tres fondos de repente se vuelven más saludables sin incurrir en tarifas por la transformación: ¡la gente seguramente lo reconocerá por hacerlo!

Este efecto se conoce como migración escénica o fenómeno Will Rogers en honor a un comediante estadounidense de Oklahoma que bromeó diciendo que los habitantes de Oklahoma que se mudan a California aumentan el coeficiente intelectual promedio de ambos estados. Dado que la mayoría de las personas no reconocen este tipo de situaciones con suficiente frecuencia, exploremos este tema más a fondo y profundicemos en su significado en sus recuerdos.

Considere una franquicia de automóviles: podría hacerse cargo de dos sucursales pequeñas dentro de una ciudad con seis vendedores: los vendedores números 1, 2, 3, 4, 5 y 6 de la sucursal A generalmente tienen más éxito en realizar ventas que sus contrapartes de la sucursal B. En promedio, el Vendedor 1 tiende a vender más.

Cada vendedor de la sucursal A vende un automóvil por semana; El vendedor 2 hace dos turnos, seguido por el mejor vendedor número 6, que hace seis turnos cada semana. Al hacer los cálculos, resulta evidente que la sucursal A tiene un promedio de dos vendedores vendiendo automóviles cada semana, mientras que la sucursal B lidera significativamente con un promedio de cinco por vendedor por semana. Su decisión de transferir al vendedor número 4 de la sucursal A a la sucursal B genera un aumento en las ventas promedio por persona en ambas ubicaciones; El promedio de la sucursal A aumenta de 2,5 unidades por persona a 2,5, mientras que la sucursal B ahora solo cuenta con dos vendedores, los números 5 y 6, lo que aumenta sus ventas promedio a 5,5 unidades por persona. Las estrategias de cambio no afectan nada en general; más bien crean una ilusión impresionante. Por lo tanto, los periodistas, inversores y miembros de juntas directivas deben ser cautelosos cuando escuchen sobre promedios crecientes en países, empresas, departamentos, centros de costos o líneas de productos.

La medicina nos proporciona un ejemplo especialmente engañoso del fenómeno de Will Rogers. Los tumores suelen dividirse en cuatro etapas; los más tratables caen en la Etapa I, mientras que los tumores más agresivos pasarán por cuatro pasos más antes de alcanzar la Etapa IV, dando lugar a una migración de etapa a medida que avanzan en su curso. Las tasas de supervivencia de los pacientes con cáncer en etapa uno son más altas, mientras que las tasas de supervivencia de los que padecen cáncer en etapa cuatro son las más bajas. Cada año salen nuevos procedimientos que permiten diagnósticos más precisos; Las técnicas de detección revelan ahora incluso tumores minúsculos que nadie había advertido antes. Como resultado, los pacientes previamente diagnosticados erróneamente como sanos ahora se cuentan entre los pacientes de la etapa uno y, en consecuencia, la esperanza de vida promedio ha aumentado para este grupo de personas. ¿Podemos considerar esto como una hazaña médica extraordinaria? Lamentablemente no; más bien migración escénica.

Ver también: Error de intención de tratar (cap. 98); Ley de los números pequeños (cap. 61);

Jorge Luis Borges describe en su cuento 'Del Rigidit en La Ciencia' un país en el que la cartografía ha alcanzado alturas tan sofisticadas que sólo se pueden utilizar los mapas más detallados; es decir, se aceptan mapas con escala 1:1 que representen a todo su país. Sin embargo, los ciudadanos pronto se dan cuenta de que dichos mapas no ofrecen ninguna información real y simplemente repiten la información que ya poseen; un caso extremo de sesgo de información: creer que más datos significan mejores decisiones.

Mientras buscaba hoteles en Miami recientemente, hice una lista corta de cinco ofertas potenciales que me llamaron la atención de inmediato. Uno se destacó de inmediato; sin embargo, para asegurarme de encontrar el mejor valor, seguí investigando más: leyendo reseñas de clientes y publicaciones de blogs, viendo fotos y videos en línea y realizando llamadas de atención al cliente hasta dos horas después, cuando quedó claro cuál era mi hotel ideal: ese. uno que me llamó la atención a primera vista; ¡La investigación adicional no me llevó por el camino correcto y, en cambio, bien podría haber resultado en que me quedara en Four Seasons!

Jonathan Baron de la Universidad de Pensilvania hizo esta pregunta a los médicos: un paciente presenta síntomas que indican con un 80% de probabilidad de que tenga la enfermedad A; de lo contrario, la probabilidad se inclina hacia tener la enfermedad X o Y. Como médico, ¿cómo debería elegir entre estas enfermedades y tratamientos que producen efectos secundarios similares? Lógicamente, sugeriría seleccionar la Enfermedad A y ofrecer una terapia relevante como tratamiento. Imagine que hay una prueba de diagnóstico que indica que la enfermedad X está presente y la enfermedad Y detectada, pero no refleja con precisión la enfermedad A real en todos los casos; la mitad de las veces sus resultados serían positivos y la otra mitad negativos. Sin embargo, si alguien realmente tiene la enfermedad A, la mitad de los resultados de sus pruebas probablemente serían positivos, mientras que el 50% serían negativos. ¿Recomendarías realizar la prueba? La mayoría de los médicos dijeron que sí, aunque los resultados probablemente serían irrelevantes. Incluso si se produjera un resultado positivo en las pruebas, la probabilidad de que la enfermedad A superara a la enfermedad X, por lo que ninguna información adicional agregaba ningún valor real en términos de toma de decisiones.

Los médicos no son los únicos profesionales deseosos de proporcionar información adicional.
Los gestores e inversores parecen cautivados por la sobrecarga de información. Los estudios se llevan a cabo con frecuencia cuando los datos esenciales están fácilmente disponibles; más datos sólo pueden servir para hacerle perder tiempo y dinero, pudiendo incluso ponerle en desventaja. Considere esta pregunta: ¿qué ciudad tiene más residentes: San Diego o San

Antonio? Gerd Gigerenzer, del Instituto Max Planck de Alemania, presentó esto a estudiantes de las universidades de Chicago y Munich y el 62% acertó: San Diego. Sorprendentemente, ¡todos los estudiantes alemanes respondieron correctamente! ¿Su razonamiento? Todos habían oído hablar de San Diego pero no necesariamente de San Antonio; eligiendo así San Diego sobre San Antonio por ser más familiar. Por el contrario, los habitantes de Chicago tenían ambas ciudades en mente simultáneamente, lo que les proporcionó más información y potencialmente desvió sus respuestas.

Piense en todos los economistas que trabajaron para bancos, think tanks, fondos de cobertura y gobiernos entre 2005 y 2007 que publicaron libros blancos con numerosas previsiones y comentarios (para bancos, think tanks, fondos de cobertura y gobiernos por igual) publicados durante ese período, desde 2005. -2007; todos sus libros blancos publicados; amplia biblioteca de informes de investigación y modelos matemáticos; formidables resmas de comentarios hechos; presentaciones de PowerPoint pulidas realizadas; terabytes de información disponibles a través de los servicios de noticias Bloomberg/Reuters y adorar al dios de la información... Todo resultó sin sentido cuando la crisis financiera golpeó los mercados globales, dejando sin sentido sus pronósticos y comentarios; ¡Haciendo que esos pronósticos sean inútiles!

Evite recopilar todos los datos disponibles; en su lugar, concéntrese en recopilar solo lo esencial. Hacer esto le permitirá tomar mejores decisiones; el conocimiento superfluo no tiene valor, no importa quién lo sepa: Daniel J. Boorstin lo dijo mejor: 'el mayor obstáculo para el descubrimiento no es la ignorancia sino la ilusión del conocimiento'; cuando se enfrente a rivales, considere matarlos con análisis de datos en lugar de palabras suaves.

Véase también Pensar demasiado (cap. 90); Ilusión de noticias (cap. 99); Negligencia de la tasa base (cap. 28) para lectura adicional.

DUELE TAN BUENO

John, un soldado del ejército de los EE. UU., completó recientemente su curso de paracaidista y espera ansiosamente recibir su pin de paracaídas de manos de su oficial superior. Finalmente, en el último momento trascendental de la verdad, su oficial superior se para frente a él, alinea el alfiler contra su pecho, golpeándolo con tanta fuerza que perforó la carne de John, causando que hiciera contacto y dejara una marca en su piel, desde entonces. luego, cada vez que se presenta una oportunidad, abre el botón superior de su camisa para mostrar su pequeña cicatriz. Décadas más tarde, todos los recuerdos, excepto este pequeño alfiler, todavía viven en un marco especial en la pared de su sala de estar.

Mark había restaurado minuciosamente una Harley-Davidson oxidada sin ayuda y dedicaba todos los fines de semana y días festivos a ponerla en funcionamiento mientras su matrimonio estaba a punto de disolverse. Finalmente, después de meses de trabajo, estuvo listo para circular y brillaba intensamente bajo los rayos del sol. Sin embargo, dos años más tarde, cuando Mark necesitaba desesperadamente dinero, vendió todas sus posesiones, incluido el televisor, el automóvil y la casa... pero no su preciada posesión; ¡Ni siquiera cuando los compradores potenciales les ofrecen el doble de su valor real!

Tanto John como Mark sufren de justificación del esfuerzo: cuando se dedica mucha energía a algo, se tiende a sobrevalorar sus resultados. John experimentó dolor físico por el pasador de su paracaídas; La Harley de Mark le costó muchas horas, ¡casi a su esposa! - tanto que lo valora mucho y nunca lo venderá.

La justificación del esfuerzo es un ejemplo clásico de disonancia cognitiva. Hacer un agujero en el pecho para obtener algo así como una insignia al mérito parece absurdo. Para compensar, la mente de John lo sobrevalora, elevando su estatus de algo mundano a algo semisagrado. Lamentablemente, todo esto sucede de forma inconsciente y es difícil de prevenir.

Los grupos utilizan la justificación del esfuerzo para unir a sus miembros, por ejemplo mediante ritos de iniciación. Las pandillas y fraternidades inician a nuevos miembros sometiéndolos a pruebas dolorosas o desagradables. Las investigaciones muestran que cuanto más difícil es aprobar un examen de ingreso, mayor orgullo sienten los miembros por pertenecer. Las escuelas de MBA utilizan la justificación del esfuerzo de manera similar: los graduados de MBA a menudo reciben crédito por aprobar rigurosos exámenes de ingreso a los programas de MBA.
Los estudiantes de programas MBA a menudo se agotan durante el estudio de esta titulación; sin embargo, cuando hayan obtenido sus MBA, muchos los considerarán esenciales para sus carreras simplemente debido a las exigencias que les imponen los cursos que a menudo eran inútiles o irrelevantes.

Una forma más fácil de justificar el esfuerzo es el efecto IKEA: los muebles que ensamblamos nosotros mismos pueden parecer más valiosos que cualquier pieza costosa de diseño, del mismo modo que los calcetines tejidos a mano que pasamos horas creando a menudo parecen más valiosos que cualquier artículo costoso de diseño. Incluso puede parecer difícil deshacerse de los calcetines hechos a mano; Es difícil deshacerse de un par obsoleto hecho con cuidado. Los gerentes que dedican largas horas de duro trabajo a elaborar una propuesta de estrategia pueden verse incapaces de evaluarla objetivamente; Del mismo modo, también son culpables los diseñadores, redactores, desarrolladores de productos o cualquier otro profesional que se preocupe por sus creaciones.

En la década de 1950, se introdujeron en el mercado mezclas instantáneas para pasteles, que los fabricantes creían que serían un éxito instantáneo entre las amas de casa. Desafortunadamente, a las amas de casa les desagradaron de inmediato, lo que demostró que los fabricantes estaban equivocados.

Ante su facilidad, las empresas aumentaron la dificultad de preparar la comida (batir un huevo usted mismo). Esto creó una mayor sensación de logro entre las mujeres que lo preparaban ellas mismas y aumentó su aprecio por los productos alimenticios preparados.

Ahora que comprende la justificación del esfuerzo, puede calificar los proyectos de manera más objetiva. Experimente: siempre que invierta una gran cantidad de tiempo y energía en algo, dé un paso atrás para evaluar su resultado, sólo el resultado. ¿Esa novela que pasaste cinco años escribiendo y que a nadie le interesa publicar? ¿Quizás no sea digno del Nobel después de todo? ¿Y esas mujeres que perseguiste durante años? ¿Te aceptarían más fácilmente si te dieran otra oportunidad?

Ver también: Falacia del costo hundido (cap. 5); Disonancia cognitiva (cap. 50)

¿POR QUÉ LAS COSAS PEQUEÑAS SE JUNTAN?, ¿POR QUÉ ESTAS PIEZAS BRILLAN?

Supongamos que forma parte del consejo corporativo de una empresa minorista con 1.000 tiendas; la mitad están ubicadas en entornos urbanos y la otra mitad en zonas rurales. Su director ejecutivo solicitó a un consultor que realizara un estudio sobre el hurto en tiendas; ahora se han presentado sus hallazgos. En una pared frente a él se exhibieron 100 nombres de sucursales que han experimentado altas tasas de robo en relación con las ventas, junto con su sorprendente conclusión: "Las sucursales con mayores tasas de robo tienden a estar ubicadas predominantemente en áreas rurales". Después de un breve momento de silencio y Incrédulo, el CEO se dirigió directamente a sus empleados: 'Después de mucha deliberación y cuidadosa consideración, nuestros próximos pasos están claros. En el futuro, instalaremos sistemas de seguridad adicionales en todas las sucursales rurales para que podamos observar cómo esos paletos intentan robarnos nuevamente. ¿Estamos todos de acuerdo?

Bueno... no del todo. Después de pedirle al consultor que recopile una lista de 100 sucursales con las tasas de robo más bajas, ¡se sorprende cuando su lista incluye tiendas rurales! "La ubicación no es el factor determinante", exclama con orgullo mientras mira a sus colegas alrededor de la mesa. 'El tamaño importa; En las tiendas rurales, un solo incidente a menudo tiene una influencia enorme en las tasas de robo que en las sucursales de las ciudades más grandes; de ahí que las tarifas varíen más significativamente aquí que en las sucursales de la ciudad". "Damas y caballeros, les presento a todos la ley de los números pequeños. ¡Y te ha pillado desprevenido!"

A la gente le resulta difícil comprender intuitivamente la ley de los pequeños números, por lo que periodistas, directivos y miembros de juntas directivas suelen caer en su trampa. Tomemos un ejemplo extremo. En lugar de la tasa de robo, nos fijaremos en el peso medio de los empleados en cada sucursal. Para nuestro ejemplo consideraremos dos tiendas en lugar de 1.000: megasucursal con 1.000 empleados y minisucursal con dos empleados; en ambas tiendas el peso promedio corresponde aproximadamente al peso promedio de la población (por ejemplo, 170 libras); a la hora de contratar o despedir personal no altera significativamente este promedio. Pero en las tiendas pequeñas cambiará significativamente más debido a los cambios que afectan si el gerente de la tienda tiene colegas con sobrepeso o delgados que afectan este peso promedio significativamente más que en las sucursales grandes donde cualquier decisión de contratación o despido por parte de los gerentes de la tienda afecta su peso promedio. más. En los casos de tiendas más pequeñas, los gerentes de tienda pueden afectar su peso promedio contratando o despidiendo a un empleado o gerente que tenga colegas con sobrepeso o delgados (en esos casos, afecta significativamente el peso promedio).

Volvamos a nuestro problema de hurto por un momento y exploremos esto con más profundidad. Resulta que las sucursales pequeñas tienden a experimentar mayores fluctuaciones en sus tasas de robo, desde muy altas hasta extremadamente bajas, algo que ninguna hoja de cálculo de un consultor podría capturar. Al enumerar todas las tasas de robo por tamaño, las tiendas pequeñas aparecerán primero en la parte inferior, seguidas por las tiendas grandes y luego las más pequeñas en la parte superior; lo que significa que la conclusión del CEO puede haber sido inútil, pero al menos ya no necesitan un costoso sistema de seguridad en ubicaciones pequeñas.

Imagínese leer en el periódico: 'Las empresas emergentes tienden a contratar empleados más inteligentes. Un estudio del Instituto Nacional de Investigaciones Innecesarias calculó el coeficiente intelectual promedio de las empresas estadounidenses; ¡Las start-ups contrataron material MENSA!' ¿Cuál sería tu primera reacción? Ojalá se levanten las cejas. Este fenómeno ejemplifica cómo las pequeñas empresas tienden a emplear menos trabajadores; por lo tanto, su coeficiente intelectual promedio fluctúa con más frecuencia que el de las grandes corporaciones, lo que otorga a las empresas pequeñas y nuevas puntuaciones altas y bajas; Por lo tanto, el estudio del Instituto Nacional no tiene importancia real y confirma el azar.

Tenga cuidado cuando escuche estadísticas notables sobre entidades pequeñas como empresas, hogares, ciudades, centros de datos, hormigueros, parroquias o escuelas; Lo que pueden parecer hallazgos sorprendentes pueden ser en realidad un resultado inocuo de una distribución aleatoria. El premio Nobel Daniel Kahneman reveló en su reciente libro que incluso los científicos experimentados sucumben a esta ley de los números pequeños; lo cual sólo puede considerarse reconfortante.

Ver también: Crecimiento exponencial (cap. 34);

EXPECTATIVAS

El 31 de enero de 2006, Google publicó sus resultados financieros para el último trimestre de 2005: los ingresos aumentaron un 97% mientras que el beneficio neto aumentó un 82% año tras año, un trimestre récord para ingresos y beneficio neto respectivamente. Como se esperaba, las acciones cayeron rápidamente un 16% inmediatamente después de escuchar estas increíbles cifras; Las operaciones tuvieron que suspenderse y luego reanudarse, con las acciones cayendo un 15% más, lo que provocó el pánico en los operadores de todas las plataformas comerciales que preguntaron en los blogs "¿de qué rascacielos es mejor saltar?". '

¿Qué salió mal? Los analistas de Wall Street habían anticipado resultados aún mejores, por lo que cuando no se materializaron, se restaron 20 mil millones de dólares del valor del gigante de los medios.

Todo inversor sabe que es imposible pronosticar con precisión los resultados financieros. Si bien se podría esperar que los inversores hagan caso omiso de las malas predicciones calificándolas de "mala suposición, error mío", los inversores suelen reaccionar con más dureza; como se vio en enero de 2006, cuando Juniper Networks publicó inesperadamente cifras de ganancias por acción que cayeron una décima por debajo de las proyecciones de los analistas; el precio de sus acciones cayó un 21% y el valor de la empresa se desplomó en 2.500 millones de dólares, ya que las expectativas eran altas antes de su anuncio y cualquier disparidad, por mínima que fuera, fue recibida con un rápido castigo por parte de los inversores.

Muchas empresas se esfuerzan por cumplir las predicciones de los analistas. Para escapar de sus temores, algunos comenzaron a publicar estimaciones de orientación de ganancias; Esto fue un error, ya que ahora el mercado sólo considera estas previsiones internas, que a menudo analiza más de cerca, como herramientas de previsión. Los directores financieros deben alcanzar estos objetivos exactamente; utilizando todas las técnicas contables a su disposición para lograr el máximo éxito.

Las expectativas también pueden dar lugar a incentivos encomiables. El psicólogo estadounidense Robert Rosenthal llevó a cabo un experimento revelador en varias escuelas. Se informó a los profesores sobre una nueva (falsa) prueba que podía detectar estudiantes a punto de experimentar un crecimiento intelectual; los llamados 'bloomers'. El veinte por ciento de los estudiantes seleccionados al azar fueron clasificados aleatoriamente como de alto potencial; Los profesores creían que estos eran estudiantes de alto rendimiento. Rosenthal realizó experimentos con estudiantes durante un año, después del cual descubrió que esos estudiantes tenían un coeficiente intelectual dramáticamente más alto en comparación con los niños del grupo de control; esto se conoció como el Efecto Rosenthal (o Efecto Pigmalión).

Sin embargo, a diferencia de los directores ejecutivos y directores financieros que adaptan conscientemente su desempeño para cumplir con las expectativas, las acciones de los docentes eran típicamente inconscientes. Sin saberlo, los profesores pueden haber centrado inconscientemente más tiempo en los bombazos, lo que a su vez condujo a un mayor aprendizaje grupal. Además, los profesores se sentían tan afectados por los estudiantes brillantes que no sólo les atribuían mejores notas sino también mejores rasgos de personalidad, algo conocido como efecto halo.

Pero ¿cómo deberíamos responder a las expectativas personales? Una solución es el efecto placebo: píldoras y terapias que parecen poco probables que mejoren la salud, pero que de todos modos lo hacen. Un tercio de los pacientes registró el efecto, aunque se desconoce su funcionamiento exacto; lo único que sabemos con certeza es que las expectativas afectan la bioquímica del cerebro y, en consecuencia, de todo el cuerpo; sin embargo, los pacientes con Alzheimer no pueden beneficiarse porque su condición afecta un área responsable de manejar las expectativas en el cerebro.

Las expectativas pueden parecer intangibles, pero tienen ramificaciones en el mundo real. Las expectativas tienen el poder de alterar la realidad y es imposible deshacerse de ellas por completo; pero puedes afrontar las expectativas de forma más inteligente: plantéalas para ti y para tus seres queridos para aumentar la motivación; y al mismo tiempo reducir las expectativas sobre cosas que escapan a su control, como el mercado de valores. ¡La anticipación puede ayudar a evitar sorpresas desagradables!

Véase también Cisne Negro (cap. 75); Ilusión de pronóstico (cap. 40); Efecto Halo (cap.38)

¡TRAMPAS DE VELOCIDAD A BORDO!

Lógica simple

Tres preguntas fáciles. Coge tu bolígrafo rápidamente y anota tus respuestas rápidamente en el margen. Primera pregunta: en unos grandes almacenes, tanto una pala de ping-pong como una pelota de plástico cuestan 1,10 dólares. Si uno cuesta un dólar más, ¿cuánto cuesta el otro artículo? Segunda pregunta: en una fábrica textil, cinco máquinas tardan exactamente cinco minutos en producir cinco camisas; ¿Cuánto tiempo tomará 100 para producir 100? En tercer lugar: un estanque contiene nenúfares que se multiplican exponencialmente cada día, ocupando más área cada día hasta cubrir completamente su superficie (¡48 días para una cobertura completa! ¡No siga leyendo hasta que se hayan registrado todas las respuestas! No siga leyendo hasta ¡Todas las respuestas han sido escritas! No lea hasta después de escribirlas.

Cada pregunta contiene una solución intuitiva y precisa; las respuestas rápidas e intuitivas pueden incluir 10 centavos, 100 minutos y 24 días; sin embargo, estas son respuestas incorrectas y, en cambio, requieren cinco centavos, cinco minutos y 47 días como solución. ¿Cuántas respondiste correctamente?

El profesor Shane Frederick ha creado y administrado la Prueba de Reflexión Cognitiva (CRT), y miles de personas la tomaron y obtuvieron calificaciones al menos una vez. Hasta ahora, los estudiantes del Instituto Tecnológico de Massachusetts (MIT) en Boston han obtenido los mejores resultados, con una puntuación media de 2,18 respuestas correctas; La Universidad de Princeton quedó en segundo lugar con 1,63, mientras que los estudiantes de la Universidad de Michigan obtuvieron sólo 0,83 en promedio. Pero las puntuaciones medias en este caso no revelan mucho: lo interesante es cómo aquellos que obtienen puntuaciones altas se diferencian del resto.

Frederick descubrió que las personas con resultados bajos en la TRC tienden a optar por la opción más segura; ¡algo siempre es mejor que nada! Mientras que aquellos que obtuvieron una puntuación de al menos 2 o más a menudo preferían opciones más arriesgadas como el juego, esto fue especialmente evidente entre los hombres.

Una cosa que separa a los grupos es su capacidad para controlar los impulsos. Hablamos detalladamente del descuento hiperbólico en el capítulo 5, donde analizamos el poder seductor del "ahora". Luego, Frederick hizo a los participantes esta pregunta: "¿Preferirías tener el artículo que deseas ahora o más adelante en la vida?"
"¿Debo elegir entre recibir $3,400 ahora o en un mes?" a menudo se responde a favor de obtenerlo inmediatamente; aquellos con puntuaciones CRT más bajas tienden a tomar decisiones de compra más rápidas debido a que son más impulsivos. Por el contrario, aquellos con resultados altos en CRT generalmente optan por esperar varias semanas más y

muestran una gran fuerza de voluntad para rechazar la gratificación instantánea, y son recompensados a su debido tiempo".

Pensar es agotador; En otras palabras, la consideración racional requiere más fuerza de voluntad que ceder a la intuición. Así, el psicólogo de Harvard Amitai Shenhav y sus colegas investigadores llevaron a cabo una investigación para ver cómo los resultados de la TRC de las personas se correlacionaban con sus afiliaciones religiosas; aquellos que obtuvieron puntuaciones altas eran a menudo ateos, mientras que los participantes con puntuaciones más bajas en la CRT creían en Dios y tenían experiencias divinas con más frecuencia que los ateos; esto tiene sentido ya que los tomadores de decisiones intuitivos tienden a no cuestionar la doctrina religiosa de manera tan racional.

Si su puntaje CRT deja algo que desear y desea aumentarlo, comience por saludar incluso las preguntas lógicas simples con incredulidad. Recuerde: ¡no todo lo que parece plausible es verdad! Así que inténtalo de nuevo: estás viajando de A a B; en un sentido conduces a 100 mph y al regresar solo alcanzas 50. ¿Cuál fue tu velocidad promedio en ambos viajes? 75? ¡Desacelerar!

Véase también Descuento hiperbólico (cap. 51); Fatiga de decisión (cap. 53); Crecimiento exponencial (cap. 34); La falacia del jugador (cap. 29) y El problema de los promedios (cap. 55) como recursos adicionales.

Estimado lector: Para mi total sorpresa, lo conozco íntimamente. Así es como te caracterizaría: 'Tienes una gran necesidad de que otras personas te aprecien y admiren; sin embargo, a menudo también tiendes a criticarte a ti mismo.' Su potencial está muy infrautilizado y aún no se ha maximizado. Aunque tienes algunos defectos de personalidad, normalmente son manejables con algunos ajustes; sin embargo, su adaptación sexual le ha presentado desafíos. Aunque exteriormente eres disciplinado y controlado, a menudo te sientes inseguro por dentro. En ocasiones, es posible que usted se pregunte si tomó la decisión adecuada o si llevó a cabo las acciones necesarias. Tu sentido de cambio y variedad te incomoda y te deja insatisfecho cuando el mundo se estanca o se vuelve restrictivo. Como pensador independiente, no acepta las declaraciones de otros sin pruebas adecuadas. Tu experiencia te ha enseñado que no es prudente ser demasiado abierto al revelarte a los demás. Tu personalidad varía desde extrovertida y amigable, en ocasiones hasta introvertida y reservada; ¡Algunas de tus aspiraciones pueden incluso parecer elevadas! La seguridad es uno de tus principales objetivos en la vida.'

¿Te reconoces a ti mismo? ¿Cómo pasaría mi evaluación de 1 (mala) a 5 (excelente)?

Bertram Forer llevó a cabo un experimento en 1948 utilizando columnas de astrología de varias revistas para elaborar un pasaje exacto que luego podría entregarse a sus alumnos para que lo leyeran y lo evaluaran, sugiriendo que cada persona recibiera una evaluación personalizada. En promedio, sus alumnos le dieron a Forer una puntuación de precisión del 86%, lo que resultó en pruebas repetidas durante décadas con resultados prácticamente idénticos.

Lo más probable es que hayas puntuado el texto con cuatro o cinco estrellas. Las personas tienden a reconocer muchos de sus propios rasgos cuando leen descripciones universales, un fenómeno llamado efecto Forer (o efecto Barnum). Esto explica por qué pseudociencias como la astrología, la astroterapia, el análisis de escritura, el análisis de biorritmos, la quiromancia, la lectura de cartas del tarot y las sesiones espiritistas con muertos funcionan con tanta eficacia.

¿Por qué existe el efecto de Forer? En primer lugar, Forer hizo la mayoría de sus declaraciones en su libro sobre estos temas.
En segundo lugar, estas afirmaciones se aplican a todos: "A veces dudas seriamente de tus acciones". ¡Nadie lo negaría! En tercer lugar, tendemos a aceptar declaraciones halagadoras que no nos conciernen directamente: "Estás orgulloso de tu pensamiento independiente". ¿Quién no lo haría? En cuarto lugar, el sesgo de confirmación: aceptamos información que

confirma lo que percibimos de nosotros mismos mientras filtramos cualquier cosa contradictoria; lo que queda es un retrato coherente.

Los consultores y analistas pueden realizar una magia similar: "Esta acción tiene un potencial de crecimiento significativo incluso en un entorno muy competitivo; sin embargo, la dirección carece del impulso para realizar e implementar plenamente las ideas de su equipo de desarrollo. La dirección son profesionales experimentados del sector; sin embargo, hay signos de burocratización son evidentes; existen oportunidades de ahorro en su estado de pérdidas y ganancias y aconsejamos a la empresa que se centre más de cerca en las economías emergentes para asegurar una futura cuota de mercado". ¿Suena bastante plausible?

¿Cómo se puede evaluar a un astrólogo? Para una evaluación imparcial, seleccione veinte personas y asígneles un número a cada una. Haga que el gurú caracterice a cada persona individualmente en tarjetas sin que descubra quién era su número hasta que reciba todas las copias. Sólo cuando la mayoría de los participantes identifiquen "su" descripción como descrita con precisión podrá surgir el verdadero talento. ¡Todavía estoy esperando!

Ver también: Efecto positivo en características (cap. 95); Sesgo de confirmación (caps. 7-8);

POR QUÉ EL TRABAJO VOLUNTARIO ES PARA LAS AVES

La locura del voluntario

Jack, fotógrafo de revistas de moda, pasa de lunes a viernes viajando entre Milán, París y Nueva York cumpliendo encargos de revistas de moda en busca de chicas guapas con diseños interesantes y en perfectas condiciones de iluminación. Bien conocido en los círculos sociales, se jacta ante sus amigos de que sus honorarios de aproximadamente 500 dólares la hora se comparan favorablemente con los honorarios del derecho comercial; "¡Y mis tiros lucen mucho mejores que los de cualquier banquero!"

Jack lleva un estilo de vida envidiable, aunque últimamente se ha vuelto más filosófico. Algo le ha hecho cuestionar su relación con la moda: la industria ahora le parece egoísta y le deja inquieto por las noches, anhelando un trabajo más satisfactorio que le permita devolver algo significativo a la sociedad, por pequeño que sea.

Un día suena su teléfono. Era Patrick, su antiguo compañero de clase y ahora presidente de un club de aves local: 'El próximo sábado es nuestra campaña anual de recolección de casas para pájaros: necesitamos voluntarios para construir casas para pájaros para especies en peligro de extinción y luego colocarlas en el bosque después de que las instalemos. ¡Por favor únete a nosotros! Empezamos a reunirnos a las 8 a. m.; Ojalá terminemos antes de la hora del almuerzo.

¿Qué debería decir Jack si realmente le importa crear un mundo mejor? Simplemente, debería rechazarlo. ¿Por qué? Jack gana $500 por hora, mientras que los carpinteros normalmente ganan $50. En lugar de intentar construir él mismo casas para pájaros de calidad (algo que nunca sucedería), ¿por qué no trabajar una hora extra como fotógrafo y luego contratar a un carpintero profesional durante seis horas para construir casas de alta calidad que un aficionado no podría hacer? ¿Su declaración de impuestos cubriría esta diferencia de $200 que luego podrían donarse directamente a un club de aves? De esta manera su aportación llegaría mucho más lejos.

Es probable que Jack aparezca temprano el próximo sábado para montar casas para pájaros, lo que los economistas llaman la locura del voluntario. Aunque el voluntariado es una tendencia popular; más de una cuarta parte de los estadounidenses ofrecen su tiempo como voluntarios. Sin embargo, los economistas advierten contra el voluntariado por cualquier causa: el voluntariado puede restar trabajo a los comerciantes que, de otro modo, podrían utilizar esas horas productivamente construyendo ellos mismos casas para pájaros; en lugar de eso, tomarse tiempo ellos mismos o improvisar algunas casas para pájaros a mano probablemente sea más eficiente, proporcionándoles oportunidades que traerían recompensas que irían mucho más allá de cualquier contribución tangible de este tipo que pudiera proporcionar cualquier actividad de voluntariado.

Jack sabe que sus habilidades sólo pueden agregar valor cuando se aplican directamente. Por ejemplo, si el club de aves estuviera planeando una campaña de correo para recaudar fondos y necesitara fotografías profesionales tomadas de los miembros para incluirlas en su campaña de correo, podría tomarlas él mismo o trabajar una hora extra para contratar a otro fotógrafo destacado y donar los fondos restantes de la contratación de otro. fotógrafo superior.

Ahora llegamos al polémico tema del altruismo: ¿existe el altruismo o es simplemente una forma de aliviar nuestros egos? Si bien el voluntariado suele servir como una vía para ayudar a su comunidad, los beneficios personales como el desarrollo de habilidades y las oportunidades de establecer contactos también desempeñan un papel importante. De repente ya no actuamos de forma puramente altruista; muchos voluntarios participan en lo que podría denominarse "gestión de la felicidad personal", con beneficios muy alejados de lo que originalmente se pretendía con el voluntariado; en sentido estricto, cualquiera que se beneficie o sienta alguna satisfacción con el voluntariado no es un altruista puro.

¿Jack hace un movimiento equivocado al ofrecerse como voluntario el sábado por la mañana? No necesariamente; un grupo que puede contrarrestar esta tendencia son celebridades como Bono, Kate Winslet o Mark Zuckerberg; Proporcionan publicidad muy necesaria cuando participan en proyectos de voluntariado que implican la construcción de pajareras, la limpieza de playas o los esfuerzos de socorro en caso de terremotos. Por lo tanto, Jack debe evaluar cuidadosamente si su participación agregaría algo de valor; de lo contrario, la mejor manera para que las personas contribuyan probablemente sería con su dinero en lugar de trabajar duro.

Véase también Deformation Professionalnelle (cap. 92); Sesgo de omisión (cap. 44);

POR QUÉ ERES UN SERVIDOR DE TU

¿Qué opinas del trigo genéticamente modificado? Es un tema emotivo y responder demasiado rápido puede llevar a decisiones lamentables; adoptar un enfoque objetivo exigiría tener en cuenta por separado tanto sus ventajas como sus inconvenientes. Escriba todos los beneficios posibles, péselos según su importancia y multiplique su probabilidad por probabilidad; esto le dará una lista de valores esperados. Ahora aplique este mismo proceso al considerar posibles desventajas. Enumere todas las desventajas, calcule su daño potencial y multiplique esa cifra por su probabilidad. Restando las sumas positivas de las negativas se obtiene el valor esperado neto: si ese número es superior a cero, usted es trigo pro-GM; de lo contrario indica que usted se opone. Sin duda, usted está familiarizado con este enfoque de la teoría de la decisión llamado valor esperado, que aparece ampliamente en la literatura sobre decisiones. Sin embargo, es muy probable que nunca se le haya pasado por la cabeza realizar una evaluación de este tipo, ¡y ciertamente ninguno de los profesores que escribieron libros de texto utilizó este método al seleccionar a sus cónyuges!

Nadie confía realmente en este método para tomar decisiones. En primer lugar, nuestra imaginación simplemente no llega lo suficientemente lejos; nuestra comprensión sólo puede llegar hasta cierto punto a lo que ya ha llegado a través de la experiencia. Imaginar una tormenta épica si sólo tienes 30 años es difícil, mientras que calcular pequeñas probabilidades es casi imposible debido a la falta de datos sobre eventos raros. En tercer lugar, las probabilidades pequeñas a menudo requieren menos puntos de datos y conducen a errores mayores en las probabilidades exactas, creando un círculo inexorable de error. Nuestro cerebro tampoco está diseñado para ese tipo de cálculos; Tales cálculos requieren tiempo y esfuerzo, ¡no nuestro estado natural! En nuestro pasado evolutivo, aquellos que pensaban demasiado a menudo sufrían una desaparición prematura a manos de los depredadores. Los tomadores de decisiones de hoy dependen en gran medida de atajos mentales conocidos como heurísticas para procesos rápidos de toma de decisiones.

Una de las heurísticas más utilizadas es la heurística del afecto. Un afecto es una reacción inmediata: algo que te gusta o no te gusta; por ejemplo, escuchar "disparos" provoca asociaciones negativas, mientras que escuchar "lujo" produce asociaciones positivas; este impulso automático unidimensional impide tener en cuenta riesgos y beneficios a la hora de tomar decisiones.
En lugar de tratar los riesgos y beneficios como variables independientes, lo que ciertamente lo son, una heurística afectiva los conecta a través de canales sensoriales.

Sus respuestas emocionales a cuestiones como la energía nuclear, las verduras orgánicas, las escuelas privadas y las motocicletas determinan su evaluación de los riesgos y beneficios asociados con ellos. Si algo te conmueve emocionalmente, sus riesgos parecen menores mientras que sus beneficios parecen mayores de lo que realmente son; por el contrario, si algo que no te gusta genera fuertes emociones en su contra; Los riesgos y beneficios parecen ser dependientes a pesar de que la realidad demuestra lo contrario.

Imagínese tener una Harley-Davidson. Si un estudio indica que conducir uno puede ser más riesgoso de lo que se creía anteriormente, su mente subconsciente podría responder calificando sus beneficios de manera diferente y dando a la experiencia una libertad aún mayor.

Pero, ¿cómo se genera una emoción inicial espontánea, como la felicidad o la ira? Investigadores de la Universidad de Michigan proporcionaron a los participantes cualquiera de tres imágenes durante menos de una centésima de segundo; Antes se mostraron brevemente caras sonrientes, caras enojadas o figuras neutrales. Luego, los sujetos tuvieron que seleccionar si les gustaba un carácter chino aleatorio que se les había mostrado (sin saber chino), y la mayoría de los participantes prefirieron aquellos que precedían inmediatamente a un símbolo de cara sonriente. Incluso factores aparentemente insignificantes pueden tener profundos impactos en nuestras emociones. Hirschleifer y Shumway investigaron cómo un factor que de otro modo sería intrascendente jugó un papel en el desempeño del mercado de 26 bolsas de valores importantes entre 1982 y 1997, probando su relación entre las horas de luz solar por mañana y el desempeño del mercado en cada bolsa. Descubrieron una correlación intrigante que se parece a un viejo dicho de un granjero: si el sol brilla intensamente por la mañana, las existencias tienden a aumentar a lo largo del día; no siempre, pero con suficiente frecuencia. ¿Quién hubiera pensado que la luz del sol podría mover miles de millones? ¡El sol de la mañana parece tener la misma influencia positiva que las caras sonrientes!

No importa nuestras intenciones, nuestras emociones nos controlan. Las decisiones a menudo se toman basándose en sentimientos más que en pensamientos; contra todas las mejores intenciones sustituimos "¿Qué pienso de esto?" con "¿Cómo me siento acerca de esto?". ¡Entonces SONRÍE! ¡Tu futuro depende de ello!

Véase también Sesgo de asociación (cap. 48); Aversión a la pérdida (cap. 32), Efecto de prominencia (cap. 83) y Sesgo de contagio (cap. 54)

Bruce trabaja en el negocio de las vitaminas. Su padre lo inició durante una época en la que los suplementos aún no formaban parte del estilo de vida diario; los médicos tendrían que prescribirlos. Cuando Bruce asumió el cargo de director ejecutivo a principios de los años 90, la demanda se disparó, lo que lo llevó a solicitar préstamos masivos para aumentar la producción. Hoy es una de las personas más exitosas en su industria y presidente de una asociación nacional de fabricantes de vitaminas; Casi a diario desde pequeño ha tomado al menos tres multivitaminas. Cuando los periodistas lo entrevistaron sobre su efectividad; Cuando el periodista le preguntó si habían hecho algo, Bruce respondió: "Estoy seguro de ello". ¿Puedes creerle?

Aquí tienes otro desafío. Piensa en cualquier idea o creencia de la que estés seguro; tal vez el oro aumente en los próximos cinco años, Dios existe o su dentista le esté cobrando de más. ¡Escríbalo todo en una frase y vea si realmente cree en usted mismo!

¿No estás convencido de que tu convicción es más válida que la de Bruce? Bueno, he aquí por qué: la suya es una observación interna, mientras que la de Bruce es externa; en otras palabras, puedes ver su alma pero no la tuya.

En el caso de Bruce, se podría pensar: 'Bueno, por supuesto que le conviene creer que las vitaminas son beneficiosas; su riqueza y su estatus social dependen de su éxito; Toda su vida ha estado tomando pastillas, por lo que nunca admitirá que fueron una pérdida de tiempo. Pero para usted, personalmente, es diferente: ha realizado una investigación exhaustiva en su interior y ha resultado ser un observador completamente imparcial.

Pero ¿puede la reflexión interna ser verdaderamente pura y honesta? El psicólogo sueco Petter Johannson llevó a cabo un estudio en el que los sujetos de prueba vieron dos fotografías de retratos de personas al azar y eligieron qué rostro era más atractivo; Luego les pidió que describieran de cerca sus características más atractivas. Pero con una estratagema ingeniosa (la mayoría de los participantes no se dieron cuenta de que cambiaba de imagen a medio camino) ¡la mayoría siguió justificando por qué prefería una imagen tan completamente! Los resultados de su estudio: la introspección no es confiable: cuando realizamos búsquedas del alma a menudo tomamos decisiones subjetivas, lo que significa que la introspección no es confiable: cuando realizamos un autoanálisis interno
Idear hallazgos para lograr los resultados deseados se conoce como ilusión de introspección: esta creencia de que la reflexión conduce a la verdad o la precisión es más que un sofisma; debido a nuestras convicciones arraigadas, tendemos a experimentar tres reacciones cuando alguien no comparte nuestros puntos de vista: Respuesta 1, 2 o 3.

Primera respuesta: Asunción de ignorancia. Asume que la otra parte no posee conocimientos suficientes; Si hubieran recibido sus conocimientos, es posible que compartieran su perspectiva. Los activistas políticos tienden a pensar en este sentido: creen que la ilustración persuadirá a otros a unirse a su bando. Reacción 2: Asunción de Idiocia Respuesta 3: Asunción de Malicia. Cuando alguien no capta una conclusión obvia a partir de la información disponible y, por lo tanto, no puede sacar las inferencias obvias, puede parecernos a todos ignorante y estúpido. A los burócratas les gusta especialmente utilizar este enfoque porque protege a los consumidores "estúpidos" de sí mismos. Respuesta 1: Falta de Debido Proceso. Su interlocutor posee toda la información necesaria e incluso comprende el debate, pero es deliberadamente combativo y alberga intenciones maliciosas. Muchos líderes y seguidores religiosos ven a los incrédulos de la misma manera: si no están de acuerdo con ellos, ¡deben ser agentes de Satanás!

Conclusión: nada es tan convincente como las propias creencias, por eso la introspección puede proporcionar un verdadero autoconocimiento. Desafortunadamente, la introspección a menudo se falsifica o se falsifica al depositar demasiada confianza en las observaciones internas, durante demasiado tiempo y durante demasiado tiempo; en segundo lugar, nuestra percepción es a menudo más alta de nosotros mismos que de los demás y esto crea una ilusión de superioridad; El remedio para ambos es volvernos cada vez más críticos con nosotros mismos: tratar las observaciones internas con el mismo escepticismo que las afirmaciones de terceros; ¡Conviértete en tu crítico más duro!

Véase también Ilusión de control (cap. 17); Sesgo egoísta (cap. 45); Sesgo de confirmación (capítulos 7-8) y Síndrome del aquí no inventado (capítulo 74) para obtener más información sobre estos temas.

Al lado de mi cama hay 24 libros amontonados. Aunque entro y salgo, nadie puede salir de mi posesión. Aunque sé que la lectura esporádica no me proporcionará ninguna información real a pesar de todas las horas que paso leyendo, por lo que tendría más sentido para mí concentrarme en un libro a la vez; Entonces, ¿por qué sigo haciendo malabarismos con los 24 a la vez?

Mi amigo conoce a un hombre que está saliendo con tres mujeres simultáneamente y se imagina formando una familia con cualquiera de ellas, pero no puede decidirse a elegir sólo una; eso significaría dejar pasar a otras dos de forma permanente; Al mantener las opciones abiertas, todas las opciones permanecen disponibles, aunque como resultado no se forman relaciones reales.

El general Xiang Yu, en el siglo III a.C., envió su ejército a través del río Yangtze para desafiar a la dinastía Qin. Mientras sus tropas dormían, ordenó que se incendiaran todos los barcos; A la mañana siguiente les dijo: "Ahora sólo tenéis una opción: luchar para ganar o morir". Al eliminar la retirada como opción, ayudó a centrar su atención únicamente en la batalla. El conquistador español Cortés utilizó tácticas de motivación similares durante su conquista de México en el siglo XVI cuando, después de desembarcar en su costa este, hundió su propio barco como motivación.

Xiang Yu y Cortés destacan como casos atípicos; la mayoría de la gente se esfuerza por aumentar nuestras opciones tanto como sea posible. Los profesores de psicología Dan Ariely y Jiwoong Shin han demostrado la fuerza de este instinto a través de un juego online. Los jugadores recibieron 100 puntos al principio y aparecieron tres puertas en la pantalla: puertas rojas, azules y verdes. Abrir cada uno de ellos cuesta un punto; sin embargo, con cada habitación a la que ingresaban podían ganar puntos adicionales. Los jugadores reaccionaron lógicamente y eligieron permanecer en una habitación hasta su realización. Luego, Ariely y Shin cambiaron las reglas, de modo que si las puertas no se abrían en doce movimientos, comenzaban a encogerse en la pantalla y finalmente desaparecían por completo; Luego, los jugadores corrieron de puerta en puerta en busca de posibles tesoros; esta lucha improductiva les llevó a anotar un 15% menos de puntos que en su juego anterior. Finalmente, Ariely y Shin agregaron un último giro: ¡cambiaron la forma de obtener puntos aumentando el tamaño de las puertas en un 25%! Finalmente agregaron otro giro: ¡los jugadores aún obtendrían un 10% de puntos esta vez! Los organizadores añadieron otro detalle con otro giro: una vez más: las puertas podían cerrarse en doce movimientos cuando aparecían, lo que obligaba a los jugadores a saltar de puerta en puerta tan rápido como antes. Ariely y Shin hicieron otro cambio; Esta vez, cuando las puertas no se abrieron en doce movimientos, las puertas comenzaron a encogerse fuera de la pantalla y finalmente

desaparecieron. Cuando Ariely y Shin cambiaron una vez más al cambiar las reglas: ¡las puertas tenían que abrirse en doce movimientos o desaparecerían de la pantalla! Los jugadores comenzaron a correr de puerta en puerta tratando de asegurar el acceso a todos los tesoros potenciales, lo que resultó en un 15% menos de puntos anotados. Ariely y Shin agregaron un giro final: esta vez que el juego anterior obtienen un 15% menos de puntos obtienen un 15% menos de puntos que antes y agregaron un último giro: los organizadores agregaron otro giro: una vez abiertos dentro de doce movimientos, desaparecieron de la pantalla gradualmente hasta que finalmente desapareció antes Desapareció por completo cuando las puertas comenzaron a encogerse, Ariely cambió las reglas que requerían que la puerta ahora se hubiera abierto dentro de doce movimientos, de lo contrario, comenzó a encogerse fuera de la pantalla dentro de doce movimientos o de otra manera desapareció inmediatamente haciendo puerta después de 12 movimientos o su puntaje anterior de 15 tan rápido. Scraming que antes anotó un 15% menos de puntos, anotó un 15% menos de puntos y luego agregó otro giro por cierto... El -
Abrir puertas ahora costaba tres puntos y la misma ansiedad se apoderaba de ellos: los jugadores desperdiciaban sus puntos tratando de mantener todas las puertas abiertas. Incluso después de saber cuántos puntos estaban ocultos en cada habitación, no hubo cambios; renunciar a opciones era un gasto demasiado grande para ellos.

¿Por qué actuamos irracionalmente? Porque sus consecuencias muchas veces no son claras. En los mercados financieros, por ejemplo, esto es evidente: cualquier opción sobre un valor siempre cuesta algo; no existe ninguna opción gratuita; sin embargo, en otros ámbitos las opciones suelen parecer gratuitas; aunque en verdad esto también tiene un costo; cada decisión requiere energía mental y quita un tiempo precioso para pensar y vivir; Los directores ejecutivos que exploran todas las opciones de expansión posibles a menudo no seleccionan ninguna al final; las empresas que intentan atender a todos los segmentos de clientes suelen fracasar; Los vendedores que buscan clientes potenciales a menudo terminan sin cerrar ningún trato a pesar de todos sus esfuerzos.

Hoy en día la gente tiende a obsesionarse con tener numerosos proyectos en marcha a la vez y estar abierta a cada oportunidad que se presente; pero este enfoque puede descarrilar rápidamente el éxito. En cambio, debemos aprender cuándo y por qué cerrar puertas; las estrategias comerciales sirven principalmente como declaraciones sobre qué actividades no realizar. Utilice un enfoque similar al de los negocios: enumere lo que no debe realizar en la vida y tome decisiones calculadas para no perseguir ciertas posibilidades; Cuando surja una opción, compruébela con su lista de no seguir antes de tomar medidas adicionales. Una lista no sólo le ayudará a no meterse en problemas, sino que también le ahorrará tiempo dedicado a tomar decisiones. Con su lista en la mano, en lugar de tomar decisiones cada vez que se abre una nueva puerta (muchas puertas no tienen sentido incluso cuando sus manijas parecen bastante fáciles), todo lo que tiene que hacer es consultarla cuando tome decisiones.

Ver también: Falacia del costo hundido (Cap. 5);

ADVERTENCIA SOBRE LA NEOMANIA

Dentro de cincuenta años, ¿cómo será nuestro mundo y qué elementos nos rodearán a diario? Es fácil quedar atrapado en Neomania; dejemos de lado cualquier "nuevo".

Las personas que se planteaban esta cuestión hace cincuenta años tenían ideas fantásticas de cómo sería "el futuro": autopistas en el cielo, ciudades que parecían mundos de cristal y trenes bala zumbando entre rascacielos. Viviríamos en cápsulas de plástico, ciudades submarinas, vacacionaríamos en la luna tomando pastillas en lugar de tener hijos biológicos concebidos mediante la concepción; en lugar de eso, elegimos a niños de catálogos para que sean nuestros hijos; Los robots se convertirían en mejores amigos en lugar de personas como compañeros, mientras que la muerte hacía tiempo que había sido erradicada: ¡la imagen que imaginaban no estaba muy lejos!

Pero espera un segundo: mira atentamente a tu alrededor: estás sentado en una silla creada en el antiguo Egipto; usar pantalones desarrollados hace unos 5.000 años por las tribus germánicas alrededor del 750 a.C.; los zapatos de cuero en tus pies se originaron durante la última edad de hielo; sus estanterías están compuestas de madera, uno de los materiales de construcción más antiguos conocidos por el hombre; a la hora de la cena se utiliza el tenedor como lo usaban los romanos: para meterse en la boca trozos de animales y plantas muertos; a la hora de la cena, nada ha cambiado, nada ha cambiado tampoco;

¿Nos preguntamos cómo será nuestro mundo dentro de cincuenta años? Nassim Taleb nos ofrece algunas orientaciones en su libro Antifragile; Tenga en cuenta que la mayoría de las tecnologías que han existido durante el último medio siglo seguirán sirviendo a la humanidad durante otro medio siglo, mientras que la tecnología reciente quedará obsoleta más rápidamente de lo esperado. ¿Por qué? Piense en los inventos como especies: cualquier cosa que haya resistido siglos de evolución probablemente también seguirá vigente en el futuro. La vieja tecnología está probada; su lógica inherente no siempre puede comprenderse plenamente. Debes tener esto en cuenta la próxima vez que asistas a una reunión estratégica, ya que algo que ha persistido durante siglos debe tener algún valor. Dentro de cincuenta años el futuro probablemente se parecerá al de hoy, aunque es posible que veas surgir nuevos dispositivos o inventos llamativos que podrían despertar interés al principio. Sin embargo, a menudo aparecen y desaparecen rápidamente.

Al considerar nuestro futuro, a menudo ponemos demasiado énfasis en las innovaciones tecnológicas y las "aplicaciones asesinas", mientras subestimamos su papel.
Taleb ha observado esta tendencia a lo largo de la historia. En la década de 1960, los viajes espaciales estaban de moda, lo que llevó a muchos estudiantes a imaginarse haciendo viajes

escolares a Marte. Más adelante en la década las casas de plástico se pusieron de moda, así que pensamos en cómo decoraríamos nuestras viviendas transparentes con muebles de plástico. Atribuye esta tendencia a la "neomanía", la fascinación por todo lo nuevo y brillante.

Al principio sentí simpatía por los primeros usuarios: aquellas personas que no pueden vivir sin tener acceso al último iPhone. En ese momento pensé que estaban adelantados a su tiempo; ahora, sin embargo, los veo como individuos irracionales que sufren de neomanía: parecen menos preocupados por si un producto proporciona beneficios tangibles, pero más preocupados por la novedad que por la utilidad real.

No tome medidas drásticas al pronosticar el futuro. La película clásica de Stanley Kubrick de 1968, 2001: Odisea en el espacio, sirve como ilustración. Ambientada en el cambio de milenio, esta pieza visionaria predijo que Estados Unidos albergaría una colonia lunar de mil habitantes, atendida por vuelos interurbanos de PanAm, algo que nadie vio venir. En su lugar, sugiero esta regla general: todo lo que haya sobrevivido durante X años continuará haciéndolo durante otros X años. Nassim Taleb cree que el "filtro de mierda" de la historia puede separar los trucos de los que cambian las reglas del juego, ¡así que estoy dispuesto a hacer esa apuesta con él!

Véase también Hedonic Treadmill (cap. 46) como ejemplo de por qué funciona la propaganda.
En la Segunda Guerra Mundial, todas las naciones crearon películas de propaganda. Estos se utilizaron para despertar sentimientos nacionalistas entre civiles y soldados por igual y alentar el sacrificio por su nación. Después de gastar una cantidad exorbitante sólo en películas de propaganda, el departamento de guerra de Estados Unidos llevó a cabo estudios para determinar si este gasto tenía algún retorno. Se realizaron estudios con soldados regulares; ¡Su respuesta no mostró en absoluto un aumento en el entusiasmo por la guerra!

¿Los soldados consideraron que estas películas estaban mal hechas? Difícilmente. Más bien, los soldados conocían estas películas como propaganda que hacía casi imposible que cualquier mensaje presentado en ellas tuviera algún peso entre el público; incluso si una película presentó un argumento o conmovió al público lo suficiente como para merecer consideración o aprecio por su mensaje; su contenido simplemente sería visto como vacío y completamente ignorado.

Nueve semanas después, ocurrió algo inesperado: los psicólogos realizaron otra evaluación de las actitudes de los soldados respecto a la guerra; El resultado: quienes habían visto la película expresaron mucho más apoyo que quienes no la habían visto. ¡Evidentemente, la propaganda funcionó!

Los científicos estaban desconcertados al saber que el poder de persuasión de un argumento disminuye con el tiempo, como el material radiactivo. Probablemente usted mismo haya experimentado esto: leyó un artículo sobre los beneficios de la terapia génica, se entusiasmó al principio pero rápidamente perdió el interés después de algunas semanas; Al final sólo quedan restos de entusiasmo.

Sorprendentemente, la propaganda a menudo funciona al revés: una vez que toca la fibra sensible de la gente, su impacto sólo crece con el tiempo. ¿Por qué? El psicólogo Carl Hovland dirigió un experimento para el departamento de guerra y acuñó este fenómeno como "efecto durmiente". Actualmente, nuestra mejor explicación es que nuestros recuerdos olvidan la fuente más rápido de lo que olvidan lo que dijo el argumento en sí (por ejemplo, el Departamento de Propaganda), mientras recuerdan el mensaje en sí (es decir, la guerra es necesaria y noble).
Por lo tanto, la información obtenida de fuentes no confiables gradualmente gana confianza con el tiempo a medida que las fuerzas de descrédito se disipan más rápido que su mensaje.

Las elecciones estadounidenses presentan cada vez más anuncios políticos negativos en los que los candidatos intentan menospreciar los antecedentes o la reputación de los demás mediante medios engañosamente simples; en este caso, los anuncios políticos deben cumplir con la ley electoral estadounidense al revelar a sus patrocinadores al final de cada anuncio, aunque numerosos estudios demuestran que los efectos durmientes aún se manifiestan entre los votantes indecisos a medida que el mensajero se desvanece mientras sus declaraciones permanecen impresas en la memoria; esto permite a los candidatos lanzar las acusaciones más dañinas posibles contra candidatos rivales sin temor a represalias o consecuencias contra cualquiera de las partes si el resultado final ser menos negativo de lo esperado por la ley: esto hace que los anuncios electorales sean un proceso mucho más difícil de lo que deberían ser utilizados contra campañas rivales por opositores de ambos lados en campañas en términos de participación electoral o cifras de participación de lo que sería posible en temporadas de campaña anteriores.

A menudo me ha resultado desconcertante cómo puede funcionar la publicidad. Cualquier persona lógica debería reconocer fácilmente los anuncios tal como son y descalificarlos o categorizarlos apropiadamente; sin embargo, ni siquiera usted, como lector perspicaz e inteligente, podrá hacerlo con éxito; Es posible que olvides de dónde proviene cierta información después de varias semanas, ya sea un artículo informativo o un publirreportaje de mal gusto.

¿Cómo se puede contrarrestar el efecto durmiente? En primer lugar, tenga cuidado con cualquier consejo no solicitado, incluso si parece bien intencionado; hacerlo le protegerá hasta cierto punto contra la manipulación. En segundo lugar, evite las fuentes con anuncios tanto como sea posible (¡tenemos suerte de que los libros sigan sin publicidad!). En tercer lugar, identifique y recuerde quién fue la fuente de cada argumento que encuentre. Trate de comprender su razonamiento tanto como sea posible y quién se beneficia de qué. Aunque este proceso podría ralentizar un poco los procesos de toma de decisiones, también los perfeccionará con el tiempo.

Véase también Encuadre (cap. 42); Efectos de primacía y actualidad (cap. 73); Ilusión de noticias (cap. 99).

Ceguera alternativa

Imagínese esto: está hojeando un folleto que promociona los beneficios de un título de MBA que se ofrece en su universidad local. Tu mirada revolotea sobre fotografías de su campus cubierto de hiedra y sus instalaciones deportivas ultramodernas; junto con imágenes de estudiantes sonrientes de diversos orígenes étnicos, con énfasis en mujeres jóvenes y emprendedores chinos e indios. Finalmente se llega a una visión general que ilustra su valor financiero: su tarifa de 100.000 dólares puede compensarse fácilmente con los graduados que generan ingresos adicionales antes de jubilarse: ¡aproximadamente 400.000 dólares después de impuestos! Pan comido.

Equivocado. Semejante argumento oculta no una, sino cuatro falacias. En primer lugar está la "ilusión del cuerpo del nadador", en el sentido de que los programas de MBA tienden a atraer a personas con mentalidad profesional que probablemente obtendrán salarios superiores al promedio sin calificaciones adicionales, como un MBA. El segundo mito: un MBA lleva dos años y durante ese tiempo se puede esperar una pérdida de ingresos de 100.000 dólares; por lo tanto, el coste real de un MBA probablemente superaría los 100.000 dólares si se tienen en cuenta los posibles rendimientos de la inversión. En tercer lugar, hacer estimaciones a más de treinta años es una tontería: ¿quién sabe qué pasará durante ese período? Finalmente, existen otras opciones; No se sienta obligado únicamente por el simple "hacer un MBA o no hacer un MBA". Quizás haya otro programa disponible que cueste mucho menos y que también ofrezca beneficios de avance profesional. El cuarto concepto erróneo me parece particularmente fascinante; llamémoslo ceguera alternativa: cuando no comparamos una oferta existente con su siguiente mejor oferta alternativa.

Aquí hay un ejemplo de finanzas: imagina que tienes algo de dinero ahorrado en una cuenta de ahorros y pides consejo a un corredor de inversiones, quien recomienda comprar un bono que paga un interés del 5% en lugar de solo el 1% que devuelven las cuentas de ahorro. ¿Creemos que comprar el bono tiene sentido? Nadie sabe. Considerar sólo estas dos opciones no proporcionaría una evaluación precisa; para evaluar verdaderamente todas las opciones de inversión posibles, seleccione la óptima (así es como lo hace el importante inversor Warren Buffet).
Buffett compara cada transacción con la segunda mejor oferta disponible en un momento dado, incluso si eso significa hacer más de lo que ya estamos haciendo.

Al contrario de Warren Buffett, los políticos suelen ser víctimas de la ceguera alternativa. Considere la posibilidad de que su ciudad planee construir un estadio deportivo en un terreno vacío; Los partidarios podrían argumentar que beneficiará a los residentes más emocional y financieramente que un terreno baldío; sin embargo, esta comparación es errónea: en lugar de eso, deberían evaluar todas las ideas que resultan imposibles debido a su construcción, como escuelas, centros de artes escénicas, hospitales o incineradores; alternativamente, podrían vender el terreno e invertir las ganancias o reducir la deuda de la ciudad con esta solución alternativa.

¿Está pasando por alto soluciones alternativas? Imagine que su médico descubre un tumor en cinco años y le propone una operación complicada que, si tiene éxito, lo eliminaría por completo, pero, sin embargo, el riesgo se considera alto, con una tasa de supervivencia general de sólo el 50%. ¿Cómo decide? Considere sus opciones cuidadosamente: muerte segura en cinco años o un 50% de posibilidades de morir la próxima semana; ceguera alternativa! Quizás exista una variante de un procedimiento de cirugía invasiva disponible en otro hospital de la ciudad que actualmente no lo ofrece en su institución. La cirugía para frenar el crecimiento del tumor sólo podría aliviar temporalmente los síntomas; sin embargo, esta cirugía invasiva brinda más tiempo y tranquilidad que sus alternativas; quién sabe, ¿tal vez durante esos diez años surjan terapias más avanzadas para eliminar tumores?

En pocas palabras: si tiene dificultades para tomar decisiones, recuerde que hay más de dos opciones disponibles para usted, como la ausencia de cirugía y la cirugía de alto riesgo. No te sientas atrapado entre una elección absoluta y sus posibles alternativas; ¡se de mente abierta!

Véase Paradoja de la elección (cap. 21); Swimmer's Body Illusion (cap. 2) para obtener más información sobre estos temas.

POR QUÉ APUNTAMOS A LOS JÓVENES

Sesgo de comparación social

Después de que mi libro alcanzó el puesto número 1 en la lista de los más vendidos, mi editor me pidió ayuda para que un conocido respaldara otro título que se encontraba en su camino hacia la lista de los diez primeros; Creyeron que un testimonio mío le daría un impulso adicional para ser incluido en esa lista.

Siempre me sorprende que estos testimonios funcionen, dado que todos sabemos que solo los comentarios positivos aparecen en las sobrecubiertas de los libros (este libro incluido). Un lector racional debe dejar de lado los elogios o al menos considerarlos junto con cualquier crítica potencial que siempre esté presente, aunque sea en diferentes formas. Si bien he escrito muchos testimonios sobre otros libros, ninguno fue sobre títulos rivales. Mientras consideraba mis opciones, me di cuenta de que el sesgo de comparación social había entrado en vigor: esa tendencia a evitar ayudar a aquellos que pronto podrían eclipsarte y parecer tontos a largo plazo.

Los testimonios de libros pueden servir como un ejemplo inofensivo de sesgo de comparación social; sin embargo, el mundo académico ha llevado esto a un nivel mucho más peligroso. Todo científico aspira a publicar la mayor cantidad de artículos en revistas científicas de prestigio, ganándose el derecho de evaluar las presentaciones de otros científicos que presenten trabajos para su publicación. Con el tiempo, los editores le piden que evalúe las aportaciones de otros científicos; a menudo, sólo dos o tres expertos deciden qué artículos son los adecuados en un campo determinado; Con este conocimiento en mente, ¿qué pasaría cuando un investigador advenedizo presentara un artículo trascendental que amenaza con derrocar a los expertos establecidos? Probablemente se volverían particularmente rigurosos al evaluarlo: ¡esto es un sesgo de comparación social en funcionamiento!

El psicólogo Stephen García y sus colegas investigadores describen un ejemplo en el que un premio Nobel prohibió a uno de sus jóvenes colegas prometedores postularse para trabajar en "su" universidad, aunque esto podría parecer prudente inicialmente; con el tiempo se vuelve contraproducente que dicho joven colega se una a otro grupo de investigación, lo que podría impedir cualquier contacto posterior entre el antiguo profesor y él o ella y este joven prodigio.
García sugiere que el sesgo de comparación social puede ser un factor que impida a las instituciones mantener su estatus como grupos de investigación de clase mundial durante un período prolongado. Son pocos los grupos de investigación que consiguen mantenerse en lo más alto durante muchos años seguidos.

El sesgo de comparación social es otro problema importante en las empresas de nueva creación. Guy Kawasaki fue el "evangelista principal" de Apple durante cuatro años y hoy asesora a empresarios como capitalista de riesgo y asesor. Según Kawasaki: 'Los jugadores de primer nivel contratan personas incluso mejores que ellos mismos. Como afirmó Steve [Jobs], los jugadores B reclutan jugadores C para que puedan sentirse superiores a ellos y los jugadores C reclutan jugadores D; al contratar jugadores B se espera que ocurra lo que él denominó "la explosión bozo" dentro de su organización; La contratación de jugadores B eventualmente resulta en la contratación de jugadores Z en lugar de jugadores B. Recomendación: contrata personas que sean mejores que tú o pronto liderarás un equipo de desvalidos. Aquí se aplica el llamado efecto Duning-Kruger; Los jugadores Z con incompetencia a menudo tienen el don de pasar por alto su alcance, creyendo que poseen más inteligencia de la que realmente tienen; Estas personas crean una superioridad ilusoria que les lleva a cometer aún más errores que, a su vez, erosionan la reserva de talentos con el tiempo.

Isaac Newton tenía 25 años en ese momento y cuando su escuela cerró debido a un brote de peste en 1666-7, Isaac Barrow se ofreció a acompañarlo y ver su investigación, que Barrow inmediatamente dejó como profesor para unirse como uno de los estudiantes de Newton. ¡Fue verdaderamente noble de su parte! Qué ejemplo ético dio. ¿Y cuándo fue la última vez que escuchó acerca de un profesor que se hizo a un lado en favor de otro candidato o director ejecutivo que cedió su puesto al darse cuenta de que uno de sus empleados podría hacer un mejor trabajo?

Conclusión: En conclusión, ¿fomentas a personas con más talento que tú? Si bien al principio podría amenazar su posición, a la larga solo lo beneficiará. Otros te alcanzarán en algún momento de todos modos; Hasta que llegue ese momento, sería prudente estar de su parte y aprender de ellos, que fue mi motivación al escribir el testimonio al final. Para lecturas adicionales ver: Envidia (cap. 86); Efecto de contraste (cap. 10).

Efectos de primacía y recencia

Permítanme presentarles a dos hombres, Alan y Ben. Decide inmediatamente a quién prefieres sin pensarlo demasiado: Alan es inteligente, trabajador, impulsivo, crítico, testarudo y celoso, mientras que las cualidades de Ben incluyen estas características pero con un giro: Ben también puede ser celoso, testarudo, crítico, impulsivo, trabajador, inteligente. también. La mayoría de la gente elige a Alan a pesar de que ambas descripciones suenan similares. Su cerebro tiende a prestar más atención a los adjetivos enumerados primero, creando así dos personalidades distintas: Alan es muy trabajador mientras que Ben muestra celos y rasgos testarudos, algo conocido como efecto de primacía.

Sin el efecto de primacía, la gente renunciaría a los lujosos vestíbulos de entrada de sus oficinas centrales; su abogado se sentiría igualmente contento de aparecer en sus reuniones con zapatillas gastadas en lugar de zapatos Oxford de diseñador.

El efecto de primacía suele provocar errores prácticos. El premio Nobel Daniel Kahneman cuenta cómo, al comienzo de su cátedra, calificaba los exámenes en orden: el alumno 1, seguido del alumno 2, y luego todas las preguntas posteriores respondidas impecablemente recibían puntuaciones más altas; esto significaba que los estudiantes que respondieran perfectamente se convertirían en los favoritos de Kahneman y esto, en última instancia, tendría un efecto en la forma en que calificaba otras partes de sus exámenes. Para contrarrestar este efecto, Kahneman comenzó a calificar preguntas individuales en lotes: se calificaron todas las respuestas a la pregunta 1, luego todas las respuestas a la pregunta 2, etc., contrarrestando así este efecto y neutralizándolo por completo.

Desafortunadamente, es posible que este truco no siempre funcione en la práctica; por ejemplo, al contratar nuevos empleados, corre el riesgo de contratar primero a la persona que da una buena primera impresión. Maximizar la eficiencia al responder preguntas similares una por una de todos los candidatos en la fila.

Imagínese como parte de la junta directiva de una empresa. Surge un tema de discusión sobre el que aún no te has decidido y uno o más participantes presentes expresan una opinión que puede influir en tu forma de evaluarlo en general. No dude en expresarlo antes que los demás; de esa manera todos podrán aprender.
Al hacer esto, ganará más influencia con sus colegas y los atraerá a su lado. Si preside un comité, asegúrese de recopilar opiniones en orden aleatorio para que nadie tenga una ventaja injusta sobre otro miembro.

Es posible que el efecto de primacía no siempre sea el culpable; El efecto de actualidad a menudo juega un papel igualmente influyente. La información almacenada más recientemente tiende a permanecer mejor en nuestra memoria; esto sucede porque nuestros archivos de memoria a corto plazo sólo contienen espacio limitado; Tan pronto como aparece algo nuevo, una pieza más antigua debe dejar paso.

¿Cuándo la primacía prevalece sobre el efecto de lo reciente y viceversa? Cuando nos enfrentamos a tomar decisiones inmediatas basadas en múltiples impresiones (características, respuestas a exámenes, etc.), los efectos de primacía pesan más. Pero si estas impresiones se formaron durante un período de tiempo más largo (por ejemplo, si escuchó un discurso recientemente), el efecto de actualidad es más prominente; Recordarás más claramente sus puntos/remates finales que los iniciales.

Conclusión: Predominan las impresiones iniciales y las últimas, lo que significa que el contenido intermedio tiene una influencia mínima. Trate de evitar tomar decisiones basadas únicamente en impresiones iniciales; Estos sin duda te engañarán de una forma u otra. Evalúe todos los aspectos de manera justa e imparcial, aunque puede ser más fácil decirlo que hacerlo, como realizar entrevistas tomando nota de las puntuaciones cada cinco minutos y luego promediarlas para asegurarse de que todos los aspectos cuenten por igual, como las puntuaciones de hola y adiós.

Véase también Ilusión de atención (cap. 88); Efecto durmiente (cap. 70); Efecto de prominencia (cap. 83)

POR QUÉ LO HECHO EN CASA ES MEJOR

Síndrome del aquí no inventado

Mis habilidades culinarias son bastante básicas y mi esposa lo sabe. Sin embargo, de vez en cuando logro crear algo comestible. Recientemente, cuando compré lenguado, creé una salsa inusual hecha de vino blanco, puré de pistachos, miel, cáscara de naranja rallada y vinagre balsámico, y cuando la probó comenzó a raspar lo que consideró un experimento demasiado atrevido; pero pensé que sabía maravilloso y le expliqué sus detalles, pero no se pudo ver ningún cambio en su expresión.

Dos semanas después, mi esposa volvió a preparar lenguado para la cena, esta vez cocinándolo ella misma. Preparó dos salsas: su probada salsa beurre blanc y una receta inusual de un importante chef francés que sabía terrible; ¡Más tarde se reveló que era suizo! Claramente ella me tomó por sorpresa; Había sucumbido al síndrome del aquí no inventado (síndrome NIH), en el que cualquier creación que creas tú mismo se vuelve superior en comparación con cualquier cosa que venga después.

El síndrome NIH hace que las personas se enamoren de sus propias ideas. Esto se aplica no sólo a las recetas de salsa de pescado, sino a todas las formas de soluciones, ideas de negocios e invenciones desarrolladas internamente; las empresas suelen calificar estos conceptos como más importantes que cualquiera de fuentes externas; sin embargo, esto puede no ser necesariamente exacto en la realidad. Recientemente me reuní con el director ejecutivo de un proveedor de software para empresas de seguros médicos. Explicó lo difícil que era para su empresa (aunque lideraba el mercado en términos de servicio, seguridad y funcionalidad) vender sus productos de software directamente a clientes potenciales. Muchas aseguradoras creen que sus propias soluciones internas brindan las soluciones óptimas; otro director ejecutivo me dijo lo difícil que fue convencer a su personal en la sede central para que aceptara las soluciones propuestas por filiales remotas.

Cuando las personas colaboran para resolver problemas y evaluar estas ideas por sí mismas, el síndrome NIH inevitablemente se manifestará y seguirá su curso. Por lo tanto, inevitablemente tiene un resultado impactante que resulta en su manifestación impactante. Esto hace que la condición sea aún más significativa.
Dividir los equipos en dos grupos tiene sentido: uno generará ideas mientras el otro las califica; las ideas generadas por un equipo serán evaluadas por otro y luego revertidas; de esta manera, ambos grupos tendrán el mismo tiempo para crear ideas y calificar conceptos de otro. Tendemos a evaluar nuestras propias ideas de negocios de manera más positiva que las

propuestas por otros, un atributo esencial para el éxito empresarial, pero que a menudo conduce a retornos decepcionantes en las empresas que se inician.

El psicólogo Dan Ariely utilizó su blog en The New York Times para cuantificar el síndrome NIH. Ariely pidió a los lectores brindar soluciones a seis problemas, tales como "¿Cómo pueden las ciudades reducir el consumo de agua sin estar limitadas por ley?", hacer sugerencias y evaluar la viabilidad; especificar aún más las inversiones de tiempo y dinero en cada idea propuesta; Finalmente, usé solo cincuenta palabras para que todas las respuestas proporcionadas coincidieran exactamente. Independientemente, la mayoría de los lectores calificaron sus respuestas como más importantes y aplicables que las de sus compañeros contribuyentes, incluso cuando los envíos eran prácticamente idénticos.

A nivel social, el síndrome NIH puede tener resultados desastrosos. A menudo descartamos ideas inteligentes de otras culturas simplemente porque no podemos apreciar sus méritos demostrados. Suiza, donde cada estado o cantón (pronunciado cantonessalee en francés) posee ciertos poderes, fue sede de un caso inusual de Participación Nacional en Salud (NIH) cuando un pequeño cantón se negó a aprobar el sufragio femenino a pesar de un indignado fallo de un tribunal federal en 1990 que efectivamente lo cambió, otro ejemplo flagrante de Intervención Nacional en Salud. Consideremos también la moderna rotonda diseñada por ingenieros de transporte británicos durante la década de 1960 e implementada en toda Gran Bretaña. Cuenta con estrictos requisitos de rendimiento. Después de varias décadas de olvido y resistencia, las medidas de descongestión del tráfico, como las rotondas, finalmente se extendieron tanto por América del Norte como por Europa continental. Sólo Francia cuenta hoy con más de 30.000 rotondas que muchos franceses atribuyen erróneamente a su creador, que diseñó la Place de l'Etoile.

Conclusión: tendemos a dejarnos llevar por nuestras propias ideas, emborrachándonos cada vez más con su poder. Para permanecer sobrio y evaluar su calidad objetivamente en retrospectiva: ¿cuáles de sus ideas de los últimos diez años fueron realmente sobresalientes? Exactamente.

Véase también Ilusión de introspección (cap. 67); Efecto de Dotación (cap. 23); Sesgo egoísta (cap. 45); Efecto de falso consenso (cap. 77)

"Todos los cisnes son blancos". Durante siglos, esta afirmación se mantuvo cierta. Cada ejemplar nevado era prueba de esta afirmación; algún otro color? Inconcebible. Eso fue hasta 1697, cuando Willem de Vlamingh encontró por primera vez un cisne negro en una expedición a Australia; Desde entonces, los cisnes negros han llegado a simbolizar las improbabilidades de la vida.

Un día de 1987 fue uno de esos días: Nassim Taleb describió este evento en su libro sin avisar de su resultado. Un evento del Cisne Negro.

Los eventos del Cisne Negro son eventos inimaginables que transforman dramáticamente la vida, la carrera y la sociedad: desde meteoritos que te golpean hasta el descubrimiento de oro por parte de Sutter en California o la muerte de Sutter; desde el descubrimiento de Sutter hasta el Sputnik y el desarrollo de los navegadores de Internet; u otro encuentro que cambia vidas por completo; cada uno de ellos son cisnes negros potenciales que podrían tener ramificaciones positivas o negativas; todos ellos califican como cisnes negros.

Donald Rumsfeld fue famoso por articular un poderoso pensamiento filosófico en una conferencia de prensa: hay cosas que sabemos con certeza ("hechos conocidos"), algunas cosas que permanecen desconocidas (incógnitas conocidas) y otras que permanecen ocultas o misteriosas para nosotros. ('desconocidos desconocidos').

¿Estamos explorando actualmente el tamaño y el alcance del universo, la presencia de armas nucleares en Irán o si Internet nos hace más inteligentes o más tontos? Estas preguntas representan "incógnitas conocidas" a las que, con suficiente esfuerzo, algún día podremos esperar dar respuestas; a diferencia de incógnitas desconocidas como la manía de Facebook, que nadie anticipó en sus inicios hace diez años: fue verdaderamente inesperado e impredecible.

¿Por qué son importantes los cisnes negros? Aunque pueda parecer extraño, los cisnes negros han ido ocurriendo cada vez más con el tiempo y tienden a adquirir cada vez más consecuencias. Si bien podemos planificar nuestro futuro con certeza, eventos inesperados como los cisnes negros a menudo pueden hacernos dudar.
Los bucles de retroalimentación y las influencias no lineales a menudo subvierten nuestras mejores intenciones y conducen a resultados inesperados. Una razón es la capacidad inherente de nuestro cerebro para cazar y recolectar. En la Edad de Piedra, los cazadores rara vez encontraban algo realmente extraordinario: los ciervos que perseguíamos eran a menudo más lentos o más rápidos, más gordos o más delgados. Todo tendía a un punto medio constante.

Hoy es diferente; un avance puede multiplicar sus ingresos en un orden de magnitud; pregúntele a Larry Page, Usain Bolt, George Soros, J.K. Rowling o Bono, por ejemplo. Hasta ahora tales fortunas eran inimaginables; sólo recientemente tales hazañas han sido posibles y nos llevan al miedo actual a escenarios extremos. Dado que las probabilidades no pueden caer por debajo de cero y los pensamientos humanos a menudo presentan errores, se debe asumir que todo tiene una probabilidad superior a cero.

¿Qué se puede hacer? Colócate en situaciones que te permitan conseguir un aventón.

Cree la posibilidad de tener la suerte de experimentar un evento positivo del Cisne Negro (aunque eso es extremadamente improbable). Considere convertirse en artista, inventor o emprendedor con un producto escalable. Vender su tiempo como empleado, dentista o periodista no es suficiente, aunque incluso si se ve obligado a continuar por este camino, evite entornos que puedan permitir que surjan eventos negativos del Cisne Negro. Manténgase libre de deudas, invierta sus ahorros de la manera más conservadora posible y acepte vivir con un nivel de vida modesto, independientemente de si se produce o no su gran avance.

Notas sobre la aversión a la ambigüedad (cap. 80); Ilusión de pronóstico (cap. 40); Caminos alternativos (cap. 39) y Expectativas (cap. 62) de este libro.

Escribir libros sobre el pensamiento claro aporta muchas recompensas: los líderes empresariales y los inversores están felices de pagarme para que dé charlas sobre el tema a cambio de una buena cantidad de dinero, aunque eso parece extraño, ya que los libros son mucho más baratos. En una conferencia médica di una charla sobre la tasa de negligencia base usando una analogía de la medicina: en particular, cuando se habla de dolor punzante en el pecho entre pacientes de 40 años, puede indicar una enfermedad cardíaca o simplemente estrés; el estrés es mucho más probable (con una base más alta). tasa), por lo que sería prudente evaluar primero esta posibilidad antes de realizar pruebas de afecciones cardíacas o estrés, algo que todos los médicos entendieron intuitivamente cuando utilicé un ejemplo económico; sin embargo, la mayoría vaciló al intentar comprender esta idea en detalle en comparación con las analogías de la medicina o la medicina en general. En comparación con cuando se utilizó un ejemplo económico de la medicina, esta analogía vaciló más miserablemente al explicar este aspecto de la negligencia de la tasa base: cuando se utilizó un ejemplo económico, la mayoría vaciló. cuando se habla de negligencia de la tasa base (la negligencia de la tasa base es más fácil).

Al igual que con los inversores, cuando hablo frente a una audiencia experimento fenómenos similares: cuando uso ejemplos de finanzas o economía para ilustrar falacias rápidamente se vuelven populares; pero si uso ejemplos de biología, parecen perdidos, mostrando cómo los conocimientos no pasan fácilmente entre campos, un efecto conocido como dependencia de dominio.

Harry Markowitz ganó el Premio Nobel de Economía en 1990 por su teoría de la "selección de cartera". Este proceso determina la composición óptima de una cartera, teniendo en cuenta consideraciones tanto de riesgo como de rendimiento. Cuando se aplicó a los propios ahorros de Markowitz -cómo distribuirlos entre acciones y bonos- simplemente eligió la distribución 50/50. Un premio Nobel no podía aplicar su proceso metodológico eficazmente en sus asuntos personales; un caso obvio de dependencia del dominio; por lo tanto, no se logra transferir el conocimiento de la academia a la vida diaria.

Mi amigo es un entusiasta de la adrenalina. Le gusta escalar acantilados con sus propias manos y saltar montañas con un traje de alas, entre otras actividades de aventura. La semana pasada me dijo por qué iniciar un negocio puede ser riesgoso; La quiebra no siempre puede excluirse como opción. Cuando discutimos su punto, respondí: '¡Personalmente, prefiero estar en bancarrota que muerto!' ¡No apreció mi razonamiento!

Como autor, entiendo la dificultad de pasar de un área de especialización a otra. Trazar novelas y crear personajes me resulta fácil; ¡Las páginas en blanco no me asustan! Por otro lado, lidiar con cajas y pantallas vacías es algo completamente diferente.
La decoración interior puede resultar desalentadora; Puedo pasar horas mirando al vacío sin tener una idea en mente.

Las empresas suelen depender de los dominios. Una empresa de software podría contratar a un vendedor de bienes de consumo eficaz y descubrir que la transición de sus talentos de la venta de productos de consumo a la venta de servicios resulta sumamente desafiante. Un presentador que sobresale cuando habla ante grupos pequeños podría fallar una vez que su audiencia supere las 100 personas; o un experto en marketing puede carecer repentinamente de creatividad estratégica en su transición del puesto de director ejecutivo.

Markowitz nos ofrece un ejemplo que pone de relieve lo difícil que puede ser la transición de la vida profesional a la privada. Conozco directores ejecutivos que sobresalen como líderes en el trabajo pero parecen cascarones vacíos cuando llega el momento de tener relaciones íntimas fuera de las paredes de su oficina. Como suele ser el caso, los médicos son la profesión más infractora cuando se trata de fumar cigarrillos y consumir productos de tabaco. Los agentes de policía tienden a ser dos veces más violentos en el hogar que los civiles, mientras que los críticos literarios reciben malas críticas por sus libros. Los terapeutas de pareja tienden a tener matrimonios más frágiles que sus clientes; según el profesor de matemáticas Barry Mazur. "Hace varios años estaba tratando de decidir si debía o no mudarme de Stanford a Harvard". Después de aburrir a mis amigos con discusiones interminables, uno me sugirió que elaborara una lista de costos y beneficios, junto con mi utilidad esperada para calcular aproximadamente. Sin pensarlo, mi respuesta fue: 'Vamos Sandy, esto es serio'. Sin pensar bien mi respuesta, mi respuesta fue:

Transferir conocimiento de un área a otra puede ser un desafío, particularmente entre entornos académicos y de la vida real, y particularmente entre entornos académicos y de la vida real, como escenarios académicos versus escenarios de la vida real.
Desafortunadamente, esto se aplica incluso al conocimiento de este libro: puede que te cueste aplicarlo en la vida diaria; ¡Incluso para mí, como escritor, esa transición resultó ser difícil! El conocimiento de los libros no se traduce fácilmente en conocimiento de la calle.

Véase también Deformation Professionale (cap. 92); Conocimiento del chófer (cap. 16) y Tendencia a la tontería (cap. 57)

EL MITO DE LA APARIENCIA

¿Qué música prefieres: la de los 60 o la de los 80? ¿Cómo respondería el público en general? Las personas tienden a proyectar sus preferencias en los demás; quienes aman la década de 1960 podrían suponer que la mayoría de los demás también lo hacen; De manera similar, los entusiastas de la década de 1980 podrían asumir que la mayoría de las personas también comparten sus gustos musicales. A menudo podemos sobreestimar la unanimidad entre las personas que nos rodean y asumir que todos están de acuerdo con nuestros pensamientos y creencias; este fenómeno se conoce como efecto de falso consenso.

El psicólogo de Stanford, Lee Ross, exploró esto por primera vez en 1977 creando un tablero tipo sándwich adornado con el lema "Come en Joe's" y pidiendo a estudiantes seleccionados al azar que lo usaran en el campus durante treinta minutos, estimando cuántos otros estudiantes se ofrecerían como voluntarios para ello; aquellos que estaban dispuestos a usar el letrero asumieron que la mayoría de las demás personas (62%) estarían de acuerdo, mientras que aquellos que declinaron cortésmente creían que la mayoría (67%) encontraría la idea demasiado estúpida; Ambos grupos de estudiantes se imaginaban a sí mismos como parte de la mayoría popular.

El efecto de falso consenso se puede observar entre grupos de interés y facciones políticas que constantemente sobreestiman la popularidad de sus causas, como el calentamiento global. No importa cuán importante le parezca este tema, lo más probable es que crea que la mayoría de las personas comparten su punto de vista al respecto. Los políticos también tienden a sobrestimar su popularidad debido a un sesgo inherente al optimismo que no puede evitar hacerles creer que sus perspectivas electorales son mayores de lo que realmente son.

A los artistas les va aún peor: cuando se embarcan en nuevos proyectos, los artistas esperan más éxito que nunca. Mi ejemplo personal fue que mi novela Massimo Marini fue un éxito rotundo; después de todo, había funcionado bien en comparación con sus predecesores (aunque estos también habían recibido críticas positivas), que en mi opinión parecían igualmente buenos. Lamentablemente para mí, la opinión pública no estuvo de acuerdo y me demostró que estaba equivocado: este fenómeno se conoce como efecto de falso consenso.

Y esto se aplica igualmente en los negocios: sólo porque un departamento de I+D crea que su producto atraerá a los consumidores no significa que los consumidores también lo hagan. Las empresas dirigidas por profesionales de la tecnología tienden a tomar decisiones con este sesgo en mente.
Los inventores tienden a quedar fascinados por las características avanzadas de sus productos y suponen incorrectamente que también cautivarán a los clientes.

El efecto del falso consenso es fascinante por otra razón. Cuando las personas no comparten nuestras opiniones, rápidamente las etiquetamos como anormales o sospechosas. El experimento de Ross corroboró esto; los estudiantes que llevaban carteles tipo sándwich veían a los que no estaban de acuerdo como arrogantes o egocéntricos, mientras que los de otro campo los veían como buscadores de atención o portadores de carteles como idiotas y hacedores de ruido.

Quizás recuerde la falacia de la prueba social (la idea de que una idea mejora a medida que más personas la suscriben), que sugiere un efecto de falso consenso similar al observado durante las elecciones de falso consenso. No. La prueba social es una estrategia de supervivencia evolutiva. Seguir a la multitud nos ha salvado el pellejo con más frecuencia durante los últimos 100.000 años que hacerlo solo. Aunque no intervienen influencias externas en la creación de efectos de falso consenso, siguen cumpliendo una función social; por tanto, la evolución no los eliminó. Nuestros cerebros no fueron creados para reconocer la verdad; su propósito es, en cambio, producir descendencia tantas veces como sea posible. Quien fue percibido como valiente y convincente (a través del efecto de falso consenso) dejó una primera impresión impresionante, atrajo más recursos y aumentó sus posibilidades de transmitir sus genes a las generaciones futuras. Los que dudaban eran vistos como menos atractivos.

Conclusión: Reconocer que su visión del mundo no resuena con el sentimiento público es sólo la mitad de la batalla; no asuma que aquellos con ideas diferentes son idiotas antes de descartarlos por completo y desconfiar de ellos, primero analice detenidamente y de manera objetiva sus suposiciones e intente desafiarse a sí mismo. antes de reaccionar negativamente hacia aquellos con puntos de vista diferentes.

Véase también Prueba social (capítulo 4) y Síndrome del aquí no inventado (capítulo 75) para una discusión más detallada de estos conceptos.

AVERSIÓN A LA AMBIGÜEDAD

Dos cajas. La caja A contiene 100 bolas: 50 rojas y 50 negras. En la Caja B, no importa cuál se elija sin mirar, 100 del mismo tamaño pero sin saber cuáles serán bolas rojas o negras si se saca alguna de allí por accidente; si sale una bola roja, ganas $100 ! ¿Qué casilla elegirías: A o B? La mayoría de la gente tiende a seleccionar A como opción.

¡Juega de nuevo usando exactamente las mismas cajas e intenta sacar una bola negra esta vez por $100! ¿Qué casilla seleccionarías esta vez? Lo más probable es que sea A; sin embargo, en términos lógicos B contendría menos bolas rojas (y por lo tanto más bolas negras), justificando así su elección esta vez.

El error es común; No se preocupe: este fenómeno se conoce como la Paradoja de Ellsberg y lleva el nombre de Daniel Ellsberg, un ex psicólogo de Harvard (más tarde filtró a la prensa documentos ultrasecretos del Pentágono que finalmente provocaron la renuncia del presidente Nixon). La paradoja de Ellsberg proporciona prueba empírica de que tendemos a favorecer las probabilidades familiares sobre las desconocidas (recuadro A sobre el recuadro B).

Así que volvemos al riesgo y la incertidumbre (o ambigüedad) y sus diferencias. Riesgo significa que se conocen las probabilidades; la incertidumbre es cuando las probabilidades siguen siendo desconocidas; Al tener en cuenta el riesgo, puede decidir si tiene sentido o no apostar. La incertidumbre dificulta aún más la toma de decisiones y, a menudo, conduce a resultados catastróficos. El riesgo y la incertidumbre se confunden fácilmente, lo que a menudo tiene repercusiones nefastas para cualquiera que intente hacer cálculos entre uno y otro. La estadística es una ciencia antigua de 300 años que examina el riesgo. Numerosos profesores estudian sus conceptos; sin embargo, no existe ningún libro de texto sobre la incertidumbre; por eso intentamos encajar la incertidumbre en categorías de riesgo sin que tenga mucho sentido. A continuación se muestran dos ejemplos en los que esta teoría funciona y uno en el que no: uno de la medicina (donde funciona bien) y otro de la economía (donde no funciona).

Los seres humanos somos miles de millones en la Tierra. Nuestros cuerpos no varían significativamente, alcanzando alturas y edades similares (nadie alcanzará jamás los 100 pies de altura).
Uno puede vivir 10.000 años (¡o sólo milisegundos!). La mayoría de los humanos poseen dos ojos, cuatro válvulas cardíacas y 32 dientes; esto significa que pareceríamos similares a los ratones desde la perspectiva de otra especie. Debido a esto, cuando se trata de enfermedades

que comparten rasgos similares, como el cáncer, tiene sentido decir, por ejemplo: 'Existe un riesgo del 30% de que mueras de cáncer'. Por otro lado, afirmar que "hay un 30% de posibilidades de que el euro colapse dentro de cinco años" no tendría ningún sentido. ¿Por qué? La economía reside en un entorno de imprevisibilidad. Ningún historial monetario nos permite derivar probabilidades con certeza; y la diferencia entre riesgo e incertidumbre también ilustra por qué los seguros de vida y los swaps de incumplimiento crediticio difieren significativamente. Los swaps de incumplimiento crediticio (CDS) son pólizas de seguro contra incumplimientos específicos debido a la incapacidad de pago de las empresas, de manera muy similar a como los seguros de vida cubren riesgos en una forma fácilmente calculable; Los CDS introducen incertidumbre en nuestras vidas, lo que contribuyó a la agitación financiera de 2008. Cuando se escuchen frases como 'el riesgo de hiperinflación es x por ciento' o 'nuestra posición accionaria está en riesgo y por ciento', tomen nota: deberían generar señales de alerta.

Para evitar juicios apresurados, debes aprender a aceptar la ambigüedad. Desafortunadamente, esto puede ser una tarea desafiante e insuperable en la que no se puede influir directamente. Su amígdala juega un papel esencial aquí: esta área del tamaño de una nuez en el centro del cerebro responsable del procesamiento de la memoria y las emociones también juega un papel fundamental aquí: su forma determina su capacidad o falta de ella para lidiar con la incertidumbre; sus inclinaciones políticas reflejan esta dinámica ya que su tolerancia a la incertidumbre difiere según su construcción; En muchos sentidos, esto se relaciona con la frecuencia con la que su voto se inclina hacia el conservadurismo, ¡lo que se evidencia en parte debido a causas biológicas detrás de sus inclinaciones políticas!

Quien desee pensar con claridad debe comprender la distinción entre riesgo e incertidumbre. Sólo en ciertos casos podemos confiar en probabilidades claras (los casinos, los lanzamientos de monedas o los libros de texto sobre probabilidades pueden proporcionar esa seguridad); a menudo nos quedamos con ambigüedades preocupantes que requieren paciencia para manejarlas. ¡Aprende a aceptarlo todo como parte de la vida!

Véase también: Cisne Negro (cap. 75); Descuido de la probabilidad (cap. 26); Descuido de la tasa base (cap. 28); Sesgo de disponibilidad (capítulo 11) y Caminos alternativos (capítulo 39) para consideraciones adicionales. (82-91).

¿POR QUÉ SIGUES CON EL STATUS QUO?

Recientemente, en un restaurante, leí con desesperación su carta de vinos: ¿Irouleguy? ¿Harslevelu? ¿Susumaniello? Aunque no era un experto, era obvio que su sumiller intentaba impresionarnos con sus selecciones mundanas. Finalmente, en la página ocho estaba el canje en forma de "Nuestro vino de la casa francés: Reserve du Patron, Bourgogne $52". Inmediatamente ordenando un pensamiento "Seguro que esto no puede ser peor...".

Desde que compré un iPhone hace varios años, me ha permitido personalizar todo (uso de datos, sincronización de aplicaciones, configuración de cifrado y niveles de volumen del sonido del obturador de la cámara, entre otros) según mis especificaciones exactas. Pero puedes adivinar correctamente: ¡aún no se ha configurado ninguno!

En esencia, no tengo ningún desafío técnico; más bien soy simplemente otra víctima del "efecto default". Cuando algo nos resulta cómodo y atractivo, tendemos a ceñirnos a su configuración predeterminada, como el vino de la casa y la configuración de fábrica del teléfono móvil en la que normalmente nos conformamos felizmente. Al igual que yo, muchas otras personas prefieren las opciones estándar a las opciones individuales; por ejemplo, cuando compran automóviles nuevos, muchos compradores tienden a seleccionar el color predeterminado independientemente de su disponibilidad en otros modelos; Muchos compradores lo eligen independientemente. ¡Muchos optan por el incumplimiento por encima de cualquier otra cosa!

En su libro Nudge, el economista Richard Thaler y el profesor de derecho Cass Sunstein ilustran cómo los gobiernos pueden guiar eficazmente a sus ciudadanos sin violar la libertad protegida constitucionalmente. Las autoridades sólo necesitan ofrecer algunas opciones -siempre incluyendo una "salida" para aquellos que no pueden decidir entre ellas- para que la gente pueda tomar una decisión informada sobre las pólizas de seguro de automóvil para ellos y sus vecinos. Nueva Jersey y Pensilvania lo demostraron con dos pólizas de seguro de automóviles proporcionadas a sus habitantes. Nueva Jersey anunció esta póliza como su opción estándar y la mayoría de la gente estuvo feliz de aceptar su costo más bajo y la renuncia a ciertos derechos de compensación en caso de que ocurriera un accidente. Los conductores de Pensilvania parecían más inclinados a elegir la segunda opción, más costosa, como opción estándar, y rápidamente la convirtieron en su producto estrella. Este resultado fue bastante notable dado que los impulsores de ambos estados son en general similares. La cobertura puede diferir, según lo que prefiera cada persona y su presupuesto deseado.

Consideremos este experimento: hay una grave escasez de donantes de órganos, pero sólo el 40% opta por la donación de órganos. Eric Johnson y Dan Goldstein realizaron una encuesta preguntando a las personas si, al morir, querían optar activamente por no participar.

Al hacer que la donación de órganos sea la opción predeterminada en lugar de la opción predeterminada de aceptación/exclusión voluntaria, ¡la aceptación aumentó dramáticamente del 40% a más del 80%! Esto mostró la enorme diferencia entre un enfoque predeterminado de participación voluntaria y uno de exclusión voluntaria.

Cuando no se especifica ninguna opción estándar, tendemos a conformarnos con cualquier configuración predeterminada que exista y ampliar y validar su estado actual. La naturaleza humana prefiere lo que sabe; si se les da la opción de probar algo nuevo o seguir con lo que ya sabemos, muchos tienden a preferir seguir con lo que les resulta familiar a pesar de saber que cualquier cambio los beneficiaría; mi banco me cobra 60 dólares al año por enviar por correo los estados de cuenta; descargarlos en su lugar ahorraría este gasto, pero de alguna manera este servicio todavía me molesta; ¿Quizás porque se siente lo suficientemente seguro?

Entonces, ¿de dónde surge el sesgo del statu quo? La aversión a las pérdidas juega un papel integral en este fenómeno. Las pérdidas nos afectan dos veces más que las ganancias y eso hace que tareas como la renegociación de contratos sean extremadamente desafiantes: cada concesión que se otorga pesa el doble que cualquier cosa que se recibe a cambio, lo que genera pérdidas netas a través de dichos intercambios.

Tanto el efecto default como el sesgo del status quo demuestran nuestra fuerte propensión a apegarnos a cómo están las cosas, incluso si esto nos pone en desventaja. Al alterar el comportamiento humano estableciendo configuraciones predeterminadas de manera diferente, puede influir en las decisiones humanas con más éxito.

"Tal vez nuestras vidas siguen un gran concepto oculto", le sugerí a un compañero de cena, con la esperanza de provocarlo a una profunda discusión filosófica. En cambio, después de probar el vino Reserve du Patron, dijo simplemente: "Tal vez sólo necesite tiempo".
Véase también Fatiga de decisión (cap. 53); Paradoja de la elección (cap. 21); Aversión a las pérdidas (cap. 32).

POR QUÉ LA "ÚLTIMA OPORTUNIDAD" NOS HACE PÁNICO

Miedo al arrepentimiento | | Paul posee acciones de la empresa A, pero durante el año estuvo considerando venderlas y comprar acciones de la empresa B; finalmente optó por no hacerlo y se dio cuenta de que hoy habría ganado $1200 adicionales si lo hubiera hecho. Mientras tanto, George poseía acciones de la empresa B, pero las vendió para comprar acciones A; hoy ambos hombres se dan cuenta de que les habría ido mejor si se hubieran quedado con B y hubieran obtenido una ganancia extra de $1200 si hubieran aguantado más tiempo; ¿Quién siente más arrepentimiento? ¿Pablo o Jorge?

El arrepentimiento es el sentimiento de tomar una decisión equivocada, deseando que alguien nos dé otra oportunidad. Cuando se les preguntó quién se sentiría peor después de tomar una mala decisión, sólo el 8% eligió a Paul, mientras que el 92% seleccionó a George a pesar de que ambas situaciones eran idénticas: tanto Paul como George tomaron malas decisiones sobre acciones que los dejaron sin dinero en la misma cantidad; Paul ya poseía acciones en A, mientras que George tuvo que comprarlas él mismo, siendo Paul pasivo mientras George actuaba activamente; parece que aquellos que no siguen la lógica convencional experimentan más arrepentimiento.

No siempre actuar es motivo de arrepentimiento; A veces, la inacción puede crear un mayor impacto emocional que hacer algo al respecto. Tomemos, por ejemplo, una editorial que es la única que se niega a publicar libros electrónicos de moda; Su propietario afirma que los libros deben permanecer impresos en papel como dicta la tradición. Poco después, nueve editoriales que tenían planes de lanzar estrategias de libros electrónicos fracasaron; esto dejó en pie sólo a las editoriales convencionales en papel antes de quebrar, incluida una que lo intentó pero finalmente se dio por vencida y siguió el camino de la editorial convencional, siendo las editoriales tradicionales la víctima final; En definitiva, ¿quién sintió más esta serie de decisiones tomadas? ¿Y quién obtuvo más apoyo? Derecha: ¡la editorial convencional que sólo publica papel con su tradicional postura contra la publicación de e-gruñones de moda!

Consideremos como ejemplo el libro de Daniel Kahneman Thinking, Fast and Slow: Después de cada accidente aéreo, escuchamos de una persona que tenía la intención de volar un día antes o un día después, pero por alguna razón cambió su reserva en el último minuto, creando una excepción que obtiene nuestra más simpatía que aquellos pasajeros "normales" a bordo del desafortunado vuelo desde el principio.
El miedo al arrepentimiento puede hacernos actuar de forma irracional; Para evitar su control no deseado sobre nosotros, a menudo actuamos de manera conservadora para no desviarnos demasiado de lo que otros esperan de nosotros. Nadie es inmune; Incluso los operadores sumamente confiados tienden a vender acciones más exóticas el 31 de diciembre (día D para revisiones de desempeño y cálculos de bonificaciones) simplemente para no

desviarse demasiado del rebaño. De manera similar, el miedo al arrepentimiento (conocido como efecto de dotación) impide que las personas descarten artículos que ya no son necesarios, por temor a las repercusiones del arrepentimiento en caso de que, después de todo, resultara que necesitabas esos tenis gastados.

El remordimiento puede ser particularmente abrumador cuando se combina con una oferta de "última oportunidad", como los folletos de safari que afirman que brindan "la última oportunidad de ver un rinoceronte antes de que su especie se extinga". Pero ¿por qué alguien volaría desde Europa justo ahora con un propósito tan irracional?

Entonces, digamos que usted ha soñado durante mucho tiempo con tener su propia casa, pero la tierra se está volviendo escasa y solo quedan un puñado de parcelas con vista al lago; Tres han ido y venido, ¡dejando solo uno como tu última oportunidad! Sintiendo pánico ante lo que parece ser la última oportunidad disponible, compras esta parcela a un precio exorbitante, creyendo que podría ser ésta; en realidad, seguirán apareciendo en el mercado inmuebles con impresionantes vistas al lago; Las últimas oportunidades pueden hacernos entrar en pánico y llevarnos por este camino, ¡incluso para negociadores experimentados!

Véase también Error de escasez (cap. 27); Efecto de Dotación (cap. 23); Caminos alternativos (cap. 39) y Encuadre (cap. 42)

Imaginemos por un momento que la marihuana ha sido el centro del discurso de los principales medios de comunicación desde hace algún tiempo, con programas de televisión que retratan a consumidores de marihuana, cultivadores y traficantes clandestinos; la prensa sensacionalista imprime fotografías de niñas de 12 años fumando porros; periódicos que exploran aspectos médicos así como consideraciones filosóficas sobre el uso de la marihuana: ¡todo el mundo parece hablar de ello! Supongamos que fumar no afecta negativamente a la conducción de ninguna manera: cualquier conductor podría verse involucrado en un accidente en algún momento simplemente por coincidencia; Del mismo modo, los conductores con porros pueden verse implicados en accidentes de vez en cuando, como cualquier otra persona, ¡sólo por casualidad!

Kurt es un periodista local. Una tarde, mientras conducía a casa, se topa con la escena de un accidente con un coche enrollado en el tronco de un árbol. Debido a su relación con las autoridades locales, se entera de que encontraron marihuana escondida en el asiento trasero de este automóvil, lo que lo llevó a regresar corriendo a la sala de redacción con este titular: "La marihuana mata a otro automovilista".

Como se discutió anteriormente, asumimos que no existe una relación estadística entre el consumo de marihuana y los accidentes automovilísticos y sus respectivos accidentes, lo que deja el titular de Kurt injustificado y sus afirmaciones sin respaldo de hechos. Kurt ha sido víctima de algo llamado efecto de prominencia, en el que los rasgos o atributos prominentes ganan más atención de la que merecen; El hecho de que la marihuana sea tan obvia aquí le ha hecho creer que este incidente fue causado por ella.

Una vez que Kurt ingresa al periodismo empresarial, ocurre un evento importante: ¡una de las empresas más grandes del mundo acaba de anunciar que promoverá a una mujer a directora ejecutiva! Kurt, emocionado por este desarrollo, inmediatamente se lanza a escribir su comentario: la mujer probablemente fue ascendida por ser mujer - cuando en realidad esto probablemente no tuvo nada que ver con el género (ya que los hombres normalmente ocupan la mayoría de los roles principales); si otras empresas que ya estaban actuando hubieran considerado el liderazgo femenino tan importante, probablemente lo habrían hecho hace mucho tiempo; Sólo en esta noticia el género se vuelve prominente, ganando así un peso extra por parte de Kurt y su lector.

Los periodistas no están solos cuando se trata de ser víctimas del efecto de prominencia: todos lo somos. Dos hombres asaltan una tienda.
Los inmigrantes nigerianos roban un banco, son arrestados inmediatamente y revelados como tales tras ser interrogados por agentes del orden poco después. Si bien no se puede

considerar desproporcionadamente responsable a ningún grupo étnico en particular por los robos a bancos, todavía asociamos a los inmigrantes nigerianos sin ley con los robos a bancos; distorsiona nuestro pensamiento; ¡Asumimos que son inmigrantes ilegales otra vez! Del mismo modo, si un armenio comete una violación, a menudo se le culpa a él y no a otros factores presentes entre los estadounidenses que existen entre los estadounidenses, en lugar de otros factores presentes que existen dentro de los estadounidenses y que también contribuyen a que se formen prejuicios a pesar de que la gran mayoría vive una vida legal y se olvida. Incidentes particularmente notables que involucran a inmigrantes tan pronto como escuchamos algo relacionado con ellos y, por lo general, ¡comienza primero con incidentes negativos sorprendentes!

El efecto de prominencia puede moldear tanto nuestra percepción de eventos pasados como nuestra forma de visualizar el futuro. Daniel Kahneman y Amos Tversky descubrieron que a menudo damos demasiada importancia a la información destacada al hacer pronósticos, lo que puede explicar por qué los inversores reaccionan con más fuerza a noticias sensacionalistas (como los despidos de directores ejecutivos) que a información menos sorprendente, como las proyecciones de crecimiento de las ganancias a largo plazo. Incluso los analistas profesionales no siempre pueden eludir su influencia.

Conclusión: La información destacada tiene una enorme influencia en nuestros pensamientos y acciones. Tendemos a pasar por alto factores de lento desarrollo con efectos a largo plazo que tendemos a ignorar por completo. No os dejéis cegar por las irregularidades; por ejemplo, un libro con una llamativa y vibrante sobrecubierta roja figura en la lista de los más vendidos, lo que lleva a los lectores a atribuir su éxito únicamente a su portada. No caiga en esta tentación: ¡reúna suficiente fuerza mental para luchar contra explicaciones aparentemente obvias!

Véase también El efecto halo (cap. 38); Efectos de primacía y actualidad (cap. 73); Sesgo de confirmación (capítulos 7-8); Inducción (cap. 31); Error de atribución fundamental (cap. 36) y heurística del afecto (cap. 66)

POR QUÉ EL DINERO NO ESTÁ DESNUDO.

Un día de otoño a principios de la década de 1980 hacía viento y hojas mojadas se arremolinaban. Empujando mi bicicleta colina arriba hacia la escuela, noté algo extraño a mis pies: una hoja grande y de color marrón óxido se reveló que valía billetes de 500 francos suizos, aproximadamente 250 dólares hoy; ¡Una fortuna absoluta en ese momento para un estudiante de secundaria! Ese dinero pronto desapareció de mi bolsillo; Rápidamente lo usé para comprar uno de los mejores modelos disponibles con frenos de disco y cambios Shimano (¡aunque mi bicicleta anterior funcionaba bien!), ¡aunque mi vieja bicicleta todavía funcionaba bien como antes!

Aunque en aquel entonces no era completamente pobre, ya que había logrado ahorrar unos cientos de francos cortando el césped en mi barrio, nunca se me pasó por la cabeza la idea de gastar ese dinero ganado con tanto esfuerzo en algo tan frívolo como ir al cine o ir de compras. - mis gastos no fueron excesivos y tuvieron más sentido al reflexionar sobre este comportamiento; el dinero sólo puede percibirse de manera diferente dependiendo de su fuente; por lo tanto, viene acompañado de asociaciones emocionales que añaden capas adicionales.

Dos preguntas. Imaginemos que después de trabajar duro durante un año, y al final descubres que tienes $20,000 adicionales en tu cuenta que al principio, ¿qué harías con ellos? A) Déjalo en tu banco. B) Invertirlo. C) Úselo para mejoras necesarias como renovar una cocina mohosa o reemplazar neumáticos desgastados. D) Disfrute de unas extravagantes vacaciones en crucero.

Como es típico para la mayoría de las personas, probablemente elija A, B o C como respuesta.

Segunda pregunta. ¿Qué harías si ganaras 20.000 dólares en la lotería? Elija entre A, B, C o D como se indica arriba; la mayoría de la gente ahora toma C o D, lo que revela un pensamiento defectuoso; aunque eres libre de contarlo como quieras; $20.000 siguen siendo $20.000.

Los casinos nos brindan muchos ejemplos de delirios similares a este. Un amigo coloca 1.000 dólares en una mesa de ruleta, sólo para perderlo todo, y luego afirma: 'No aposté 1.000 dólares; Gané todo eso antes.' Cuando otros le preguntan sobre sus pérdidas, él responde: "¡Pero es la misma cantidad!" e insiste: ¡En absoluto!
"'¡No me digas!" Él ríe. Tratamos el dinero que ganamos, descubrimos o heredamos con más descuido que el dinero ganado mediante el trabajo duro; El economista Richard Thaler denominó este efecto efecto dinero de la casa; nos lleva a correr mayores riesgos; los

ganadores de la lotería a menudo se encuentran en peor situación una vez que cobran sus ganancias; en este sentido, el viejo dicho de que algo se gana y se pierde algo sólo puede servir para minimizar las pérdidas reales.

Thaler dividió a sus alumnos en dos grupos. Uno se enteró de que habían ganado $30 y podían participar en un lanzamiento de moneda donde cruz significaba $9 en ganancias y cara resultaría en $9 pérdidas; 7 de cada 10 alumnos decidieron arriesgarse y participar. Por el contrario, otro grupo descubrió que a primera vista no habían ganado nada, pero que tenían la opción de recibir 30 dólares como prometieron o lanzar otra moneda en la que la cara ganó 21 dólares y la cruz 39 dólares. Sin embargo, sólo el 43% eligió cualquiera de las opciones a pesar de que ambas opciones ofrecían el mismo valor esperado: 30 dólares.

Los estrategas de marketing comprenden el poder del efecto dinero de la casa. Los sitios de apuestas en línea lo 'recompensan' con $100 de crédito al registrarse, las compañías de tarjetas de crédito brindan crédito de llamadas gratis al completar formularios de solicitud, las aerolíneas regalan millas al unirse a clubes de viajeros frecuentes y las compañías telefónicas brindan crédito de llamadas para ayudar a las personas a acostumbrarse a hacer llamadas con más frecuencia, ¡todo gracias a esta sutil estrategia conocida como efecto dinero de la casa! Gran parte de la moda de los cupones se debe a este fenómeno.

Conclusión: tenga cuidado al ganar dinero o al obtener algo gratis de una empresa. Hay muchas posibilidades de que lo devuelva con intereses por pura exuberancia; por lo tanto, es mejor quitarle toda opulencia a este dinero aparentemente gratis, convertirlo en ropa de trabajo, depositarlo en su cuenta bancaria o devolverlo a su propia empresa lo más rápido posible.

Consulte también: Efecto de dotación, error de escasez y aversión a las pérdidas en el Capítulo 23-32 para un análisis más detallado de las resoluciones que no funcionan (capítulos 23-25 y 32-33).

Dilación

Mi amigo es artista; sus libros contienen alrededor de 100 páginas cada siete años y producen dos líneas impresas por día, ¡como máximo! Cuando se le preguntó sobre su miserable productividad, respondió: "Investigar es mucho más divertido que escribir". Como tal, se sienta en su escritorio, navegando por la web durante horas o estudiando libros oscuros en busca de grandes y olvidadas historias para escribir antes de convencerse de que no tendría sentido hasta que esté en "el estado de ánimo adecuado". Desafortunadamente, esto sucede rara vez como para justificar la postergación de su escritura, ya que se convenció a sí mismo de comenzar sólo una vez que el "estado de ánimo adecuado" apareció y se apoderó de él, ¡lo que rara vez ocurre!

Otro amigo ha intentado diariamente durante los últimos diez años dejar de fumar; cada cigarrillo podría ser el último. Mientras tanto, mis declaraciones de impuestos han estado sin terminar en mi escritorio durante seis meses; aunque no he perdido la esperanza de que eventualmente se llenen solos.

La procrastinación es la tendencia a posponer la realización de acciones que requieren sacrificio: ir al gimnasio, cambiar pólizas de seguro por pólizas más baratas o escribir cartas de agradecimiento son sólo algunos ejemplos de tareas que pueden necesitarse y las resoluciones no ayudarán en estas instancias.

La procrastinación es una locura, dado que ninguna tarea se completa por sí sola. Sabemos que son útiles, entonces ¿por qué los dejamos para otro momento? Porque el tiempo transcurre entre la siembra y la cosecha. El profesor de psicología Roy Baumeister demostró esta idea mediante un brillante experimento. Puso a los estudiantes frente a un horno lleno de galletas de chocolate que se estaban horneando, enviando su aroma irresistiblemente fragante a la habitación. Luego colocó un cuenco lleno de rábanos cerca del horno e indicó a los estudiantes que podían consumir tantos como quisieran sin restricciones; Sin embargo, las cookies estaban estrictamente prohibidas. Los dejó solos en la habitación durante treinta minutos. A los estudiantes de un segundo grupo se les permitió atiborrarse libremente de galletas antes de que ambos grupos intentaran un difícil problema de matemáticas con galletas; aquellos a quienes se les prohibió comer alguno abandonaron dos veces más rápido que aquellos a quienes se les permitió el consumo ilimitado de galletas; este período de autocontrol había pasado con éxito.

La fuerza de voluntad se agotó, dejándolos sin suficiente energía mental o fuerza de voluntad para afrontar la tarea en cuestión. La fuerza de voluntad actúa como una batería; una vez agotados, los desafíos futuros podrían resultar insuperables.

El autocontrol no siempre puede estar disponible todo el tiempo; necesita tiempo y espacio para rejuvenecerse. Afortunadamente, todo lo que se necesita para lograr este objetivo es reabastecer el nivel de azúcar en la sangre y relajarse: ¡dos estrategias simples pero importantes!

Aunque comer lo suficiente y tomar descansos regulares son componentes esenciales del éxito, el siguiente elemento crucial es utilizar varios trucos para mantenerse en el camino correcto. Esto puede implicar eliminar distracciones; por ejemplo, cuando escribo novelas, a menudo desactivo el acceso a Internet para no desviarme al llegar a una parte complicada de la escritura. Pero la técnica más poderosa de todas es fijar plazos; El psicólogo Dan Ariely descubrió que las autoridades externas, como los maestros o los funcionarios del IRS, tienden a funcionar mejor. Los plazos autoimpuestos sólo funcionan si la tarea se ha dividido paso a paso y cada parte tiene su propia fecha de vencimiento; ¡De ahí estos nebulosos propósitos de Año Nuevo condenados al fracaso!

La procrastinación es humana e irracional; por lo tanto, para combatirlo eficazmente utilice un enfoque integrado. Mi vecina logró escribir su tesis doctoral en tres meses usando esta estrategia: alquilar una pequeña habitación sin teléfono ni conexión a Internet y fijar tres fechas por parte de su trabajo para cada fecha límite que anunciaba a cualquiera que quisiera escucharla (incluso imprimirlas en su negocio). ¡Tarjetas!) Se recargaba de energía durante la hora del almuerzo o de la noche leyendo revistas de moda o durmiendo.

Ver también: Sesgo de omisión (cap. 44); Falacia de planificación (cap. 91); Sesgo de acción (cap. 43); Descuento hiperbólico (cap. 51); Efecto Zeigarnik (cap.93)

CONSTRUYE TU PROPIO CASTILLO

Envidia ¿Qué te daría más celos? Hay tres escenarios de envidia que pueden irritarte: A) Cuando el salario de tus amigos aumenta mientras el tuyo sigue igual. B) Sus salarios promedio disminuyen mientras que los tuyos lo hacen. C) Tus salarios promedio disminuyen y viceversa.

Si tu respuesta fue A, no te preocupes: esto es bastante normal: ¡una víctima más del monstruo de ojos verdes!

He aquí un cuento ruso: un granjero encuentra una lámpara mágica. Después de frotarlo, de la nada aparece un genio sin nombre que les promete un deseo. Después de pensar un rato y considerar sus opciones, el granjero finalmente decide: Mi vecino tiene una vaca; por eso espero que ella muera para que yo pueda heredar el suyo".

Por absurdo que parezca, es probable que te identifiques con el granjero. Admítelo: pensamientos similares deben haber pasado por tu mente en algún momento de la vida. Considere a su colega que gana una gran bonificación mientras usted recibe sólo un certificado de regalo: la envidia puede llevar a acciones imprudentes como negarse a ayudarlo e incluso pincharle los neumáticos de su Porsche; Deleitarse en secreto cuando se rompe una pierna esquiando es un resultado del que uno se regocija en secreto.

La envidia se destaca entre todas las emociones como una que es fácil de deshacerse, a diferencia de la ira, la tristeza o el miedo. Según el análisis de Balzac de la envidia como vicio (porque no trae consigo ningún beneficio único), la envidia sólo puede servir a un propósito: la adulación sincera; de lo contrario es tiempo perdido.
La envidia puede surgir de muchas formas: propiedad, estatus, salud, talento juvenil, popularidad, belleza. Debido a que las reacciones físicas de ambos son similares, la envidia puede confundirse fácilmente con los celos; la diferencia radica en cuál es su tema (estado, dinero, salud, etc.). Para que ocurran los celos se necesitan al menos dos partes involucradas, mientras que la envidia requiere al menos tres (Peter está celoso porque Sam no contesta su teléfono mientras la hermosa chica de al lado lo llama).

La envidia a menudo puede llevarnos por un camino poco saludable al volverse contra aquellos que son más similares a nosotros en edad, carrera y residencia. Pero, ¿por qué sentimos resentimiento hacia empresarios de otro siglo, plantas o animales que no representan una amenaza o carecen de estatus social? ¡Nada de esta envidia merecida en cualquier caso!
Como escritor, no envidio a los millonarios de todo el mundo; más bien aquellos dentro de mi ciudad. Los músicos, managers o dentistas son lo primero. Los directores ejecutivos

envidian a otros grandes directores ejecutivos; las supermodelos envidian a las supermodelos más exitosas; como mejor lo dijo Aristóteles: "Los alfareros envidian a los alfareros".

Supongamos, por ejemplo, que su éxito financiero le permite mudarse de uno de los barrios más difíciles de Nueva York al Upper East Side de Manhattan. Al principio, este movimiento puede parecer fantástico; Los amigos pueden admirar su apartamento y su dirección. Pero rápidamente después, te das cuenta de que hay apartamentos de diferentes proporciones a tu alrededor, junto con nuevos grupos de pares formados por personas mucho más ricas en comparación con tu antiguo grupo de pares, lo que hace que surjan nuevos problemas: envidia y ansiedad por el estatus entre ellos.

¿Cómo se puede combatir la envidia? Primero, deja de compararte con los demás. En segundo lugar, encuentre su círculo de competencia y llénelo usted mismo; Crea un área en la que brilles, por pequeña que sea, para que todos sepan que TÚ eres el dueño de ese castillo.

Como todas las emociones, la envidia tiene sus raíces en la evolución humana. Si el homínido de la cueva de al lado tomó más carne del mamut de lo que era justo para nosotros, los perdedores, la envidia nos motivó a hacer algo al respecto; los relajados cazadores-recolectores morían de hambre mientras otros se daban un festín. Sin embargo, hoy la envidia ya no desempeña un papel tan importante. ¡Que mi vecino se compre un Porsche no significa menos para mí!

Cuando siento que mi envidia aumenta, mi esposa me recuerda: "Está bien envidiar a aquellos en quienes aspiras a ser".

Véase también Sesgo de comparación social (cap. 72); Cinta de correr hedónica (capítulo 46).

Personificación Durante 18 años, a los medios estadounidenses se les prohibió mostrar fotografías de los ataúdes de los soldados caídos. Cuando el secretario de Defensa, Robert Gates, levantó esta prohibición en febrero de 2009, miles de imágenes inundaron Internet. Oficialmente, los miembros de la familia deben dar su aprobación antes de que se pueda publicar algo; pero en realidad esta regla no se puede hacer cumplir de manera efectiva. Esta restricción tenía un propósito: encubrir los verdaderos costos de la guerra, disfrazando sus verdaderas cifras como estadísticas, mientras que las personas reales evocan emociones en todos nosotros.

¿Por qué es este el caso? Durante milenios, los grupos han sido esenciales para nuestra supervivencia, por lo que durante los últimos 100.000 años hemos desarrollado una increíble capacidad para leer la mente de otras personas; este término científico se conoce como "teoría de la mente". Aquí hay un experimento para demostrar esto: te dan $100 y debes dividirlos con alguien, considerando tu sugerencia si acepta tu oferta, el dinero se divide en consecuencia o se devuelve; si la otra persona no está de acuerdo, debes regresar. todo sin recibir nada a cambio: ¿cómo se desarrollará esto?

A primera vista, tendría sentido darle a un desconocido muy poco (por ejemplo, sólo 1 dólar), porque cualquier cosa sería mejor que nada. Sin embargo, los economistas que realizaron experimentos utilizando juegos de ultimátum (el término técnico) observaron que los sujetos se comportaban de manera muy diferente al participar. Ofrecerían entre un 30% y un 50%, cualquier cantidad por debajo de lo cual se consideraría injusto, un ejemplo de nuestra empatía hacia otro ser humano. El juego del ultimátum puede servir para abrir los ojos sobre cómo nuestras percepciones difieren dependiendo de quién está mirando.

Sin embargo, con una pequeña modificación es posible disminuir significativamente esta sensación: mover a los jugadores a habitaciones separadas. Cuando las personas ya no pueden ver a sus homólogos o nunca los han conocido, o nunca han sabido de ellos, simular sus sentimientos se vuelve mucho más difícil; eventualmente se convierten en una abstracción y su participación cae por debajo del 20% en promedio.

Paul Slovic llevó a cabo otro experimento solicitando donaciones. Un grupo vio una foto de Rokia de Malawi, una niña desnutrida que vive de la caridad, antes de que le mostraran su foto y le mostraran cuánto dinero ayudaría.
Después de que se les mostraran estadísticas sobre la hambruna en Malawi, las personas de un grupo donaron un promedio de $2,83 de los $5 que recibieron para completar una breve encuesta; después de que se les mostraran estadísticas que detallaban que más de tres millones de niños desnutridos estaban afectados, las donaciones promedio cayeron un 50%;

esto parecía contrario a la intuición, ya que uno podría pensar que la generosidad de la gente aumentaría al conocer su escala; lamentablemente este no parece ser el caso; ¡Las personas, no las estadísticas, impulsan nuestras acciones!

Las organizaciones de medios han reconocido desde hace tiempo que los aburridos informes fácticos y gráficos de barras no atraen a los lectores; Como resultado, su pauta al informar sobre historias ha sido durante mucho tiempo dar a cada evento una "imagen". Cuando se informa sobre una empresa o un estado que aparece en las noticias, por ejemplo, suele aparecer junto a ella una foto de su director ejecutivo (ya sea sonriendo o haciendo muecas según la demanda del mercado), y los presidentes o gobernadores estatales se convierten en íconos dentro de estas historias; Cuando ocurre algo como un terremoto, sus víctimas se convierten en la cara visible de todo.

Esta obsesión explica el éxito de uno de los grandes inventos de la cultura: la novela. Esta "aplicación asesina" literaria proyecta conflictos individuales e interpersonales en los destinos individuales. En lugar de que un académico escriba una disertación exhaustiva sobre la tortura psicológica en la Nueva Inglaterra puritana, todavía leemos La letra escarlata de Hawthorne; ¿Lo mismo ocurrió con la Gran Depresión? Si bien sus estadísticas pueden parecer distantes para la mayoría de nosotros, tal como las experimentamos a través de Las uvas de la ira de Steinbeck, permanecen vivas en la memoria.

Conclusión: tenga cuidado al encontrarse con historias humanas. Investigue sus hechos y distribución estadística para poder contextualizar mejor su narrativa. Sin embargo, si deseas conmover o motivar a las personas para tus propios fines, asegúrate de que tu historia incluya nombres y rostros, ya que esto hará que la narración sea más poderosa.

Véase también Story Bias (cap. 13); News Illusion (cap. 99); Sesgo de vinculación (cap. 22)

Después de fuertes lluvias en el sur de Inglaterra, un río se desbordó. La policía cerró y desvió el tráfico en su cruce durante dos semanas; sin embargo, al menos una vez al día, al menos un automóvil pasó por delante de las señales de advertencia y se adentró en el agua que fluía rápidamente, sin darse cuenta de lo que había justo delante de ellos.

Los psicólogos de Harvard Daniel Simons y Christopher Chabris llevaron a cabo un experimento en el que dos equipos de estudiantes se pasaban una pelota de baloncesto entre equipos que vestían camisetas blancas o negras; los negros que vestían camisetas negras eran más eficientes a la hora de pasarse las pelotas hacia atrás que sus homólogos en pasándolos hacia atrás. Este breve clip conocido como "The Monkey Business Illusion" se puede ver en línea (¡míralo antes de leer más!). ¡Echa un vistazo aquí antes de seguir leyendo!). Se pide a los espectadores que cuenten con qué frecuencia los jugadores con camisetas blancas se pasan el balón entre ambos equipos mientras avanzan en círculos entrando y saliendo y pasando de un lado a otro. En un momento del video, ocurrió algo inesperado: un estudiante vestido como un gorila entró de repente y comenzó a golpearse el pecho antes de irse rápidamente de nuevo. al final si notaste algo inusual; la mitad de los espectadores respondieron con incredulidad que había habido algún comportamiento extraño; no podían comprender tal presencia - ¿seguramente no hay ningún gorila aquí?

El Monkey Business Test es uno de los experimentos más conocidos en psicología y pone de relieve lo que los psicólogos llaman una ilusión de atención: creemos que notamos todo lo que sucede a nuestro alrededor cuando en realidad sólo tendemos a notar aquello en lo que nos estamos concentrando - aquí, el pases realizados por el equipo blanco; ¡Las interrupciones no anunciadas pueden incluso ser tan grandes y llamativas como un gorila!

En ocasiones, realizar llamadas telefónicas mientras se conduce puede poner en riesgo nuestra percepción de atención. La mayoría de las veces esto no presenta ningún problema; Por lo general, hacer llamadas no tiene ningún impacto adverso en las tareas de conducción, como mantenerse dentro de los carriles y aplicar los frenos cuando sea necesario. Pero una vez que ocurre algo inesperado, como un niño cruzando la calle corriendo, su atención se reduce demasiado para reaccionar apropiadamente a tiempo; Los estudios demuestran que esto es cierto ya sea con teléfonos móviles o con alcohol.
No importa cómo sostenga o use un teléfono, su impacto en su tiempo de respuesta ante eventos inesperados sigue siendo limitado.

¿Reconoces la frase 'El elefante en la habitación'? Esto se refiere a un tema obvio que nadie quiere discutir; un tabú tácito. Por el contrario, podríamos definir "El gorila en la habitación" como: un tema que debe discutirse de inmediato pero que se pasa por alto o se ignora porque nadie lo sabe.

Swissair era una aerolínea tan centrada en la expansión que ignoró su liquidez en rápida disminución, lo que llevó a sus quiebras en 2001 y 2002. O consideremos la mala gestión dentro de las naciones del Bloque del Este que llevó a su separación, a la caída del Muro de Berlín y a riesgos en las cuentas de los bancos que A nadie le importaba mucho antes de 2007. Estos ejemplos nos muestran con qué frecuencia los gorilas deambulan entre nosotros sin que nos demos cuenta.

No todos los acontecimientos extraordinarios se nos escapan; más bien, lo que no notamos pasa desapercibido y no lo vemos; dejándonos así inconscientes de cualquier elemento importante que estemos pasando por alto y dando lugar a la falsa creencia de que estamos observando todo lo importante.

De vez en cuando, libérate de la ilusión de atención. Piense en todos los escenarios posibles y aparentemente improbables: pueden surgir eventos inesperados de los que nadie habla; los problemas ocultos que nadie aborda no se están abordando; estad atentos tanto al silencio como al ruido; comprobar las zonas periféricas en lugar de sólo las centrales; anticipar algo inusual pero enorme: ser enorme no garantiza que se note; ¡También hay que esperar que aparezca algo inusual!

Ver también: Efecto positivo en características (cap. 95); Sesgo de confirmación (capítulos 7-8), sesgo de disponibilidad (capítulo 11) y efectos de primacía y actualidad (capítulo 73)

Imagínese postularse para el trabajo de sus sueños: pule su currículum hasta que brille, brille durante una entrevista y resalte todos sus logros y habilidades mientras minimiza cualquier debilidad o contratiempo. Cuando le pregunten si podría aumentar las ventas en un 30% y al mismo tiempo reducir los costos en un 30%, su respuesta debería ser: "Considérelo hecho". Independientemente de cualquier preocupación que tenga en su interior sobre cómo podría suceder esto, concéntrese primero en impresionar a los entrevistadores; los detalles siga más tarde; cualquier intento de proporcionar respuestas que no sean de fantasía podría potencialmente dejarlo fuera de la competencia y, en última instancia, resultar en su descalificación de una mayor consideración por parte de los entrevistadores; dé incluso respuestas semi-realistas que podrían dejarlo fuera de consideración, sin importar lo bien que suenen. en cambio.

Imagínese como un periodista con una excelente idea para un libro de la que todo el mundo habla. Después de encontrar un editor interesado y dispuesto a pagar un anticipo, le pregunta cuándo puede esperar el manuscrito (¿estará listo en seis meses?). Usted tartamudea: 'Hmm... Ni idea. ¿Cuánto tiempo me tomó la última vez?" Usted responde con: 'Considérelo hecho'. Una vez que se firma el contrato y el dinero en su cuenta bancaria, ¡siempre habrá tiempo para otros proyectos y escribir historias!

Tergiversación estratégica es el término oficial para este tipo de comportamiento: cuanto más hay en juego, más exageradas deberían volverse sus afirmaciones. Aunque la tergiversación estratégica no funciona en todas partes (por ejemplo, si un oftalmólogo promete cinco veces consecutivas brindarle una visión perfecta solo para ofrecer resultados peores que antes después de cada procedimiento, con el tiempo usted puede dejar de creer sus promesas por completo), la tergiversación estratégica aún podría funcionar. resultan valiosos cuando se intentan esfuerzos únicos, como entrevistas (¡donde una empresa no lo contratará más de una vez!). Sin embargo, tampoco debería funcionar aquí; en cambio, bien podría funcionar cuando se enfrenta a intentos únicos o intentos únicos que involucran intentos únicos, algo que un oftalmólogo no haría.

Los megaproyectos son particularmente susceptibles a tergiversaciones cuando su responsabilidad es difusa, como cuando el gobierno que originalmente los financió ya no tiene poder, muchas empresas participan y a menudo señalan con el dedo, o faltan algunos años para la fecha de finalización.
Bent Flyvbjerg de Oxford conoce muy bien los proyectos a gran escala. Los sobrecostos y cronogramas son comunes porque las ofertas ganadoras no siempre reflejan la excelencia general; más bien todo se reduce a lo que parece mejor sobre el papel, algo que Flyvbjerg llama "darwinismo inverso": el que produzca más aire caliente normalmente ganará. ¿La

tergiversación estratégica es simplemente una práctica engañosa? No necesariamente; Así como las mujeres que usan maquillaje son engañosas, mientras que los hombres que alquilan Porsche para mostrar sus proezas financieras es engañoso (engañoso pero socialmente aceptable, por lo que no nos molestamos), lo mismo ocurre con las prácticas de tergiversación utilizadas cuando las mujeres usan maquillaje o los hombres que alquilan Porsche para mostrar Las proezas financieras están objetivamente engañadas pero son socialmente aceptables, por lo que tampoco nos molestamos. Lo mismo ocurre con los esquemas estratégicos de tergiversación utilizados durante las negociaciones, incluso si sólo una de las partes conoce las tácticas de tergiversación utilizadas contra otra parte pero puede salirse con la suya si se tergiversa durante las negociaciones; Lo mismo cuenta cuando se aplica estratégicamente, la tergiversación puede salirse con la suya y ser de mala reputación cuando se aplica en términos de engaño, cuando también se aplica estratégicamente, como hombres que alquilan Porsche como señal de destreza financiera para indicar destreza financiera simplemente mienten en este sentido, pero no se molesten por socialmente aceptable para que no nos preocupemos por la tergiversación estratégica. Lo mismo se aplica a la tergiversación estratégica utilizada contra ellos, ya sea utilizada de manera engañosa contra uno u otro de lo esperado o tratada de manera diferente según. Lo mismo ocurre con tergiversado cuando se utiliza cuando se tergiversa lither.

Es posible que la tergiversación estratégica no siempre tenga repercusiones graves; sin embargo, cuando se trata de asuntos que realmente importan, como su salud o futuros empleados, tenga cuidado. Cuando trate con personas (ya sean candidatos a un cargo, autores u oftalmólogos), no confíe en lo que afirman; en su lugar, mire su desempeño pasado. Cuando se trata de proyectos (ya sean proyectos similares o nuevas propuestas que parecen irrealmente optimistas). Tenga cuidado con cualquiera que parezca irrealmente optimista; pedir a un contador que examine minuciosamente los planes; agregar una cláusula en los contratos que estipule sanciones en caso de que ocurran; y transferir este dinero directamente a una cuenta de depósito en garantía para salvaguardar su cuenta de depósito en garantía como medida adicional contra sobrecostos.

Consulte también Efecto de exceso de confianza (cap. 15) para obtener más detalles y saber dónde está el interruptor de apagado.

CAVILACIONES

Había una vez un ciempiés inteligente que estaba sentado de brazos cruzados junto al borde de una mesa cuando notó un delicioso grano de azúcar al otro lado de la habitación. Rápidamente evaluó sus opciones: ¿sobre qué pata de la mesa debería subir o bajar primero? A continuación tenía que determinar quién debía dar el primer paso y en qué orden. Como era un experto en matemáticas, realizó todos los cálculos necesarios y eligió un camino sobre todos los demás antes de finalmente dar el paso inicial. Desafortunadamente, aunque su cálculo y contemplación lo hicieron enredarse en el aire, lo que hizo que se detuviera en seco antes de poder lograr más avances; de hecho, lo mató de hambre y finalmente lo mató de hambre antes de que pudiera haber logrado ningún progreso y murió de hambre antes de acercarse o avanzar en la vida de lo que jamás había imaginado antes y murió de hambre debido a pensar demasiado.

En el Abierto Británico de golf de 1999, el golfista francés Jean Van de Velde jugó impecablemente hasta el último hoyo, donde lideraba con tres golpes. Incluso con esa ventaja de tres golpes, podía permitirse cómodamente dos tiros por encima del par sin quedarse corto; ¡Entrar a las grandes ligas está a solo unos minutos de distancia! Cuando Van de Velde entró en la pista, empezaron a formarse gotas de sudor en su frente. Su primer golpe terminó volando entre los arbustos a seis metros de su objetivo y puso a Van de Velde cada vez más nervioso para los tiros posteriores que sólo sirvieron para aumentar esta sensación de ansiedad. Van de Velde golpeó su pelota contra el césped hasta las rodillas antes de dejarla caer al agua y se quitó los zapatos para caminar. Por un momento consideró disparar desde el estanque; Al final decidió lanzar un penalti a la arena; después de dispararle siete veces, finalmente llegó al green y entró en su hoyo; Van de Velde perdió el Abierto Británico, pero se aseguró un lugar en la historia del deporte gracias a su ahora famosa actuación de triple bogey.

Consumer Reports llevó a cabo un experimento de degustación con catadores experimentados en la década de 1980, en el que participaron 45 variedades de gelatina de fresa. Posteriormente, los profesores de psicología Timothy Wilson y Jonathan Schooler realizaron pruebas similares con estudiantes de la Universidad de Washington; Surgieron resultados similares, y tanto los expertos como los estudiantes favorecieron sabores similares de gelatina. Pero Wilson fue más allá: realizó otra prueba con otro grupo de estudiantes que preferían opciones diferentes a las anteriores, ¡sólo que esta vez eligieron opciones completamente diferentes!
En el primer grupo, los participantes completaron un largo cuestionario justificando sus calificaciones en detalle y obtuvieron clasificaciones completamente desequilibradas, con algunas de las mejores variedades en la parte inferior.

Básicamente, pensar demasiado impide el acceso a la sabiduría de las emociones. Aunque esta afirmación pueda parecer inusual viniendo de alguien como yo, que se esfuerza por eliminar la irracionalidad de mis procesos de pensamiento, las emociones se forman como pensamientos racionales claros como el cristal; las emociones simplemente representan una forma diferente de procesamiento de información que puede proporcionar consejos más sabios que los racionales.

Esto nos lleva a una pregunta importante: ¿cuándo deberíamos escuchar a nuestra cabeza o a nuestro instinto? La regla general podría incluir la siguiente: cuando se trata de actividades como habilidades motoras (ciempiés, Van de Velde o aprender a tocar un instrumento musical) y preguntas que haya abordado muchas veces antes (como el "círculo de competencia" de Warren Buffett), es mejor no analizar demasiado de cerca. La toma de decisiones deliberada socava sus capacidades intuitivas para abordar los problemas. Al igual que en la Edad de Piedra, a la hora de tomar decisiones relacionadas con la comida y la amistad, las llamadas heurísticas eran superiores al pensamiento racional. Sin embargo, cuando asuntos complejos como las decisiones de inversión requieren una reflexión seria, la evolución no nos preparó para tales consideraciones, por lo que la lógica siempre eclipsa a la intuición.

Véase también Sesgo de acción (capítulo 43); Sesgo de información (Cap. 59)

POR QUÉ ASUME DEMASIADA DEUDA (Capítulo 91).

Falacia de planificación

Cada mañana, cuando haces tu lista de tareas pendientes, ¿a menudo logras marcar todo al final de cada día? ¿Con qué frecuencia es este el caso para la mayoría de las personas? Es posible que la mayoría solo alcance este estado una vez cada pocos meses. En pocas palabras, asumes demasiado. Tus planes son irrealmente ambiciosos, algo que se te perdonaría si fuera la primera vez que compilas listas de tareas pendientes, pero este comportamiento se ha convertido en parte de tu rutina con el tiempo. Por lo tanto, usted conoce íntimamente sus capacidades y es poco probable que las sobreestime diariamente. Esto no es motivo de risa: en otras áreas de la vida aprendemos de la experiencia: ¿por qué no la hay cuando se trata de planificación? Aunque la mayoría de sus esfuerzos anteriores eran demasiado optimistas para la realidad actual. Daniel Kahneman se refiere a este fenómeno como la falacia de la planificación.

Roger Buehler y su equipo de investigación pidieron a su clase de último año, dirigida por el psicólogo canadiense Roger Buehler, que identificaran dos fechas de presentación: una era realista mientras que la segunda reflejaba una fecha poco probable en el peor de los casos. Solo el 30% cumplió con los plazos realistas, mientras que normalmente necesitaron un 50% más de tiempo del planeado originalmente y siete días más de lo previsto para las fechas de presentación establecidas en los peores escenarios.

La falacia de la planificación es particularmente evidente cuando las personas colaboran, ya sea en los negocios, la ciencia o la política. Los grupos tienden a sobreestimar la duración y los beneficios mientras subestiman sistemáticamente los costos y los riesgos. Un buen ejemplo es la Casa de la Ópera de Sydney, que se planeó en 1957 y se anticipó su finalización en 1963 con un costo inicial estimado de 7 millones de dólares, pero que finalmente abrió sus puertas por 102 millones de dólares; ¡14 veces más de lo esperado!

¿Por qué no parecemos planificadores naturales? Puede haber dos razones para nuestra ineficaz capacidad de planificación. Una es una ilusión: nos esforzamos por lograr el éxito en todo lo que emprendemos. Dos: Con demasiada frecuencia, nos concentramos demasiado en nuestro proyecto y descuidamos las influencias externas, como eventos inesperados que surgen inesperadamente (esto también podría suceder con los horarios diarios, por ejemplo, que su hija quiera algo) que luego nos llevan por un camino impredecible; o se presta muy poca atención a estos eventos debido a que se centra demasiado en ellos (esto también podría aplicarse aquí, al planificar).
Tu perro se traga una espina de pescado. La batería de tu auto se apaga inesperadamente. Aparece una oferta para una casa y necesita consideración urgente en su escritorio: ¡los planes salen mal como resultado! ¿La preparación paso a paso sería alguna solución? No; La

preparación paso a paso sólo magnifica las falacias de planificación al limitar aún más el enfoque, disminuyendo así su capacidad para anticipar sorpresas en la vida.

Entonces, ¿qué debería hacer? Cambie su enfoque de las cosas internas, como su proyecto, a las externas, como proyectos similares. Revise la tarifa base y evalúe los esfuerzos anteriores. Si proyectos similares duraron tres años y consumieron 5 millones de dólares, es probable que eso también se aplique a su proyecto, sin importar cuán cuidadosamente se planifique. Por lo tanto, antes de tomar decisiones relacionadas con ella, es crucial que se realice una sesión "premortem" (que literalmente significa "antes de la muerte") antes de tomar estas importantes decisiones. Gary Klein sugiere dar este breve discurso a cualquier equipo reunido: "Imagínese que es un año después y que todo salió según lo planeado pero en su lugar ha ocurrido un desastre; tómese cinco o diez minutos para escribir sobre esta catástrofe; las historias le mostrarán cómo hacerlo". las cosas pueden desarrollarse."

Véase también Procrastinación (cap. 85); Ilusión de pronóstico (cap. 40); Efecto Zeigarnik (cap. 93); Pensamiento grupal (cap. 25) para obtener más información.

LOS MARTILLOS SALVAJES SOLO VE CLAVOS

SISTEMA DE DEFORMACIÓN PROFESIONAL

Un particular pide un préstamo y funda su propia empresa, pero poco después se declara en quiebra.

Experimenta depresión y luego se suicida.

¿Estás leyendo esta historia como analista de negocios? Como tal, como parte de su trabajo, debe intentar evaluar por qué esta idea no tuvo éxito: ¿fue un líder ineficaz, la estrategia fue incorrecta, el mercado demasiado pequeño o la competencia demasiado feroz? Como especialista en marketing, puede suponer que las campañas estaban mal organizadas o que no logró llegar a su público objetivo. Los expertos financieros pueden cuestionar si el préstamo es el instrumento financiero adecuado; Los periodistas locales ven una oportunidad en esta historia: ¡qué suerte que se haya quitado la vida! Como escritor, podrías reflexionar sobre cómo un incidente podría convertirse en una tragedia griega antigua. Los banqueros podrían sospechar que se produjo un error en el departamento de préstamos. Los socialistas tienden a culpar al fracaso del capitalismo; Los conservadores religiosos podrían ver este evento como un castigo divino o los psiquiatras reconocerían niveles bajos de serotonina. Entonces, ¿qué punto de vista debería prevalecer?

Ninguno. Mark Twain observó una vez: "Si todas tus herramientas son martillos, todos tus problemas serán clavos". Charlie Munger, socio comercial de Warren Buffett y autor de El efecto bola de nieve, le comentó a Charlie Munger el siguiente efecto de utilizar un solo modelo: 'Pero esta puede ser una forma enteramente desastrosa de pensar y operar en el mundo; por lo tanto, múltiples modelos deben provenir de diferentes campos, ya que no toda la sabiduría reside en un solo departamento académico.

Aquí hay algunos ejemplos de deformación profesional: los cirujanos buscan resolver cada problema médico con cirugía; los ejércitos tienden a favorecer primero las soluciones militares; los ingenieros se especializan en trabajos estructurales; Los gurús de las tendencias suelen hacer predicciones absurdas; en resumen: cuando se les pregunta sobre un tema, la mayoría de las respuestas suelen referirse a una de sus áreas de especialización.

¿Por qué los sastres no deberían practicar la sastrería como mejor saben? La deformación profesional ocurre cuando las personas aplican sus procesos especializados en áreas que no deberían. Sin duda, ¿lo has visto tú mismo?

Los profesores regañan a sus amigos como si fueran estudiantes. Las nuevas madres tratan a sus maridos como a niños. O tomemos las hojas de cálculo de Excel: las utilizamos incluso cuando su uso no tiene ningún sentido, como cuando proyectamos proyecciones financieras para nuevas empresas o comparamos amantes potenciales que encontramos a través de sitios de citas; pueden muy bien ser uno de los inventos más peligrosos desde la aparición de las computadoras. .

Incluso dentro de sus propios ámbitos, los críticos literarios tienden a abusar del martillo. Los revisores están capacitados para detectar referencias, símbolos y mensajes ocultos dentro de los libros; Como novelista, encuentro irritante esta práctica, ya que los críticos invocan tales dispositivos donde no existen. No muy diferente de lo que hacen los periodistas de negocios, que examinan incluso los comentarios menores hechos por los gobernadores de los bancos centrales en busca de cualquier indicio de cambios en la política fiscal mediante el análisis de las palabras pronunciadas en voz alta por ellos.

Conclusión: Cuando consulte a un experto, no espere encontrar la mejor solución en general; esperan más bien un enfoque que pueda resolverse utilizando su caja de herramientas. Recuerde que nuestras mentes no son computadoras centralizadas, sino que contienen múltiples herramientas especializadas que pueden necesitar ser empleadas en varios puntos de su viaje. Desafortunadamente, nuestras "navajas" están incompletas. Debido a la experiencia de la vida y a la experiencia profesional, ya poseemos algunas palas. Pero para perfeccionar aún más nuestro conjunto de habilidades, es necesario agregar dos o tres herramientas (modelos mentales que quedan fuera de nuestro área de especialización) a nuestra caja de herramientas. En los últimos años, adopté una perspectiva biológica de la vida y obtuve nuevos conocimientos sobre sistemas complejos. Haga un balance de sus deficiencias y busque conocimientos y metodologías adecuadas para abordarlas; Hacerlo requiere alrededor de un año de esfuerzo, pero dará sus frutos: ¡tu navaja de bolsillo será más grande y más versátil y tu mente más aguda!

Véase también La locura del voluntario (cap. 65); Dependencia del dominio (cap. 76) y falacia del jugador (cap. 29)

MISIÓN CUMPLIDA

EFECTO ZEIGARNIK

Berlín, 1927: Varios estudiantes universitarios y profesores visitan un restaurante donde el camarero toma pedido tras pedido sin documentación escrita, temiendo que seguramente algo malo pase. Sin embargo, después de una breve espera, todos los comensales recibieron exactamente lo que solicitaron. Sin embargo, afuera, en la calle, después de cenar, la estudiante rusa de psicología Bluma Zeigarnik se dio cuenta de que se había olvidado su bufanda en el restaurante. De regreso al restaurante, se encuentra con el camarero famoso por su increíble memoria y le pregunta si lo ha visto. Sin embargo, él no se da cuenta de ella ni de dónde se había sentado; a lo que ella responde indignada preguntándole cómo es posible que se haya olvidado de quién o dónde se sentaron cuando su memoria es tan increíble. '¿Cómo pudiste olvidarme?', exige, incrédula ante su falta de conciencia. Su respuesta: 'Mantengo cada orden en mi cabeza hasta que la sirvo', respondió secamente: 'Mantengo cada orden en mi cabeza hasta que la sirvo'. respondió secamente: 'Guardo cada pedido hasta que lo sirvo'. 'El camarero respondió secamente: 'Guardo cada pedido en mi cabeza hasta que lo sirvo' y tampoco recordaba mis pedidos anteriores' (c).

Zeigarnik y Kurt Lewin estudiaron este misterioso comportamiento y concluyeron que las personas generalmente funcionan como camareros: nunca olvidamos las tareas pendientes; molestan a nuestra conciencia hasta que les prestamos atención; Sin embargo, una vez completados, estos elementos desaparecen por completo de la memoria.

Los investigadores ahora llaman a este fenómeno efecto Zeigarnik. Su investigación, sin embargo, descubrió algunos casos inusuales: por ejemplo, algunas personas permanecían completamente tranquilas a pesar de tener varios proyectos en marcha. Roy Baumeister y su equipo de investigación de la Universidad Estatal de Florida arrojaron recientemente algo de luz sobre este fenómeno. Dividió a los estudiantes que estaban próximos a realizar sus exámenes finales en tres grupos; El grupo 1 estuvo formado por fiestas celebradas durante este semestre, mientras que los grupos 2 a 4 se centraron en exámenes formales. El grupo 2 tuvo que concentrarse en su próximo examen, mientras que el grupo 3 necesitaba crear un plan de estudio detallado. Luego, Baumeister pidió a los estudiantes de los grupos 2, 3 y 4 que completaran palabras bajo presión de tiempo; algunos vieron "Pánico", mientras que otros pensaron en "Fiesta" o París. Este ejercicio resultó extremadamente revelador: el grupo 1 parecía relajado a la hora de realizar el examen, mientras que los demás en el grupo 2 no se les ocurrió nada más, sin embargo, lo que realmente destacó fue el grupo 3, donde sus resultados fueron realmente sorprendentes!
Aunque estos estudiantes tuvieron que concentrarse en un próximo examen, sus mentes permanecieron relajadas y libres de ansiedad. Experimentos posteriores verificaron esta observación: las tareas pendientes tienden a molestarnos sólo hasta que tenemos un plan

organizado sobre cómo abordarlas; Zeigarnik creyó erróneamente que completar las tareas sería suficiente en este sentido; en cambio, debería bastar con un enfoque estratégico.

El libro más vendido de David Allen, Getting Things Done (GTD), proclama que su objetivo es tener una mente tan clara como el agua. Para lograr este objetivo, uno no necesita una vida en perfecto orden, sino que debe crear un plan de acción para abordar los problemas no planificados de la vida y escribirlos en tareas paso a paso; sólo así su mente podrá encontrar la paz mental. La deliberación en la planificación es primordial; Metas vagas como "organizar la fiesta de cumpleaños de mi esposa" o "encontrar un nuevo empleo" no pueden proporcionar alivio; Allen obliga a sus clientes a dividir estos proyectos en veinte a cincuenta tareas individuales antes de comenzar dichos proyectos, si es posible, para asegurar el éxito y lograr la paz. mente.

La recomendación de Allen puede ir en contra de la falacia de la planificación (capítulo 91): la planificación detallada puede hacer que pasemos por alto factores externos que pueden hacer descarrilar los proyectos, pero ahí está la clave: para su tranquilidad, opte por el enfoque de Allen mientras que para estimaciones de costos más precisas , beneficios, duración y otros aspectos del proyecto busque proyectos similares en lugar de crear un plan detallado. ¡O haz ambas cosas!

Sin embargo, no necesita ningún aparato de alta tecnología para lograrlo usted mismo; simplemente mantenga un bloc de notas junto a su cama y úselo cuando no pueda dormir para anotar las tareas pendientes y cómo las abordará; esto debería ayudar a silenciar su interior. voces que siguen gritando: 'quieres a Dios pero no te queda comida para gatos', como dijo Allen: ¡su consejo sigue siendo válido incluso si ya encontraste a Dios o no tienes ninguna mascota!

Véase también Procrastinación (cap. 85); Falacia de planificación (cap. 91) para consideraciones adicionales.

¿Por qué hay tan pocos emprendedores en serie?

¿Por qué parece haber tan pocos emprendedores en serie, empresarios que inician varias empresas rentables de forma consecutiva? Claro, Steve Jobs y Richard Branson existen, aunque representan una pequeña minoría. Los emprendedores en serie representan menos del uno por ciento de todos los fundadores de startups. Pero, ¿se retiran todos estos empresarios en serie a yates privados después de experimentar el éxito, como lo hizo el cofundador de Microsoft, Paul Allen? De ninguna manera. Los verdaderos empresarios poseen demasiada energía como para simplemente sentarse en una silla de playa durante horas y horas. Quizás esto se deba a que no quieren dejar ir y mimar a sus empresas hasta que cumplen 65 años, aunque la mayoría de los fundadores venden sus acciones dentro de los 10 años posteriores a la fundación de sus empresas. Se podría pensar que personas dotadas de talento, una amplia red personal y sólidas credenciales serían capaces de fundar muchas otras empresas emergentes, pero muchas no lo logran. ¿Por qué paran? No se detuvieron; simplemente no lograron hacerlo con éxito. La suerte juega un papel más importante que la habilidad cuando se trata del éxito empresarial, algo que a ningún empresario le gusta oír hablar. Recuerdo que me sentí incómodo cuando me enteré de esta idea por primera vez; Mi pensamiento inmediato fue: "¿Mi éxito fue simplemente aleatorio?". Al principio puede parecer ofensivo que la suerte haya jugado un papel tan importante.

Adoptemos un enfoque honesto y realista hacia el éxito empresarial. ¿Cuánto de esto se reduce a trabajo duro y talento distinto versus suerte? Desafortunadamente, esta pregunta puede llevar fácilmente a percepciones erróneas; Si bien el talento juega un papel esencial en la historia de éxito de cualquier empresa, el trabajo duro no puede lograr resultados por sí solo. Desafortunadamente, ni las habilidades ni el trabajo duro por sí solos son suficientes para lograr el éxito; Ambos elementos son factores necesarios, pero no suficientes. ¿Cómo podemos saber esto? Existe una prueba fácil y directa: cuando alguien disfruta del éxito a largo plazo en comparación con sus pares menos calificados, el talento se vuelve primordial. Lamentablemente, esto no se aplica a los fundadores de empresas; de lo contrario, la mayoría de los empresarios exitosos continuarían lanzando múltiples empresas emergentes después de alcanzar el éxito inicial.

¿Qué papel juegan los líderes corporativos en el éxito de una empresa? Los investigadores identificaron rasgos asociados con ser un CEO fuerte: procedimientos de gestión y brillantez estratégica previa como ejemplos.
Luego, los investigadores midieron la correlación entre los comportamientos de los directores ejecutivos, por un lado, y el crecimiento del valor de la empresa durante su mandato, por el otro. Su conclusión: si se comparan dos empresas al azar, en el 60% de los

casos el director ejecutivo más fuerte lidera la empresa más poderosa. Kahneman descubrió que en el 40% de los casos, los directores ejecutivos más débiles dirigían empresas más fuertes; esto representó sólo 10 puntos porcentuales más que ninguna relación. Concluyó señalando que la gente generalmente no compra con entusiasmo libros escritos sobre líderes empresariales que son sólo ligeramente mejores que el promedio; ni siquiera Warren Buffett ve ningún sentido en elevar a ciertos directores ejecutivos; ¿Su opinión? '[?...?] Un buen historial de gestión depende más de en qué barco uno entra que de la eficacia con la que lo dirige'

Ciertas áreas no dependen en absoluto de la habilidad. Kahneman describió en su libro Thinking, Fast and Slow su visita a una empresa de gestión de activos que le envió una hoja de cálculo con el desempeño de cada asesor durante ocho años como parte de su informe. A partir de estos datos, Kahneman asignó a cada grupo una clasificación: 1, 2, 3, etc., en orden descendente. Rápidamente calculó su relación a lo largo de las clasificaciones de los años. Luego calculó la correlación de las clasificaciones desde el año 1 hasta el año 8, con asesores ocasionalmente en ambos extremos. Resultó ser pura casualidad; a veces incluso parecían más cerca de la cima que a veces de la base. El desempeño del asesor fue independiente del de años anteriores o posteriores: ¡la correlación fue cero! Y, sin embargo, estos consultores recibieron bonificaciones por sus logros. En otras palabras, la empresa premiaba la suerte sobre la habilidad.

Conclusión: Ciertas profesiones dependen en gran medida de que las personas utilicen sus habilidades, como los pilotos, los plomeros y los abogados. Otras áreas requieren habilidades pero no son críticas, como los empresarios y los líderes. Y a veces el azar lo decide todo, como en los mercados financieros; aquí, la ilusión de la habilidad puede reinar supremamente. ¡Así que muestra respeto a los plomeros mientras disfrutas de bufones financieros exitosos!
Véase también La suerte del principiante (cap. 49); Sesgo de supervivencia (cap. 1), sesgo de autoridad (cap. 9), efecto de exceso de confianza, ilusión de control y sesgo de resultados en los capítulos siguientes (20 y 21 respectivamente.

A primera vista, la serie A parece bastante sencilla. Todos sus números tienen algo en común: 394, 411, 054, 646 están vinculados por cuatro características, lo que hace que esta serie sea relativamente sencilla de resolver. Luego viene la serie B; Todos sus números utilizan seis funciones en algún momento. ¿Qué puedes aprender de esto? A menudo, la ausencia puede ser más difícil de detectar que la presencia; tendemos a darle mayor importancia a las cosas que existen que a las que no existen.

La semana pasada, mientras salía a caminar, me di cuenta: no me dolía nada. Esto fue bastante sorprendente dado que, de todos modos, rara vez experimento dolor y cuando ocurre, se puede sentir intensamente; sin embargo, rara vez reconocen su ausencia; Su belleza era tal que por un instante me trajo alegría, ¡sólo para que rápidamente todo se olvidara de nuevo!

En un recital de música clásica, una orquesta interpretó la Novena Sinfonía de Beethoven con gran éxito en una sala de conciertos entusiasta. Se podían ver lágrimas brotando durante la oda del cuarto movimiento, haciendo que uno se sienta agradecido de existir; pero ¿es eso cierto? Sin duda no; si la obra no hubiera sido compuesta, nadie se la perdería y el director no recibiría llamadas enojadas exigiendo que esta obra de arte fuera escrita y representada de inmediato; este fenómeno conocido como efecto de característica positiva es lo que realmente nos hace felices hoy.

Las campañas de prevención utilizan esta estrategia de forma eficaz; por ejemplo, "fumar causa cáncer de pulmón" es mucho más persuasivo que "no fumar conduce a una vida libre de cáncer de pulmón". Los auditores y otros profesionales que dependen de listas de verificación a menudo sucumben a este efecto positivo: las declaraciones de impuestos pendientes aparecen inmediatamente en sus listas, mientras que las actividades fraudulentas como las de Enron o el esquema Ponzi de Bernie Madoff no lo hacen. También faltan en estas listas las empresas de "comerciantes deshonestos", como Nick Leeson y Jerome Kerviel, que provocaron caprichos financieros como estos, ocultando así tales actividades del escrutinio público.
No existe una lista de verificación para rastrear las devaluaciones; y si bien los bancos hipotecarios pueden considerar actos ilegales, la devaluación debida a las plantas incineradoras puede ocurrir sin que se note su vigilancia.

¿Imagínese crear un producto indeseable como un aderezo para ensaladas con un contenido elevado de colesterol, pero quiere que los consumidores se sientan seguros acerca de su uso? Al etiquetar un producto de este tipo, resalte todas sus características positivas. Los clientes no notarán su ausencia; mientras que las características positivas garantizarán que los consumidores permanezcan informados.

La investigación académica frecuentemente exhibe el efecto positivo de las características. La confirmación de hipótesis suele dar lugar a publicaciones e incluso puede generar premios Nobel; mientras que la falsificación de hipótesis, aunque científicamente beneficiosa, es mucho más difícil de publicar y nunca ha recibido este tipo de reconocimiento prestigioso. Otro resultado del efecto positivo de las características es nuestra tendencia a aceptar consejos positivos, como hacer X, en lugar de consejos negativos (olvidar Y). Esto nos hace mucho más receptivos a los consejos positivos que a las sugerencias negativas (como olvidar Y).

Conclusión: Los seres humanos a menudo tienen dificultades para percibir con precisión los no acontecimientos. Tendemos a ignorar lo que no existe. Por ejemplo, reconocemos si hay guerra pero no apreciamos su ausencia en tiempos de paz; de manera similar, rara vez consideramos estar enfermo cuando estamos sanos; ¡lo mismo después de llegar a Cancún sin haber experimentado un accidente aéreo! Si cultivamos más atención en torno a la ausencia, es posible que seamos más felices; aunque hacer esto requiere mucho trabajo mental y pensamiento; una herramienta útil es cuestionar por qué existe algo en lugar de la nada, ya que esta pregunta sirve como una forma útil de luchar contra los efectos positivos de las características.

Véase también Efecto Forer (cap. 64); Sesgo de confirmación (caps. 7-8); Sesgo de autoselección (cap. 47); Sesgo de disponibilidad (cap. 11); Ilusión de atención (cap. 88)

SESGO DE CONFIRMACIÓN ENTRE FLECHA Y GORRIÓN

COSECHA DE LA CEREZA

Los hoteles se presentan online de la mejor manera. Se seleccionan cuidadosamente fotografías que retratan imágenes hermosas y majestuosas; los ángulos poco favorecedores, las tuberías con goteras o las salas de desayuno poco atractivas quedan simplemente ocultas por una alfombra hecha jirones; por supuesto, usted sabe que esto es cierto cuando se enfrenta por primera vez a un vestíbulo antiestético; en lugar de eso, simplemente se encoge de hombros y se dirige hacia el mostrador de registro lo más rápido posible.

La selección selectiva, tal como la practican los hoteles, implica seleccionar y enfatizar sólo las características atractivas y ocultar otras. Otras experiencias deberían abordarse de la misma manera: folletos para automóviles, bienes raíces o bufetes de abogados son otras cosas a las que hay que abordar con precaución: ¡saber cómo funcionan no nos atrapará en su trance!

Pero usted tiende a responder de manera diferente cuando lee los informes anuales de empresas, fundaciones y organizaciones gubernamentales. Aquí se tiende a esperar representaciones objetivas; desafortunadamente, estaría equivocado: estos organismos a menudo seleccionan cuidadosamente: los objetivos alcanzados se celebran mientras que los reveses pasan desapercibidos.

Imagínese como el jefe de un departamento. Tu tablero te invita a presentar el estado de juego de tu equipo. ¿Cómo abordarías esta presentación? Enfatizando sus victorias e incluyendo algunas diapositivas que resaltan los desafíos. Cualquier logro no alcanzado se olvida fácilmente.

Las anécdotas presentan un desafío único cuando se trata de seleccionar cuidadosamente. Imagínese ser el director general de una empresa que fabrica dispositivos técnicos. Después de realizar una encuesta de satisfacción del cliente, resulta evidente que la mayoría de los clientes no pueden utilizar su dispositivo debido a su naturaleza compleja. Ahora el director de recursos humanos interviene: 'Mi suegro recibió esto ayer y enseguida aprendió a utilizarlo. ¿Cuánto peso le asignarías a esta cereza en particular? Cerca de cero". Refutar una anécdota puede ser un desafío porque involucra minihistorias que atraen a nuestro cerebro. Para contrarrestar este efecto, los líderes capacitados se entrenan a lo largo de sus carreras para volverse hipersensibles a las anécdotas que se les presenten y responder inmediatamente con disparos. contra cualquier historia que surja.

La selección selectiva se vuelve más evidente a medida que nos sumergimos en campos más elevados o de élite. En Antifragile, Taleb detalla cómo todas las áreas de investigación, desde la filosofía hasta la medicina y la economía, se jactan de sus resultados: "Al igual que los políticos, la academia es experta en decirnos lo que hicieron por nosotros en lugar de lo que no hicieron; demostrando así sus métodos indispensables. ". Esto bien puede ser una elección selectiva, pero nuestro respeto por los académicos hace que sea imposible que lo detectemos.

O consideremos la profesión médica: decirle a la gente que no fume es el mayor logro médico desde que terminó la Segunda Guerra Mundial, según el médico Druin Burch en su libro Taking the Medicine. Unos pocos antibióticos tipo cereza sirven como distracciones y, por lo tanto, los investigadores en medicamentos tienden a ser elogiados, mientras que los activistas antitabaco no.

Los departamentos administrativos de las grandes empresas tienden a comportarse como hoteleros: se glorifican a sí mismos promocionando todo lo que han logrado, pero nunca comunican lo que no se ha logrado para el negocio. ¿Qué puedes hacer al respecto? Cuando forme parte del consejo de supervisión de una organización, asegúrese de preguntar sobre las "cerezas sobrantes", como proyectos fallidos o metas no cumplidas; aprenderá mucho más de ellos que de los éxitos. ¡Es sorprendente cuán raramente se plantean estas preguntas! Segundo: en lugar de emplear un ejército de controladores financieros para calcular los costos hasta el último centavo, tómese el tiempo para revisar los objetivos periódicamente. Quizás le sorprenda descubrir que, con el tiempo, algunas metas originales se han vuelto menos tangibles y han sido reemplazadas por metas autoimpuestas que siempre son alcanzables; cada vez que surjan tales objetivos, deben levantar señales de alerta; ¡Sería el equivalente a disparar una flecha y crear una diana alrededor del lugar donde aterriza!

Notas sobre los prejuicios (cap. 13); Sesgos egoístas (cap. 45);

LA BÚSQUEDA DE CHIVOS EXPIATORIOS EN LA EDAD DE PIEDRA

FALLO DEL ANÁLISIS DE CAUSA ÚNICA

Chris Matthews es uno de los principales periodistas de MSNBC. En su programa de noticias se entrevista a expertos políticos. Nunca entendí qué implicaba su trabajo ni por qué existen esas carreras, aunque en 2003 la invasión estadounidense de Irak estuvo en primer plano. Chris Matthews preguntó a un experto tras otro sobre sus motivos, desde las teorías de venganza del 11 de septiembre hasta las armas de destrucción masiva detrás de este conflicto. Tan importantes fueron sus preguntas: "¿Cuál es la motivación para la guerra?" ', hasta "¿por qué invadimos Irak, además de argumentos de venta?". Y así sucesivamente... y así sucesivamente... y así sucesivamente... y así sucesivamente...

Preguntas como ésta ya no me sientan bien; reflejan uno de los errores mentales más frecuentes, algo para lo que no existe un término cotidiano; por lo tanto, utilizaré en su lugar un lenguaje incómodo como "la falacia de la causa única".

Cinco años después, en 2008, el pánico volvió a reinar en los mercados financieros y los bancos colapsaron, lo que obligó a los contribuyentes a rescatarlos con dólares de los impuestos. Inversores, políticos y periodistas investigaron todos los aspectos de esta crisis financiera: ¿la política monetaria laxa de Greenspan? ¿Estupidez de los inversores? ¿Agencias de calificación dudosas? ¿Auditores corruptos? Los malos modelos de riesgo o la pura avaricia eran todas causas posibles, todas ellas culpables en igual medida. Ningún factor por sí solo puede atribuirse la responsabilidad exclusiva, pero todos pueden contribuir significativamente.

Un idílico verano indio, el divorcio de un amigo, la Primera Guerra Mundial, el cáncer, un tiroteo en una escuela, el éxito mundial de una empresa o incluso la propia escritura son acontecimientos causados por múltiples factores que contribuyen a ellos; sin embargo, todavía intentamos echar toda la culpa a un individuo o cosa sola.

No está claro qué hace que una manzana madure y caiga: ¿es la gravedad la que la atrae hacia la tierra, es que su tallo se marchita bajo los rayos secos del sol, que su peso ha aumentado, que las ráfagas de viento provocan su caída o que un niño ansioso que está debajo quiere para picarlo? Ningún factor por sí solo explica su caída. En Guerra y paz de Tolstoi, este pasaje ilustra esto maravillosamente.

Imagínese ser el gerente de producto de una marca icónica de cereal para el desayuno y haber introducido recientemente una variedad orgánica baja en azúcar que resulta ser un fracaso abrumador después de un mes de ventas. ¿Cómo harías para investigar sus causas? En primer lugar, comprender que ningún factor por sí solo explicará este fracaso; cada factor juega su propio papel. Tome una hoja de papel y esboce todas las posibles razones, junto con sus causas fundamentales. Cuando termines, habrás creado una elaborada red de potenciales influencers. A continuación, identifique aquellos que puede cambiar (como la naturaleza humana) y descarte los que no puedan. Por último, realizar pruebas empíricas variando los factores destacados en los mercados; esto requiere tiempo y dinero, pero es necesario si queremos ir más allá de los supuestos superficiales.

La falacia de la causalidad única es antigua y peligrosa. A lo largo de los milenios hemos llegado a creer que las personas son dueñas de su propio destino: ¡Aristóteles hizo esta afirmación hace más de dos milenios! Ahora entendemos que esto es incorrecto y que el libre albedrío es una cuestión abierta. Nuestras acciones están determinadas por una compleja red de factores que van desde la predisposición genética y el entorno, la educación, la concentración hormonal dentro de las células cerebrales y todavía nos aferramos firmemente a una imagen obsoleta de autogobierno. Esta práctica es dañina y moralmente cuestionable. Mientras creamos en razones singulares para los acontecimientos o desastres, siempre será posible culpar a los individuos. Además, la gente lleva mucho tiempo jugando a este juego de encontrar a alguien o algo a quien culpar, creando la percepción de que el poder debe ejercerse a través de un individuo o grupo sobre otro.

Sin embargo, Tracy Chapman pudo construir todo su éxito mundial basándose en ello, particularmente a través de la canción 'Give Me One Reason'. ¿Pero no hubo otros factores involucrados también?

Véase también la justificación 'porque' (cap. 52); Falsificación de la Historia (cap. 78); Sesgo retrospectivo (capítulo 14) y error de atribución fundamental (capítulo 36) para obtener más explicaciones.

Aunque parezca difícil de creer, los demonios de la velocidad en realidad conducen de forma más segura que los llamados conductores "cuidadosos". Considere esto: desde Miami hasta West Palm Beach hay aproximadamente 75 millas. Los conductores que cubren una distancia en menos de una hora los clasificamos como imprudentes porque su velocidad promedio excede las 120 km/h; todos los demás entran en nuestro grupo de conductores cuidadosos. ¿Qué grupo sufre menos accidentes? Tendrían que ser los conductores imprudentes. Los tres conductores completaron el viaje en una hora y, por tanto, no deberían haber sufrido ningún accidente; cualquiera que sufra un accidente automáticamente cae en la categoría de conductores más lentos. Este ejemplo ejemplifica una falacia insidiosa denominada error de intención de tratar que lamentablemente carece de un nombre atractivo.

Esto podría parecer similar al sesgo de supervivencia (capítulo 1), pero hay una diferencia importante. Con el sesgo de supervivencia sólo se ven proyectos exitosos o automóviles involucrados en accidentes, mientras que con el error de intención de tratar estos proyectos o automóviles fallidos aparecen de manera prominente pero simplemente bajo una categoría inapropiada.

Recientemente, me mostraron un estudio revelador realizado por un banquero que reveló un hecho interesante: las empresas con deuda en sus balances tienden a ser significativamente más rentables que las empresas que sólo mantienen acciones como instrumentos financieros (es decir, sin deuda en el balance). . El banquero insistió en que cada empresa debería endeudarse a voluntad, siendo su banco el mejor lugar para ello. Examiné su estudio más de cerca. ¿Cómo podría ser eso? De 1.000 empresas elegidas al azar, las que recibieron grandes préstamos produjeron rendimientos más altos tanto sobre el capital social como sobre el capital total que las empresas financiadas de forma independiente. Todos tuvieron más éxito. Pronto nos dimos cuenta de que las empresas no rentables no califican para préstamos corporativos y, por lo tanto, caen en un grupo "solo de acciones", donde las empresas con mayores reservas de efectivo tienden a mantenerse a flote por más tiempo y siguen siendo parte de este estudio a pesar de cualquier problema de salud que puedan presentar. Por otro lado, las empresas que se endeudan mucho tienden a quebrar más rápidamente. Cuando ya no pueden pagar los intereses de sus deudas, los bancos se hacen cargo y venden estas empresas; aquellos que permanecen dentro del "grupo de deuda" tienden a permanecer relativamente saludables independientemente de cuánta deuda haya en sus balances. Tenga cuidado si cree que lo comprende. Reconocer el error en la intención de tratar puede resultar complicado; Pongamos como ejemplo la medicina: una empresa farmacéutica ha creado un nuevo fármaco para combatir las enfermedades cardíacas. Un estudio "demuestra" que este medicamento reduce significativamente las tasas de mortalidad de los pacientes en comparación con la toma sola de pastillas de placebo; entre los consumidores habituales, la tasa de mortalidad a cinco años cae del 15% al 11% en cinco años, y dos veces más entre los consumidores irregulares que lo tomaron en diferentes cantidades; Entonces, ¿podría realmente considerarse un éxito o un fracaso?

El problema es que las pastillas pueden no ser el factor determinante; más bien es el comportamiento paciente lo que en última instancia importa. Tal vez los pacientes suspendieron el tratamiento debido a efectos secundarios graves y se encontraron en la categoría de "ingesta irregular" o estaban demasiado enfermos para seguir tomándolo regularmente; de cualquier manera, sólo los individuos relativamente sanos permanecieron dentro del grupo de "ingesta regular", lo que hizo que el medicamento pareciera mucho más efectivo de lo que realmente es; aquellos pacientes verdaderamente enfermos que no podían tomar dosis regulares eran los que poblaban las cohortes de "ingesta irregular".

Estudios acreditados permiten a los investigadores médicos analizar datos de todos los pacientes que inicialmente pretendían tratar; sin importar si participaron o no en el juicio. Desafortunadamente, sin embargo, muchos estudios ignoran esta regla, ya sea intencionalmente o accidentalmente; Esté alerta: compruebe siempre si los sujetos de prueba (conductores implicados en accidentes, empresas en quiebra y pacientes en estado crítico) han desaparecido por alguna razón de su población de muestra y archive el estudio donde corresponde: en la papelera.

Ver también: Sesgo de supervivencia (cap. 1); Fenómeno de Will Rogers (cap. 58);

Noticias Ilusión Terremoto en Sumatra. Accidente aéreo en Rusia. Hombre mantiene cautiva a su hija en un sótano durante 30 años; Heidi Klum se separa de Seal; salarios récord en Bank of America; ataque en Pakistán; dimisión del presidente de Malí; nuevo récord mundial en lanzamiento de peso.

¿Realmente necesitas este conocimiento?

Estamos extraordinariamente bien informados, pero seguimos siendo muy ignorantes. Esto se debe a que hace dos siglos inventamos una forma tóxica de conocimiento llamada noticias que atrae a la mente como el azúcar lo hace al cuerpo: deliciosa pero potencialmente destructiva con el tiempo.

Hace tres años realicé un experimento. Dejé de leer y escuchar noticias y cancelé todas las suscripciones a periódicos y revistas; los canales de radio y televisión fueron eliminados de mi programación; Las aplicaciones de noticias de mi iPhone se eliminaron por completo. Al principio fue difícil, ya que me sentía constantemente ansioso de que algo importante se me escapara de las manos; pero después de algún tiempo desarrollé una perspectiva diferente. Tres años después, mis esfuerzos dieron sus frutos: pensamientos más claros, conocimientos más profundos, mejores decisiones y mucho más tiempo libre. Lo mejor de todo es que no me perdí nada importante debido a que mi red social del mundo real actúa como un filtro de información y me mantiene actualizado.

En primer lugar, nuestro cerebro reacciona de manera desproporcionada a distintos tipos de información: los detalles escandalosos e impactantes nos estimulan; los detalles abstractos, complejos o sin procesar tienen poco efecto. Los productores de noticias entienden esta dinámica perfectamente: sus historias apasionantes, imágenes llamativas y 'hechos' sensacionales captan nuestra atención mientras los anunciantes compran espacio para que sus anuncios sean vistos; por lo tanto, todas las historias sutiles, complejas o profundas deben filtrarse cuidadosamente, incluso aunque puedan tener un impacto mucho mayor para la sociedad en su conjunto.
El consumo de noticias distorsiona nuestra comprensión del mundo, lo que nos lleva a vivir con una representación inexacta de los riesgos y amenazas que realmente enfrentamos.

En segundo lugar, las noticias son irrelevantes. Durante los últimos doce meses, es posible que haya consumido aproximadamente 10.000 fragmentos de noticias (quizás hasta treinta por día). Sea honesto: nombre una que le haya ayudado a tomar mejores decisiones en la vida, su carrera o sus negocios en comparación con no tener esta noticia en comparación con no tenerla en absoluto, entre 10.000 historias consumidas. Nadie a quien pregunté pudo nombrar más de dos piezas útiles de todo lo que se consumió: un resultado miserable de las organizaciones de noticias que afirman que su información ofrece ventajas competitivas cuando en realidad el consumo representa una desventaja económica; Si hubieran ayudado a las personas a avanzar más en sus carreras, ¿estarían los periodistas en la cima de la pirámide de ingresos? La verdad es todo lo contrario.

Las noticias también son un uso ineficiente del tiempo: en promedio, cada ser humano desperdicia medio día a la semana leyendo sobre temas de actualidad, lo que genera pérdidas masivas de productividad en todo el mundo. Tomemos, por ejemplo, los ataques terroristas de Mumbai de 2008: solo por una sed insaciable de reconocimiento, los terroristas mataron a 200 vidas inocentes únicamente para ganar fama y reconocimiento. Digamos que mil millones de personas pasaron una hora siguiendo las consecuencias: viendo actualizaciones minuto a minuto y escuchando comentarios de expertos y analistas, un escenario extremadamente probable dado que India tiene más de mil millones de habitantes. Por lo tanto, nuestro cálculo conservador: mil millones de personas multiplicadas por una hora de distracción equivale a mil millones de horas de paro laboral. Si convertimos esta cifra en vidas perdidas debido al consumo de noticias versus pérdidas por ataques, esta cifra asciende a alrededor de 2.000 muertes desperdiciadas sólo por el consumo: una observación incisiva pero precisa.

Dar la espalda a las noticias puede traer resultados tan profundos como eliminar cualquiera de los otros noventa y ocho malos hábitos que hemos descrito aquí. Rompe por completo tu hábito informativo; En su lugar, lea libros o artículos extensos: ¡nada mejor que los libros para comprender nuestro mundo!

Véase también Error de atribución fundamental (cap. 36); Efecto durmiente (cap. 70); Sesgo de confirmación (capítulos 7-8); Sesgo de información (cap. 59); Personificación (cap. 87) y Story Bias (cap. 13) como fenómenos relacionados.

EPÍLOGO

El Papa preguntó a Miguel Ángel: 'Dime el secreto de tu genio. ¿Cómo habéis creado esta estatua de David, la obra maestra entre todas las obras maestras? Miguel Ángel respondió simplemente quitando todo lo que no fuera David.

Seamos claros. Nadie sabe realmente con certeza qué nos hace exitosos o felices, pero sí entendemos qué nos resta valor al éxito o a la felicidad. El conocimiento negativo (lo que no se debe hacer) es mucho más potente que el conocimiento positivo (lo que se debe hacer).

Miguel Ángel utilizó el método de Miguel Ángel para pensar con mayor claridad y actuar sabiamente: en lugar de mirar únicamente a David, concéntrate en todo lo que se interpone en su camino y elimínalo poco a poco; Lo mismo ocurre en nuestro caso: ¡elimine los errores para mejorar el pensamiento!

Los pensadores griegos, romanos y medievales acuñaron un término para este enfoque llamado vía negativa, literalmente "camino negativo", un enfoque hacia la renuncia, la exclusión y la reducción. Los teólogos fueron los primeros pioneros de la vía negativa: no podemos decir qué es Dios; en cambio, sólo podemos definir Su ausencia; aplicado a la vida moderna: el éxito no se puede definir directamente; sólo lo que bloquea su búsqueda puede identificarse y eliminarse: ¡en esencia, todo lo que necesitamos saber!

Esta candente teoría de la irracionalidad estuvo burbujeando durante siglos. Juan Calvino, fundador del protestantismo estricto en la década de 1540, creía que esos sentimientos representaban el mal y que sólo volviéndose hacia Dios se podían repeler. Las personas que experimentaban erupciones volcánicas de emoción eran consideradas seguidores de Satanás; por lo tanto, sobrevinieron la tortura y el asesinato. Según la teoría del psicoanalista austriaco Sigmund Freud, que sugiere que nuestro ego y superyó moralista controlan nuestro ello impulsivo y lo reprimen mediante el deber o la disciplina es algo que no puede suceder. Olvídese de la obligación o la disciplina: ¡pensar por sí solo no puede controlar nuestras emociones en mayor medida que tratar de hacer crecer el cabello solo con la fuerza de voluntad!

Por otra parte, la fría teoría de la irracionalidad es todavía joven. Después de la Segunda Guerra Mundial, muchos intentaron explicar la aparente irracionalidad de los nazis: ni arrebatos emocionales ni discursos ardientes se escucharon del propio Hitler en las filas de liderazgo; incluso sus encendidos discursos fueron simplemente actuaciones magistrales: fue un cálculo frío más que estallidos repentinos lo que los llevó por su camino oscuro; Lo mismo ocurre con Stalin o los Jemeres Rojos.

Los psicólogos comenzaron a alejarse de las afirmaciones de Freud en la década de 1960 y a analizar científicamente nuestro pensamiento, decisiones y acciones. Lo que surgió fue una fría teoría de la irracionalidad que postulaba que el pensamiento en sí está lejos de ser puro; Incluso las personas muy inteligentes caen presa de trampas cognitivas que conducen a errores. Además, los errores no se distribuyen al azar: los errores tienden a agruparse en patrones predecibles, lo que hace que los errores sean más predecibles pero nunca completamente corregibles; sin embargo, su origen fue desconocido durante décadas, mientras que todo lo demás en nuestro cuerpo parecía relativamente confiable en comparación con nuestro cerebro.

¿Por qué nuestro cerebro debe sufrir continuos reveses?

El pensamiento es un fenómeno biológico y la evolución ha contribuido a darle forma, como a cualquier otro aspecto de la naturaleza. Imagínense retroceder 50.000 años y llevarse a uno de nuestros antepasados con nosotros al presente: enviarlo a ser peluquero, darle lecciones de manejo o enseñarle a operar un teléfono celular, pero sin duda encajaría perfectamente; después de todo, ¡la evolución biológica nos ha dado todas estas habilidades como cazadores-recolectores que lucen trajes de Hugo Boss (o H&M en algunos casos)! Si pudiéramos hacer precisamente esto, imaginemos retroceder 50.000 años, sacar a un antepasado y traerlo al viaje en el tiempo actual; entonces tal vez, en lugar de ser marginado en la calle, y enviarlo/a desde entonces a vestirse con la ropa actual; enviarlo a cortarse el pelo/cortar el pelo/vestirse en la peluquería/peluquería/los viste/ellos/nosotros para maquillarnos con ropa/vestimenta moderna? No; La biología ha desmentido toda duda; Físicamente, incluso cognitivamente, somos cazadores-recolectores vestidos con Hugo Boss (o H&M, para el caso).

Lo que ha cambiado significativamente desde la antigüedad es nuestro entorno de vida. En aquel entonces las cosas eran simples y estables: la gente vivía en grupos de hasta cincuenta personas sin que se produjera ningún progreso tecnológico o social significativo. Sólo en los últimos 10.000 años nuestro mundo ha comenzado a experimentar cambios dramáticos, con cultivos, ganado, aldeas, ciudades, comercio global y mercados financieros emergiendo como fuerzas importantes en su evolución. Desde la industrialización, gran parte de lo que era óptimo para el funcionamiento del cerebro humano ha desaparecido. Pase 15 minutos en cualquier centro comercial y se cruzará con más personas de las que vieron nuestros antepasados durante toda su vida. Cualquiera que afirme saber cómo será el mundo dentro de 10 años suele convertirse en un paria a los pocos meses de hacer tales predicciones. Desde hace 10.000 años, hemos creado un mundo que ya no comprendemos. Todo se ha vuelto más sofisticado y, al mismo tiempo, más intrincadamente conectado. Como resultado, la prosperidad económica se ha disparado, pero también las enfermedades relacionadas con el estilo de vida (como la diabetes tipo dos, el cáncer de pulmón y la depresión) y los errores de pensamiento se han disparado a medida que la complejidad sigue aumentando; esto sólo agravará aún más sus errores y los magnificará aún más.

En nuestras raíces de cazadores-recolectores, la actividad a menudo resultó más rentable que la reflexión. Las reacciones ultrarrápidas eran esenciales, mientras que las contemplaciones prolongadas resultaban fatales. Si uno de tus amigos cazadores-recolectores se escapaba repentinamente, tenía sentido hacer lo mismo; no importa si te había alarmado un tigre o un jabalí. No huir podría costarle la vida; por el contrario, si el simple hecho de huir de un jabalí provocó un error, puede costar sólo calorías; Equivocarse en asuntos similares valió la pena: cualquiera que estuviera conectado de manera diferente salía incluso antes de que ocurrieran los encuentros, lo que nos convierte a todos en descendientes de esos homines sapientes que tienden a actuar rápidamente por parte de las primeras generaciones que lideraron. Hoy somos sus descendientes.
La sociedad moderna favorece la contemplación singular y la acción independiente; cualquiera que haya caído en el bombo bursátil lo sabe de primera mano.

La psicología evolutiva sigue siendo principalmente una hipótesis, pero es muy convincente a la hora de explicar muchos defectos; aunque no todos. Tomemos, por ejemplo, esta afirmación: 'Cada barra Hershey viene en un envoltorio marrón; por lo tanto, todas las barras de chocolate que comparten esta característica también deben ser barras Hershey. Incluso los individuos inteligentes pueden ser víctimas de esta trampa -al igual que las tribus nativas que viven libres de las trabas de la civilización-, del mismo modo que nuestros ancestros cazadores-recolectores aún podrían experimentar errores de lógica que no tienen nada que ver con el cambio ambiental.

¿Porqué es eso? La evolución no crea humanos perfectos; Mientras avancemos más allá de nuestros competidores (es decir, superemos a los neandertales), la evolución tolerará el comportamiento cargado de errores. Tomemos como ejemplo el pájaro cuco: durante millones de años han puesto huevos en nidos de pájaros cantores donde pájaros más pequeños incubaban y alimentaban a los polluelos nacidos de esos huevos, un acto que representa un error de comportamiento que la evolución no ha podido rectificar porque no era Las aves más pequeñas no lo consideran suficientemente grave.

A finales de la década de 1990 surgió una explicación adicional para nuestros errores: nuestros cerebros están programados para reproducirse en lugar de buscar la verdad; es decir, utilizamos nuestros pensamientos principalmente para persuadir más que para buscar la verdad; Quien pueda convencer a otros gana poder y recursos, activos que proporcionan una ventaja significativa a la hora de aparearse y criar descendencia. Las novelas suelen vender más que los títulos de no ficción a pesar de su mayor franqueza.

Finalmente, las decisiones intuitivas -incluso aquellas carentes de lógica- pueden resultar beneficiosas en determinadas circunstancias. La llamada investigación heurística explora este fenómeno. Dado que a menudo carecemos de toda la información necesaria a la hora de tomar decisiones importantes, los atajos mentales o reglas generales (heurísticas) se vuelven indispensables. Por ejemplo, al elegir parejas románticas que le atraigan, la única decisión racional sería basarse únicamente en la lógica; En este caso, utilizar la intuición a menudo conduce a mejores resultados. Muchas decisiones también deben justificarse posteriormente mediante razones o justificación de algún tipo, algo que la lógica simplemente no puede hacer.

Las decisiones (carrera, pareja de vida e inversiones) a menudo ocurren de manera inconsciente. Luego formulamos justificaciones para sentir que nuestra elección fue consciente, aunque esto a menudo no se parece en nada a métodos científicos: en lugar de eso, inventamos razones para justificar conclusiones predeterminadas en lugar de hechos objetivos.

Por tanto, olvídese de la dicotomía entre cerebro izquierdo y derecho que describen los libros de autoayuda; mucho más significativa es la distinción entre pensamiento intuitivo y racional: ambos tienen usos válidos; Las mentes intuitivas tienden a ser más rápidas, espontáneas y ahorradoras de energía, mientras que el pensamiento racional requiere mucha más energía que su contraparte intuitiva. Daniel Kahneman explicó este fenómeno en Pensar rápido y despacio.

La gente suele preguntar cómo me las arreglo para llevar una vida libre de errores desde que mis errores cognitivos comenzaron a acumularse, pero la verdad es que no es así. ¿Y la respuesta? No; ni siquiera cerca. Como todo el mundo, tomo decisiones rápidas consultando no mis pensamientos sino mis sentimientos; al tomar decisiones rápidamente la pregunta '¿Qué pienso sobre esto?' a menudo se reemplaza por "¿Cómo me siento al respecto?" Anticipar y evitar falacias es una tarea costosa;

Para mantener las cosas sencillas y claras, me he fijado las siguientes reglas para la toma de decisiones en situaciones con importantes ramificaciones potenciales (es decir, tomar decisiones personales o comerciales clave), intento ser lo más razonable y racional posible al elegir entre opciones. . Mi enfoque es similar al de un piloto: saco mi lista de errores y los marco uno a la vez, como lo haría un piloto de avión. Para ayudarme a tomar decisiones informadas de manera más eficiente (es decir, Pepsi regular o dietética, agua con gas o sin gas), también utilizo un excelente árbol de decisiones con listas de verificación. En situaciones con consecuencias mínimas (es decir, agua con gas o sin gas), el árbol de decisiones ayuda enormemente (por ejemplo, al elegir entre Pepsi normal o dietética, o agua con gas o sin gas). A menudo renuncio a la optimización racional y dejo que mi intuición me guíe. Pensar puede resultar agotador; por lo tanto, si el daño potencial es mínimo, no se esfuerce por asuntos triviales; Estos errores no tendrán repercusiones duraderas y esta forma de vida puede generar mejores experiencias en general. La naturaleza parece no preocuparse por si nuestras decisiones son perfectas o no; Lo único que importa es que naveguemos por la vida con éxito, siempre y cuando estemos preparados para actuar racionalmente cuando las cosas se pongan difíciles. Además, a menudo confío en mi intuición cuando opero dentro de mi círculo de competencia. Practica un instrumento y tus dedos aprenderán a tocar sus notas. Con el tiempo, las yemas de los dedos se vuelven competentes en la manipulación de teclas o cuerdas; Aparecen partituras musicales y las notas se reproducen casi automáticamente: ¡Warren Buffett utiliza balances como lo hacen los músicos profesionales con las partituras musicales!

Encuentre su círculo de competencia, ese área en la que comprende y destaca intuitivamente, y obtenga una comprensión firme. Pista: ¡puede que sea más pequeño de lo que crees! Al tomar decisiones importantes fuera de este círculo, aplique técnicas estrictas de pensamiento racional, mientras que para decisiones menos urgentes utilice libremente la intuición.

EL FIN